广州大典

《广州大典》普及书系

主编　陈建华

中国留学生之父

容闳作品选读

宾睦新◎编著

广州新华出版发行集团

广州出版社

图书在版编目（CIP）数据

中国留学生之父：容闳作品选读 / 宾睦新编著. —广州：广州出版社，2020.12（2022.5重印）
（《广州大典》普及书系 / 陈建华主编）
ISBN 978-7-5462-3219-5

Ⅰ. ①中… Ⅱ. ①宾… Ⅲ. ①容闳（1828—1912）—文集 Ⅳ. ①C53

中国版本图书馆CIP数据核字（2021）第064124号

书　　名　中国留学生之父：容闳作品选读
　　　　　Zhongguo Liuxuesheng Zhi Fu：Rong Hong Zuopin Xuandu
出版发行　广州出版社
　　　　　（地址：广州市天河区天润路87号9楼、10楼　邮政编码：510635
　　　　　网址：www.gzcbs.com.cn）
出 品 人　柳宗慧
责任编辑　田宇星
责任校对　张　苹
装帧设计　肖晓文
印刷单位　佛山市浩文彩色印刷有限公司
　　　　　（地址：佛山市南海区狮山科技工业园A区　电话：0757-88368558
　　　　　邮编：528225）
规　　格　787 mm × 1092 mm　1/16
印　　张　22
字　　数　350千
版　　次　2020年12月第1版
印　　次　2022年5月第2次
书　　号　ISBN 978-7-5462-3219-5
定　　价　66.00元

《广州大典》普及书系编委会

关于“广府名人读本”系列
编选出版的几点说明

一、本书属于《广州大典》普及书系“广府名人读本”系列；

二、“广府名人读本”系列作为《广州大典》普及书系的开篇，将分为若干辑出版，成熟一辑，出版一辑；

三、因书系以《广州大典》所收文献为编选基础，故个人著述不存世或存世稀少者不纳入“广府名人读本”系列；

四、考虑到《广州大典》（民国篇）正在编纂和不少近代广府名人著述活动时段跨越清末民初的实际情况，“广府名人读本”系列会适当拓宽选录范围。

《广州大典》普及书系
出版前言

广州自古以来就是岭南地区的政治、经济、文化中心，是首批国家历史文化名城。自秦始皇三十三年（前214年）广州建城，至今已有2200余年，大量珍贵的地方文献翔实地反映了广州文化不断发展、不断繁荣的悠久历程。

《广州大典》是由中共广州市委宣传部、广东省文化厅策划并组织研究编纂，旨在系统搜集整理和抢救保护广州文献典籍、传播广州历史文化的大型地方文献丛书，是千年羊城的“根”和“魂”。《广州大典》收录文献的时间范围截至1911年（个别门类的时限延至民国），地域范围包括清代中期广州府所辖南海、番禺、顺德、东莞、从化、龙门、增城、新会、香山、三水、新宁、新安、清远、花县以及香港、澳门、佛冈、赤溪，内容范围包括广州人士（含寓贤）著述、有关广州历史文化的著述及广州版丛书，依经、史、子、集、丛五部分类，共计收录文献4064种，编成520册，于2015年出版。2019年，《广州大典·曲类》专辑单行出版，共计收录文献1589种，编成43册。

为贯彻落实习近平总书记关于让书写在古籍里的文字活起来、推动优秀传统文化的创造性转化和创新性发展，以及要把优秀传统文化的精神标识提炼出来、展示出来，把优秀传统文化中具有当代价值、世界意义的文化精髓提炼出来、展示出来等指示精神，开发利用《广州大典》这一广州历史文献宝库，广州大典研究中心、广州出版社有限公司决定联合编纂出版《广州大典》普及书系，努力将书系打造成集学术性、知识性和可读性于一体的优秀出版物。

书系以《广州大典》为文献基础（可根据实际情况，适当拓宽选录范围），组织一批专家学者从《广州大典》中精选最具代表性、最具可读性、对当代读者有一定借鉴价值的文献，进行普及性的内容整理、发掘，形成《广州大典》普及书系。书系按年分辑来出版，拟分为广府名人读本系列、地方风物读本系列、地方游记读本系列、西学东渐读本系列、小说读本系列、戏曲曲艺读本系列等。书系每种读本均将尽量吸收、反映学术界最新研究成果。每种读本均包括导读、代表性作品选编（含注释、翻译、评析或解题、延伸阅读等）和相关资料附录，作者均为学有专长、研究有素的专家学者。每种读本均力求做到图文并茂、雅俗共赏。因此，《广州大典》普及书系可视作《广州大典》的延伸，且与《岭南文库》的延伸《岭南文化知识书系》《广东历史文化名人丛书》等普及性读物，既桴鼓相应，又各具匠心，可谓和而不同、美美与共。

民族复兴，以文化传承、文化创新为重，既需要薪火相传、代代守护，又要与时俱进、推陈出新。《广州大典》普及书系既是一项重要的文化普及工程，又是一项推动城市文化综合实力出新出彩的切实举措。

食髓知味，小书不小。我们相信，书系的陆续出版，将充分展示广州深厚的历史文化底蕴，擦亮广州历史文化品牌，并有助于中华优秀文化的传承和发展。

《广州大典》普及书系编辑委员会

目录

导读

容闳（1828—1912），原名光照，字达萌，号纯甫，英文名Yung Wing。清道光八年十月十一日（1828年11月17日）出生于广东省广州府香山县沙尾村（今珠海市南屏镇）；十五年（1835）入读普鲁士传教士郭士立（Karl Friedrich August Gützlaff，1803—1851）的夫人温施娣（Mary Wanstall）所办女校，该校接受了马礼逊教育协会（Morrison Education Society）资助，暂招男生，代为教育；十九年（1839）辍学回家；次年入马礼逊教育协会学校（简称马礼逊学校）继续学业；二十二年（1842）随该校迁至香港就学；二十七年（1847）赴美留学，入读马萨诸塞州孟松学校（Monson Academy, Conn.）；三十年（1850）考入耶鲁学院（Yale College，1887年改为Yale University，即耶鲁大学，亦称耶路大学）。咸丰四年（1854）毕业，次年回国，先后在广州、香港、上海等地谋生；十年（1860）访问太平天国。同治元年（1862）赴安庆拜访曾国藩；次年，被曾氏派往欧美采买机器；五年（1866）回国；次年由曾氏保奏“以同知留于苏州，遇缺即补”；九年（1870）作为译员随丁日昌赴天津协办“教案”；次年，与陈兰彬等筹备幼童留美事宜；十一年（1872）率先赴美安排幼童食宿和就学事宜；次年回国；十三年（1874）与叶廷眷、唐廷枢、郑观应等香山同乡在上海创办《汇报》，随后赴秘鲁考察华工受虐情况，又在康涅狄格州哈特福德修建出洋肄业局大楼。光绪元年（1875）与美国当地女子玛丽·露易莎·祁洛（Mary Louisa Kellogg）在哈特福德结婚，旋被奏派为出使美国、日斯巴尼亚（西班牙）、秘鲁三国钦差大臣；次年获耶鲁学院授予荣誉博士学位，长子容觐彤（Morrison Brown Yung）出生；四年（1878）与陈兰彬前往华盛顿白宫递交国书履任；次年次子容觐槐（Bartlett Golden Yung）

出生；七年（1881）三年公使任满；次年回国述职；九年（1883）回美定居，照顾病妻；十二年（1886）妻子去世；次年任康涅狄格州公理会俱乐部（Connecticut Congregational Club）主席；二十一年（1895）由两江总督张之洞派往英国借款，旋回国任江南交涉委员；次年进京递呈创办国家银行条陈；二十四年（1898）进京递呈修筑津镇铁路条陈，与康有为、梁启超等交往颇多，变法失败后返回上海；二十五年（1899）随康有为赴加拿大考察；次年随康有为赴新加坡考察，又赴上海参加中国国会，当选议长，旋因自立军失败，逃往日本，船上与孙中山相识，在日期间交往颇多；二十八年（1902）赴美定居；三十一年（1905）陪同康有为、荷马李（Homer Lea，1876—1912）等前往白宫拜会美国总统西奥多·罗斯福（Theodore Roosevelt，1858—1919）。宣统元年（1909）回忆录《西学东渐记》（*My Life in China and America*）在美国纽约出版；次年安排孙中山与荷马李、美国银行家布斯（Charles Beach Boothe，1851—1915）、艾伦（W. W. Allen）等人筹备“中国红龙计划”；三年（1911）频繁与谢缵泰通信关注国内武昌起义事。民国元年（1912）4月21日在哈特福德家中去世，与妻子合葬于西带山墓地（Cedar Hill Cemetery）。

容闳的主要历史功绩：

第一，赴美采买机器，促成江南机器制造总局创办。

第二，促成幼童留美事业，120名幼童大多成为铁路、电报、西医、海军、矿业等新兴行业的专家，涌现出詹天佑、唐国安、唐绍仪、梁敦彦、梁诚等著名历史人物。

第三，查访秘鲁华工，保护南美华人权益。

第四，担任出使美国、日斯巴尼亚、秘鲁三国钦差大臣期间，驻扎华盛顿，保护旅美华工、华商，维护中国权益。

第五，捐书给耶鲁图书馆，支持卫三畏（Samuel Wells Williams）[1]在耶鲁开设汉学讲席，推动美国汉学发展，宣传中国文化。

第六，甲午中日战争期间，受委前往英国借款，支持与日本决战，不妥协退让。

第七，先后递交禁止鸦片条陈、创办“国家银行”条陈、修筑津镇铁路条陈等，致力于中国近代化。

第八，先后支持康有为改革和孙中山革命，为中国发展探索前进方向。

容闳经历了从鸦片战争到辛亥革命的所有中国近代大事件，本有机会留在美国过更好的生活，但是他毅然选择回国，致力于西学东渐，先后将西方的军械、学术、教育、铁路、银行等引入中国，改变中国落后挨打的命运。容闳的爱国心，毫无疑问！

容闳的历史地位可以用两个字总结：先、高。

先：得风气之先，开风气之先。容闳出生于距离澳门仅6公里的沙尾村，8岁入读澳门马礼逊纪念学校。在科举取才和“士农工商”等级森严的传统社会，容闳前往教会学校学习，已经走上了一条与传统知识分子完全不同的道路。当时澳门是中西方文化交流的中转站，也是风气开放较早的城市，容闳在此出生和学习，潜移默化中，已经比内地之人多了一份接触海外来风的先机。其后马礼逊学校迁址香港，容闳随之，继续接受来自美国耶鲁学院毕业生鲍留云（Samuel Robbins Brown，也译为勃朗）校长的教诲，并在19岁时随鲍氏赴美国东部的新英格兰地区留学，入读孟松学校，受鲍氏影响，后于1850年考入耶鲁学院，并顺利于1854年毕业，接受了完整的西式教育，也成为首个毕

① 卫三畏（Samuel Wells Williams）：美国传教士兼外交官，编有《简易汉语教程》《官方方言中的英汉用词》等。

业于美国高等学府的中国人。

高：起点高，志向、志趣远大。容闳留学美国后，眼界开阔，一个是年轻的、高速发展的民主共和国，一个是老态的、落后挨打的君主专制国，两相比较，容闳对于国家和民族命运，有了一种油然而生的觉悟，那就是西学东渐——将西方强大的文化输入中国，改变中国的命运，反哺祖国。这种境界远超国内沉迷于四书五经科举考试，以图飞黄腾达的传统知识分子。容闳在美升学期间，面临一个困难的选择——如果想继续让香港商人和传教士资助，必须签订契约，承诺大学毕业后回国传教，否则就要自筹学费。当时美国大学学费昂贵，不是一般家庭所能承受的。容闳考虑到中国发展，需要的不是宗教，毕竟传教作用微小，不能因为学费而局限了自己未来的出路，因此放弃了香港商人和传教士的资助，自己去寻求美国某教会妇女会和鲍留云等人的支持。同时，他在耶鲁期间还兼职工勤事务，赚取学费和食宿费用，甚至曾寄回30美金托卫三畏转交母亲。容闳在事业选择上，放弃做传教士，已经可以看出其眼界较高，关注国家和民族发展的需要，不计较个人得失。容闳大学毕业前期，亦计划“以西方之学术输入中国，使中国渐趋于富强之境”。学成回国后，他先后为太平天国献策，为洋务派购买机器和枪炮，促成幼童留美事业，建言禁止鸦片、创办银行和修筑铁路，以及参与政治改革和革命运动，长期致力于中国发展事业，先后见证或参与了从鸦片战争、洋务运动、甲午战争、戊戌变法到辛亥革命等几乎所有中国近代重要历史事件，成为研究中国近代史，特别是留美教育史和中美外交史的重点人物。从另一个角度来说，容闳不仅倡导西学东渐，同时也有着“东学西渐”的卓识，其捐书耶鲁，支持美国汉学家卫三畏在耶鲁开设汉学讲席，与哈佛大学聘请的戈鲲化，看似竞争，实则皆有助于推动美国社会对中国和汉学的关注和了解。

然而，在中西方文化激烈冲突的时代，作为一个接受了全面西方教育的中国人，容闳所面临的中西文化冲突、遭遇的困境和挫折颇多，其与身边传统文化教育出身的官员的差距也非常明显，必然会发生矛盾和分歧。在留美幼童事业方面，容闳与陈兰彬、吴嘉善等人的冲突绝不是个人恩怨，而是中西方文化的冲突，也是在国家发展速度和方式方法上的冲突。当然，在为国为民这方面，应该是没冲突的。不能因为容闳的先进而否定认知和思想境界尚未开阔的传统士人，也不能因为容闳远超时代的先进意识导致挫折不断、成功较少，而否定容闳的历史功绩。容闳作为先进的中国人，是中国向西方学习的一个代表，是一个伟大的爱国者。他与同僚或同时代人的思想分歧是细枝末节，毫不影响其“中国留学生之父”的历史地位。

著述选读

西学东渐记

（一）导言

《西学东渐记》1909年英文原版
My Life in China and America

《西学东渐记》原书系英文，名为*My Life in China and America*，直译为《我在中国和美国的生活》，清宣统元年（1909）在美国纽约初版。1915年由徐凤石、恽铁樵节译成中文本，题为《西学东渐记》①。此后还有1991年王蓁译本——《我在美国和在中国的生活追忆》②、2003年石霓译本——《容闳自传——我在中国和美国的生活》③和2018年王志通和左滕慧子译本——《耶鲁中国

① 容纯甫：《西学东渐记》，徐凤石、恽铁樵译，商务印书馆，1915。
② 容闳：《我在美国和在中国的生活追忆》，王蓁译，中华书局，1991。
容闳：《西学东渐记》，王蓁译，中国人民大学出版社，2011。
③ 容闳：《容闳自传——我在中国和美国的生活》，石霓译注，百家出版社，2003。

人——容闳自传》[①]，以及1969年百濑弘的日文译本[②]。比较各种译本，以恽铁樵版本文字最优，流传最广，影响最大，因而选择恽铁樵译本推荐给读者。

《西学东渐记》全书共22章，记叙了作者从赴美留学，学成归国，向太平天国提出政治建议，助曾国藩、李鸿章办江南制造局，实施教育救国计划，组织中国留学生出洋，保护美洲华侨，参加维新变法运动，至为清政府通缉而避难美国的经历。全书以回忆录形式，逐年追忆，间以评述、议论，抒发己意，旨在说明中国如欲富强，“则非行一完全之新政策，决不能恢复其原有之荣誉”。

由于该书是容闳年近八十时的暮年之作，其中存在一些记忆错误，大部分已经在页下注中加以说明；此外，容闳对李鸿章、陈兰彬、吴嘉善、盛宣怀、翁同龢等人的评论失之偏颇，也需要读者加以分辨。

（二）原文

自序

本书前五章缕述我赴美国前的早期教育，以及到美国后的继续学习，先是在马萨诸塞州芒森城（旧译马沙朱色得士省孟松）的芒森学校，后来在耶鲁大学（旧译耶路大学）。

---

① 容闳：《耶鲁中国人——容闳自传》，王志通、左滕慧子译注，江苏凤凰文艺出版社，2018。

② 容闳：《西学东渐记——容闳自传》，百濑弘译，阪野正高解说，平凡社，1969。

第六章从我出国八年后重返中国开始。一向被当作西方文明表征的西方教育，如果不能使一个东方人变化其内在的气质，使他在面对感情和举止截然不同的人时，觉得自己倒象来自另一个世界似的，那不就可怪了吗？我的情况正好如此。然而，我的爱国精神和对同胞的热爱都不曾衰减；正好相反，这些都由于同情心而更加强了。因此，接下去的几章专门用来阐述我苦心孤诣地完成派遣留学生的计划：这是我对中国的永恒热爱的表现，也是我认为改革和复兴中国的最为切实可行的办法。

随着中国留学事务所的突然撤销和已经成为中国现代教育先行者的一百二十名留学生的召回，我的教育事业也从而告终了。

1872年那批留学生的仅存者中，有几人由于艰苦努力，勤奋不懈，终能跻身于中国重要的经世之才的前列。而且正是由于他们，原先的留学事务所也复活了，虽然形式上已有变更。因此，如今人们可以看到中国学生翩翩联袂，从遥远的海角天涯，来到欧美接受科学教育。

1909年11月于康涅狄格州哈特福德阿特伍德街16号

第一章　幼稚时代

1828年11月17日，予生于彼多罗岛（Pedro Island）[①]之南屏镇。镇距澳门西南可四英里。澳门，葡萄牙殖民地也[②]。岛与澳门间，有海峡

① 彼多罗岛（Pedro Island）：即湾仔岛。

② 容闳此说有误，澳门并非葡萄牙殖民地，其所有权和行政权仍归中国明清两朝中央政权，葡萄牙人须向广东地方政府缴纳租金，香山县和粤海关皆有派驻机构。

广半英里许。予第三，有一兄一姊一弟。今兄弟若姊俱已谢世[①]，惟予仅存（按先生于1912年逝世，著书时为1900年）。

① 予第三，有一兄一姊一弟。今兄弟若姊俱已谢世：容闳此说有误，据《容氏谱牒》记载，容闳有两兄一姐，无弟，容闳家族情况具体如下：

容闳的祖父容活生，育有五子：名建、名著、名彰（Yung Ming Cheong）、名嘉、名培。

容闳的父亲容丙炎（1795—1840）“名建，讳丙炎，号立亭，诰赠中宪大夫，晋赠资政大夫，生乾隆乙卯年（1796）十二月廿三日，卒道光庚子年（1840）八月廿二日，娶林氏，本村德熙公女，诰赠恭人，晋赠二品夫人，生嘉庆丙辰年（1796）八月十五日，卒咸丰庚申年（1860）十月廿七日，寿六十五岁，同葬山萝亭（坤申），生三子：达苗、达芽（出嗣）、达萌，一女（适造贝林家）”。

母亲林莲娣（1796—1860），南屏村林德熙之女。

容闳的叔父“名培，讳绍祥，号云亭，生嘉庆丁卯年（1807）四月廿一日，卒道光癸巳年（1833）十一月十二日，娶黄氏，公葬山萝亭，妣生卒葬俱失书。嗣子达芽，名建公三子”。

容闳的长兄容光杰（1822—1892），字达苗，号穗邨，娶张氏、陈氏，生四子：鹤兰（尚勤，号廉臣，张氏所生）、征兰（尚谦，又名良南，陈出）、爵（张出）、攀（陈出），一女（张出）。次兄容乾（1825—1850），字达芽，出嗣名培公，娶黄氏，无子，育子容申。容申（1871—1914），族名若兰，号尚书，娶北山杨氏，生三子：泽华、家肅、能华，一女适本村张标。姐容氏，嫁南屏对岸的造贝村林家。

容闳的次兄“达芽，讳乾，生道光乙酉年（1825）十月十八日，卒道光庚戌年（1850）八月十七日，娶黄氏，公葬山萝亭，妣生卒葬俱失书，育一子若兰”。“达芽公育子，若兰，讳申，号尚书，生同治辛未年（1872）十二月初八日，卒民国甲寅年（1914）正月初三日，娶杨氏北山祖霞公长女，生同治壬申年（1872）八月廿六日，公寄葬上海。生三子：泽华、家肅、能华，一女，适本村张标。”“泽华，名家鼎，生光绪丁酉年（1897）十一月初一日，娶冯氏，本村广胜公三女，生光绪戊申年（1908）四月初八日；家肅，生光绪辛丑年（1901）正月初二日，卒宣统辛亥年（1911）九月十五日，葬山萝亭；能华，名家鼐，生光绪壬寅年（1903）十二月十四日，娶苏州项氏，生民国壬子年（1912）四月初八日，生一子，助夫。”

容闳（1828—1912），原名光照，字达萌，号纯甫，英文名Yung Wing，娶美国康涅狄格州女子祁洛氏（Mary Louisa Kellogg，1851—1886）。生二子：容觐彤（1876—1933），字咏兰，英文名Morrison Brown Yung；容觐槐（1879—1942），字嘉兰，英文名Bartlett Golden Yung。

1834年，伦敦妇女会议在远东提倡女学。英教士古特拉富[①]之夫人（Mrs. Gützlaff）遂于是时莅澳，初设一塾，专授女生。未几复设附塾，兼收男生。其司事某君，予同里而父执也，常为予父母道古夫人设塾授徒事。其后予得入塾肄业，此君与有力焉。惟是时中国为纯粹之旧世界，仕进显达，赖八股为敲门砖，予兄方在旧塾读书，而父母独命余入西塾，此则百思不得其故。意者通商而后，所谓洋务渐趋重要，吾父母欲先着人鞭，冀儿子能出人头地，得一翻译或洋务委员之优缺乎？至于予后来所成

郭士立（Karl Friedrich August Gützlaff）

① 英教士古特拉富：普鲁士籍新教传教士郭士立（Karl Friedrich August Gützlaff，1803—1851，中文名也译作郭实猎、郭实腊等），出生于普鲁士东部的波美拉尼亚斯德丁（今波兰什切青）。1821年入柏林神学院学习，1823年到鹿特丹入荷兰传道学院进修。1826年毕业，被荷兰传道会按立为牧师，派到南洋传教。1828年到新加坡。1829年脱离荷兰教会，在马六甲主持伦敦会，和伦敦传道会的首位女传教士玛丽·纽惠露（Maria Newell）结婚。1830年携妻同往暹罗。1831年2月16日夫人纽惠露难产，母女二人先后去世；6月3日搭帆船前往中国北方考察，12月回到澳门行医传教。1832年2月陪同英国东印度公司商船北上考察，远达朝鲜、日本，9月返回澳门；同年10月乘坐鸦片商查顿商船再次北上，到达东北牛庄（今营口）。1833年夏天到澳门居住，8月在广州创办中国境内出版的第一份中文近代报刊——《东西洋考每月统记传》。1834年与伦敦妇女教育会（The Ladies' Society for Native Female Education）派往马六甲英华书院工作的温施娣（Mary Wanstall，1799—1849）结婚，6月返回澳门定居，11月陪同英国东印度公司人员前往福建武夷山产茶区考察。1835年9月30日，与温施娣在澳门设立一所女子学校，容闳曾入读该女校附设男生班。1840年鸦片战争爆发，担任英军司令官的翻译和向导，以及英军占领下的定海知县、宁波知府；战后参与及起草《南京条约》。1843年在香港开埠之后，担任首任香港总督璞鼎查（Henry Pottinger，1789—1856）的中文秘书。1844年在香港成立传教组织"福汉会"（The Chinese Union），创立中国传教会，在伦敦招募来华传教士。1851年8月9日在香港去世。

之事业，似为时世所趋，或非予父母所及料也。

1835年，随父至澳门，入古夫人所设西塾，予见西国妇女始此。时才七龄，当时情形，深印脑中，今虽事隔数十年，犹能记忆。古夫人躯干修长，体态合度，貌秀而有威，眼碧色，深陷眶中，唇薄颐方，眉浓发厚，望而知为果毅明决之女丈夫。时方盛夏，衣裳全白，飘飘若仙，两袖圆博如球，为当年时制。夫人御此服饰，乃益形其修伟。予睹状，殊惊愕，依吾父肘下，逡巡不前。虽夫人和颜悦色，终惴惴也。我生之初，足迹不出里巷，骤易处境，自非童稚所堪。迨后思家之念稍杀，外界接触渐习，乃觉古夫人者和蔼仁厚，视之若母矣。予于学生中齿最稚，乃益邀夫人怜悯，入塾后即命居女院中，不与男童杂处，盖特别优待也。

予儿时颇顽劣，第一年入塾时曾逃学，其事至今不忘。古夫人之居予于女院，本为优遇，予不知其用意。男生等皆居楼下层，能作户外运动。而予与诸女生，则禁锢于三层楼上，惟以露台为游戏场。以为有所厚薄，心不能甘。常课余潜至楼下，与男生嬉。又见彼等皆许自由出门，散步街市，而予等犹无此权利，心益不平。乃时时潜出至埠头，见小舟舣集，忽发异想，思假此逃出藩笼，以复我自由之旧。同院女生，年事皆长于予。中有数人，因禁闭过严，亦久蛰思启，故于予之计划，深表同情。既得同志六人，胆益壮。定计予先至埠头，雇定盖篷小船，乘间脱逃。翌晨早餐后，古夫人方就膳，予等七人遂于此时潜行出校，匆匆登舟，向对岸进发。对岸为彼多罗岛，予家在也。谓同伴六人先至予家小住，然后分别还乡。在予固自以为计出万全，不谓渡江未半，追者踵至。来船极速，转瞬且及。予乃惶急，促舟子努力前进，许渡登彼岸时酬以重金。但予舟只二橹，来舟则四橹。舟子知势力悬殊，见来舟手巾一挥，即戢耳听命，而予等七人束手受缚矣。放豚入笠，乃施惩戒。古夫人旋命予等排列成行，巡行全校。且于晚课后，课堂中设一长桌，命七人立其上一小时。予立中央，左右各三人，头戴尖顶纸帽，胸前悬一方牌大书逃徒，不啻越狱罪囚也。予受此惩创，羞愧无地。而古夫人意犹未足，故将果饼橙子等分给他生剥食，使予等馋涎欲流，绝不一顾。苦乐相形，难堪滋甚，古夫人洵恶作剧哉！

古夫人所设塾，本专教女生。其附设男塾，不过为玛礼孙学校（Morrison School）[①]之预备耳。玛礼孙学校发起于1835年，至1839年成立。未成立时，以生徒附属古夫人塾中，酌拨该校经费，以资补助。是予本玛礼孙校学生而寄生于此者。忆予初入塾时，塾中男生，合予共二人耳。后此塾逐渐扩张，规画益宏。夫人乃邀其侄女派克司女士（Miss. Parkes）姊妹二人，来华襄助。派女士之兄海雷派克司（Mr. Harry Parkes），即1864年主张第二次之鸦片战争者，因其于此事著异常劳绩，故英皇锡以勋爵云。[②]予于此短期内，得亲炙于派克司女士二人，亦幸事也。

---

① 玛礼孙学校Morrison School：全称是Morrison Education Society School，俗称马公书院，现称马礼逊学校，1836年英美等国外交官、传教士和商人为纪念基督教新教第一位来华传教士马礼逊博士（Robert Morrison），在广州成立马礼逊教育协会（Morrison Education Society）；初期资助郭士立夫人和马六甲的英华书院附招学生；1839年聘请毕业于美国耶鲁学院的纽约聋哑学校教师鲍留云（Samuel Robbins Brown）夫妇来澳门创校，首次招生六人，其中有唐植（廷桂）、李根（Lee Kan）；1840年招生七人，其中有容闳；1841年招生16名，其中有唐廷枢；1842年迁至香港黄泥涌村飞鹅山，因而又被称为“飞鹅山书院”，该山被英人改名摩理臣山（Morrison Hill）；1843年招生13名，其中有唐廷庚；1847年鲍留云返美，偕容闳、黄胜、黄宽三人留学美国；1849年学校因缺乏资助而停办；1867年协会因缺乏资助而关闭。

② 原文义为：海雷派克司实为第二次鸦片战争之发动者，因其于此事卓著劳绩，故于1864年得授勋爵。海雷派克司即巴夏礼（Harry Smith Parke，1828—1885），英国外交官，1841年来华，历任英国驻厦门、福州、上海领事馆译员；1856年代理驻广州领事，制造“亚罗号”（Arrow）事件；次年英军攻占广州，与被俘的清朝广东巡抚柏贵组织“市政委员会”，任英方委员；1860年参与签订《中英北京条约》；1863年任驻上海领事；1865—1883年任英国驻日公使；1883—1885任驻华公使兼驻朝鲜公使；1885年死于北京。

其后此塾因故停办，予等遂亦星散。古夫人携盲女三人赴美[①]，此三女乃经予教以凸字读书之法，及予辍教时，彼等已自能诵习《圣经》及《天路历程》二书矣。派克司姊妹则一嫁陆克哈医士（Dr. William Lockhart）[②]，一嫁麦克来传教士（Rev. Mac Clatchy）[③]，仍受伦敦传道会之委任，在中国服务甚久云。

---

① 古夫人携盲女三人赴美：郭士立夫人至少偕7名盲女至英美留学。1839年将玛丽（Mary）和露西（Lucy）送至英国伦敦学习，玛丽于1842年3月18日去世，露西于1842年7月8日去世。1842年1月将劳拉（Laura）和阿格尼丝（Agnes）送至英国伦敦学习；劳拉于1841年入读“伦敦盲人阅读学习协会”所办盲人学校，其后留在英国埃克塞特郡（Exeter），1854年12月在英去世；阿格尼丝入读“伦敦盲人阅读学习协会”所办盲人学校，1856年学成回国，初在厦门，后被马利女士（Mary Ann Aldersey）所办宁波女塾所聘，教授盲文，1871年在上海去世，遗产捐建体仁医院（Gützlaff Hospital）。1843年偕芬妮（Fanny）、杰西（Jessie）和伊丽莎（Eliza）至美国学习，三人先后在哥伦布、纽约和费城等地盲校求学，其后在盲人机构工作，直至在美去世。

② 陆克哈医士（Dr. William Lockhart）：雒魏林，英国医学传教士，先后入读都柏林米斯郡医院（Meath Hospital）和伦敦盖氏医院（Guy's Hospital），1834年毕业；1839年来华，加入中华医药传道会，接办美国医学传教士伯驾所创澳门医馆，曾赴广州习汉语，旋因鸦片战争而前往巴达维亚；次年回到澳门，重开医馆，旋往舟山开设眼科施医馆；1841年回澳门娶凯瑟琳•帕克斯（Catheine Parkes）；1843年到舟山重开医馆，旋赴上海传教，开设仁济医馆（Chinese Hospital）；1852年回英；1855年再次来华；1857年回英；1861年第三次来华，在北京设立施医院（Chinese Hospital）；1864年回英；著有《上海仁济医馆十一年年报（1846—1857）》（*Eleven Annual Reports of the Chinese Hospital at Shanghai, from1846—1857*）、《北京施医院两年年报（1861—1863）》（*Two Annual Reports of London Missionary Society's Hospital at Peking, from 1861—1863*）、《在华行医传教二十年》（*The Medical Missionary in China: A Narrative of Twenty Years' Experience*）、《北京及其近郊纪事》（*Notes on Peking and its Neighbourhood*）等。

③ 麦克来传教士（Rev. Mac Clatchy）：麦克开拉启（Thomas Mc Clatchie），又作麦丽芝，英国传教士，毕业于英国三一学院（Trinity College），1844年来华，在澳门传教；1845年转至宁波；次年娶伊莎贝拉·莎拉·帕克斯（Isabella Sarah Parkes，1826—1908）；1851年赴上海传教；1854年回英；1863年再次来华，在北京传教；1865年赴汉口传教；1870年赴上海；1876年将《易经》汉译英出版，书名《〈易经〉之译——附注解与附录》*A Translation of the Confucian Yi King*，这是第一本《易经》英译本；1882年回英；著有《希纳尔平原上的中国人》（*The Chinese on the Plain of Shinar*）、《日本戏剧》（*Japanese Plays*）、《日本剑的历史与传统》（*The Sword of Japan: Its History and Traditions*）。

予既还家，从事汉文。迨1840年夏秋之交，方鸦片战争剧烈时，适予父逝世，身后萧条，家无担石。予等兄弟姊妹四人，三人年齿稍长，能博微资。予兄业渔，予姊躬操井臼，予亦来往于本乡及邻镇之间贩卖糖果，兢兢业业，不敢视为儿戏。每日清晨三时即起，至晚上六时始归，日获银币二角五分，悉以奉母。所得无多，仅仅小补。家中撑拄，惟长兄是赖耳。予母得予等臂助，尚能勉强度日。如是者五阅月，而严冬忽至，店铺咸停制糖果。予乃不得已而改业，随老农后，芸草阡陌间。①予姊恒与予偕。相传古有卢斯（Ruth）者，割禾无所获，遇波亚士（Boaz）②时时周给之，予惜无此佳遇。幸予粗通西文，窘迫时竟赖以解厄。予之能读写英文，农人本不之知。予姊告之，乃忽动其好奇心，招予至前，曰："孺子，试作红毛人之语。"予初忸怩不能出口，后予姊从旁怂恿，谓："汝试为之。彼农或有以犒汝。"农人欣然曰："老夫生平从未闻洋话。孺子能言者，吾将以禾一巨捆酬汝劳，重至汝不能负也。"予闻此重赏，胆立壮，乃为之背诵二十六字母。农人闻所未闻，咸惊奇诧异。予为此第一次演说时，稻田中之泥水深且没胫。演说既毕，获奖禾数捆，予与予姊果不能负，乃速返家邀人同往荷归。予之拉杂英文，早年时即著此奇效，是则始愿所不及。时予年十二岁，即古时卢斯之获六斛，其成绩亦不予过矣。

刈禾时期甚短，无他事足述。其后有一比邻，向在天主教士某处，为印刷书报工人。适由澳门请假归，偶与予母言教士欲雇用童子折叠书页，仅识英字母及号码无误即得，程度不必过高。予母告以此事予能为之，乃请其介绍于教士。条约既定，别母赴澳门就新事，月

---

① 芸草阡陌间：随获者之后而拾其落穗。

② 波亚士（Boaz）：亦人名。据《旧约·路得记》记载，在约旦河西岸的伯利恒，寡妇路德（Ruth）依靠捡拾麦穗，养活自己和婆婆。地主波亚士（Boaz）在从事收割工作时，允许路德紧跟着捡拾，还让女仆故意从麦捆中抽出一些，撒在地上，借以周济穷苦之人。

获工资四元五角，以一元五角付膳宿费，余三元按月汇寄堂上。然予亦不遽因此致富。可四阅月，忽有梦想不到之人来函招予，而上帝又似命予速往勿失时机者。函盖来自霍白生医生（Dr. Hobson）①，医生亦传道者，其所主任之医院，距予执业之印刷所仅一英里。予在古夫人西塾时数见之，故稔识其人。此次见招，初不解其故，以为霍氏欲予从其学医也。继乃知古夫人赴美时，其临别之末一语，即托予于霍白生，谓必访得予所在，俟玛礼孙学校（Morrison School）开课时送予入校云。霍氏负此宿诺，无日或忘。盖觅予不得，已数月于兹。相见时霍氏谓予："玛礼孙学校已开课，汝亟归家请命，必先得若母允汝入塾，然后舍去汝业，来此伴余数月，使予得熟知汝之为人，乃可介绍汝于该校教习也。"时予母方深资予助，闻言意颇不乐；然卒亦从予请，命予往澳门辞别天主教教士。该教士虽沉静缄默，四月之中从未与予交一语，然亦未尝吹毛求疵，故予去时颇觉恋恋。予辞出后，径往医院，从霍医生终日杵臼丁丁，制药膏丸散。霍氏巡行医院，抚视病人时，则捧盆随其后。如是者二阅月，霍君乃引予至玛礼孙学校，谒见校长勃朗先生。

第二章　小学时代

玛礼孙学校于1839年11月1日开课，主持校务者为勃朗先生（Rev. S. R. Brown）。先生美国人，1838年由耶路大学（Yale University）毕

① 霍白生医生（Dr. Hobson）：通译为合信（Benjamin Hobson，1816—1873），英国医学传教士，1835年毕业于伦敦大学医学院，1839年来华，1848年在广州创办惠爱医馆，1856年赴上海，次年任上海仁济医馆馆长，1859年回国；编译有《博物新编》《全体新论》《西医略论》《妇婴新说》《内科新说》等书。

鲍留云（Samuel Robbins Brown，1810—1880）

业，旋复得名誉博士学位[1]。乃于是年（1839年）2月19日偕其夫人莅澳，以其生平经验从事教育，实为中国创办西塾之第一人。予入是校在1841年，先我一年而入者已有五人，黄君胜[2]、李君刚、周君文、唐君杰[3]与黄君宽[4]也。校中教科，为初等之算术、地文及英文。英文教课列在上午，国文教课则在下午。予惟英文一科，与其余

---

① 原文为神学博士学位。

② 黄君胜：黄胜（1827—1902），字达权，号平甫，广东香山县东岸村人。道光二十一年（1841）入读马礼逊学校。次年随校迁往香港继续学业。二十七年（1847）与容闳、黄宽跟随校长鲍留云夫妇留学美国。次年回国，任职《德臣西报》及英华书院印刷所。咸丰三年（1853）任英华书院印刷所监督，参与创办《遐迩贯珍》，并协助理雅各翻译《四书》。八年（1858）参与创办《中外新报》，并成为首位香港华人陪审员。同治三年（1864）任上海同文馆英文教习。六年（1867）就职英华书院印刷所。八年（1869）参与创办香港东华医院，兼任医院总理。十年（1871）参与创办中华印务总局。次年参与创办《华字日报》。十二年（1873）携带第二批幼童赴美。次年参与创办《循环日报》。光绪二年（1876）与唐廷枢在香港选取福建船政学堂学生。次年任驻美使馆翻译。四年（1878）任驻旧金山翻译。八年（1882）任满返港。次年加入英籍，并委为非官守太平绅士，出任定例局议员（1883—1890）。十二年（1886）任香港东华医院主席。著有《西洋火器略说》，与王韬合译《火器说略》。

③ 唐君杰：唐植，又名唐廷桂（1828—1897），曾用名唐国华，字建安，号茂枝，唐廷枢之兄。

④ 黄君宽：黄宽（1828—1878），字世宏，号绰卿，广东香山东岸村人。道光二十年（1840）入读马礼逊学校。二十二年（1842）随学校迁至香港继续就读。二十七年（1847）与容闳、黄胜随校长鲍留云夫妇前往美国人求学。咸丰元年（1851）赴英国苏格兰爱丁堡大学学习医科，肄业五年得医学博士学位。后继续留英研究病理学、解剖学二年。七年（1857）回香港开西医所，次年迁广州行医，后接办英国医生在金利埠创设的惠爱医馆，兼任博济医院医生。十年（1860）辞去惠爱医馆职务。同治元年（1862）被李鸿章聘为上海幕府任医官，未及半载即辞职，返广州自设诊所。二年（1863）被聘为海关医务处医官。五年（1866）博济医院附设之南华医学堂成立，担任解剖学、生理学及外科学教学任务。六年（1867）博济医院院长嘉约翰因病回国，代理院长职务。光绪元年（1875）兼任西南施医局主任。四年（1878）因病早逝。

五人同时授课，读音颇正确，进步亦速。予等六人为开校之创始班，予年最幼。迨后1846年之12月，勃朗先生因病归国，六人中竟半数得附骥尾，亦难得之时会也。

玛礼孙学校何由而来乎，读者宜急欲知之矣。1834年8月1日，玛礼孙博士（Dr. Robert Morrison）卒于中国，其翌年1月26日，乃有传单发布于寓澳之西人，提议组织玛礼孙教育会，以纪念其一生事迹。并建议设学校，及设施他种方法，以促进中国之泰西教育。至玛礼孙博士之来中国，乃为英国传道会所委派。彼为中国之第一传道师。博士于1807年1月31日由伦敦启程，经大西洋而至纽约，改乘帆船名"屈利亥登"（Trident）者而至中国。原拟在澳门登陆，因为天主教士之嫉忌，不果，乃折至广州。后因中外适起交涉，中政府与西商感情颇恶，乃往麻拉甲（Malacca）[①]暂时驻足，以植基

马礼逊学校首批学生唐廷桂（1828—1897，原名植，号茂枝）

马礼逊学校第二批学生唐廷枢（1832—1892，号景星）

① 麻拉甲（Malacca）：今译马六甲。

础。于是从事著作，成第一部之华英字典，分订三册；并以耶教《圣经》译成汉文，以供华人披阅。又有第一信徒名梁亚发[①]者，助其宣讲，为传道界别开生面，成效卓著。此后寓华之教士，咸奉玛礼孙所著之字典及其所译之《圣经》，以为圭臬。玛礼孙博士既在中国成如许事业，其名永垂不朽，允宜建一大学以纪念之。乃所建者只区区一塾，规模偏小，且因经费仅仅恃侨寓西商，时虞匮乏。以玛氏之丰功伟烈，而纪念之成绩，乃不过如是，庸非一憾事哉！

1840年鸦片战争起，其后结果，即以香港让于英人。玛礼孙学校遂于1842年迁于香港某山之巅，高出海平线几六百英尺。山在维多利亚殖民地（Victoria Colony）之东端。登山眺望，自东至西，港口全境毕现。即此一处，已足见香港为中国南部形胜，无怪外人垂涎。且港口深阔，足为英国海军根据地。有此特点，故此岛终不我属，卒为英国有也。玛礼孙学校既设于山顶，其后此山遂亦以玛礼孙得名云。

1845年3月12日，威廉·麦克（William Macy）[②]先生来港，为玛礼孙学校之助教。是校自澳门徙此以来，大加扩张，学生之数已达四十余人。新增三班，教授一人之力不能兼顾，故须延聘教习，相

① 梁亚发：梁发（1789—1855），原名恭发，俗名阿发或亚发，字济南，号学善者，别署学善居士，广东肇庆高明县古劳村人。1810年在广州十三行学印刷，结识英国传教士马礼逊和米怜（William Milre，1785—1822）。1813年随米怜至马六甲，协办中文刊物《察世俗每月统计传》。1816年由米怜施洗入教，成为中国最早的基督教新教教徒。1823年在澳门被马礼逊立为传教士，是第一个基督教新教华人牧师。1828年在高明开设基督教私塾，被排斥而逃至澳门。1834年赴广州乡试考场散发布道书籍被捕，半途逃脱，至澳门、新加坡、马六甲等地传教。1839年回广东。1855年在广州病逝。著有《救世录撮要略解》《熟学圣理略论》《真理问答浅解》《真道寻源》《灵魂篇》《异端论》《圣经日课初学便用》《劝世良言》《祈祷文赞神诗》等书。

② 威廉·麦克（William Macy）：又名咩士，1844年毕业于耶鲁，1846年来到香港，接办马礼逊学校，直至1849年学校关闭，1850年返回美国，1855年与容闳同船返回中国，在广州传教，1858年至上海传教，次年在上海病逝，并安葬于上海公墓。

助为理。麦先生之来校，适当其会。勃朗先生则仍专心校务，毫无间断。直至次年秋间回美，乃以麦先生继之。盖其时麦先生已有一年之经验矣。

勃朗与麦克二君之品性大相悬殊。勃先生一望而知为自立之人，性情态度沉静自若，遇事调处秩序井然。其为人和蔼可亲，温然有礼；且常操乐观主义，不厌不倦，故与学生之感情甚佳。其讲授教课，殆别具天才，不须远证，而自能使学生明白了解。此虽由于赋性聪敏，要亦阅历所致。盖当其未来中国、未入耶路大学之前，固已具有教育上之经验矣。故对于各种学生，无论其为华人、为日人、或为美人，均能审其心理而管束之。知师莫若弟，以才具论，实为一良好校长。其后先生回国，任阿朋学校（Auburn Academy）之监院，后往日本亦从事教育，皆功效大著，足证是言之不谬也。至于助教麦克先生，亦为耶路大学之毕业生。第未来中国之先，未尝执教鞭，故经验绝少。而于中国将择何种事业，亦未有方针。然其天性敏捷，德行纯懿，思想卓荦，使君自不凡也。

1850年玛礼孙学校解散，麦克与其母返美[①]，复入耶路大学圣教科学道，1854年复经美国公会派至中国传道。其时予已毕业于耶路大学，准备回国，乃与之偕归。自桑得阿克（Sandy Hook）[②]启程以至香港，计历百五十四日之久，始达目的地。长途寂寂，无聊殊甚，当于第六章中详之。

1846年冬，勃朗先生回国。去之前四月，先生以此意布告生徒，略谓己与家属均身体羸弱，拟暂时离华，庶几迁地为良。并谓对于本

① 1850年……返美：1849年，因资金不足，加之母亲身体不佳，麦克将学生转入其他传教士所办学校，遂偕母返美。

② 桑得阿克（Sandy Hook）：今译桑迪胡克，属美国东部新泽西州，大西洋海滨小镇，位于一狭长半岛上，与纽约市布鲁克林隔海相望。

黄胜（1827—1902，又名达权，号平甫）

校，感情甚深，此次归国，极愿携三五旧徒，同赴新大陆，俾受完全之教育；诸生中如有愿意同行者，可即起立。全堂学生聆其言，爽然如有所失，默不发声。其后数日间，课余之暇，聚谈及此，每为之愀然不乐。其欣欣然有喜色者，惟愿与赴美之数人耳，即黄胜、黄宽与予是也。当勃先生布告游美方针时，予首先起立，次黄胜，次黄宽。第予等虽有此意，然年幼无能自主。归白诸母，母意颇不乐。予再四请行，乃勉强曰："诺。"然已凄然泪下矣。予见状，意良不忍，竭力劝慰之曰："儿虽远去，尚有兄弟与姊三人，且长兄行将娶妇，得有兄嫂承欢膝下，不致寂寞。母其善自珍摄，弗念儿也！"母闻予言，为之首肯。由今思之，殆望予成器，勉强忍痛也。呜呼！

予等均贫苦，若自备资斧，则无米安能为炊。幸勃先生未宣言前，已与校董妥筹办法。故予等留美期内，不独经费有着，即父母等亦至少得二年之养赡。既惠我身，又及家族，仁人君子之用心，可谓至矣。资助予等之人，本定二年为期限，其中三人之名，予尚能记忆。一为蓄德鲁特君（Andrew Shortrede），苏格兰人，香港《中国日报》（*China Mail*）[①]之主笔。其人素鳏居，慷慨明决，有当仁

① 《中国日报》（*China Mail*）：中文名《中国邮报》，又因第二任主编德臣（Andrew Dixson）而名《德臣报》《德臣西报》等，1845年2月20日由苏格兰人萧德锐（Andrew Shortrede）创办，是香港的第二份报纸，于1974年停刊，是香港发行时间最长、影响力最大的英文报纸。

不让之风。一为美商李企[1]君（Ritchie）。一为苏格兰人康白尔[2]君（Campell）。其余诸人，惜不相识，故无从记其名姓。此外又有阿立芬特公司（The Olyphant Brothers）[3]者，为美国纽约巨商兄弟三人所设，有帆船一艘名“亨特利思”（Huntress），专来中国运载茶叶，予等即乘是船赴美。蒙公司主人美意，自香港至纽约不取船资，亦盛德也。此数君者，解囊相助，俾予得受完全之教育，盖全为基督教慈善性质，并无他种目的。今则人事代谢，已为古人，即称道其名，亦已不及。然其后裔闻之，知黄宽、黄胜与予之教育，全为其先人所培植，亦一快心惬意事也。

容闳（右）和唐廷枢合影

① 李企：Amelia Almon Ritchie，美国商人，1837年指挥尚普兰号（Champlain）来华，在广州开设以姓氏为名的贸易行，直至1850年6月解散。1844年3月14日其11月大的三子在澳门夭折，葬基督教坟场。

② 康白尔：疑为Charles Molloy Campbell，1846—1847年任香港代理检察长（Acting Attorney General），1848年代理首席大法官（Acting Chief Justice）。

③ 阿立芬特公司（The Olyphant Brothers）：同孚洋行（Olyphant & Co.），1820年美国人大卫·奥立芬（David Olyphant）来华，1828年在广州创办同孚洋行，先后在香港、上海、福州，以及澳大利亚和新西兰开设办事处。1878年因运载“猪仔”华工往秘鲁被清政府指控而倒闭。大卫·奥立芬曾任美部会（American Board of Commissioners for Foreign Missions）董事，对英美在华传教事业颇为支持，传教士可免费乘坐其商船往来中美。

第三章 初游美国

1847年1月4日，予等由黄浦[1]首途，船名“亨特利思”（Huntress），帆船也，属于阿立芬特兄弟公司（The Olyphant Brothers），前章已言之。船主名格拉司彼（David Gillespie）。时值东北风大作，解缆扬帆，自黄浦抵圣希利那岛（St. Helena）[2]，波平船稳。过好望角时，小有风浪，自船后来，势乃至猛，恍若恶魔之逐人。入夜天则黑暗，浓云如幕，不漏星斗。于此茫茫黑夜中，仰望桅上电灯星星，摇荡空际，飘忽不定，有若墟墓间之磷火。此种愁惨景象，印入脑际，迄今犹历历在目。惟彼时予年尚幼，不自知其危险，故虽扁舟颠簸于惊涛骇浪中，不特无恐怖之念，且转以为乐；竟若此波涛汹涌，入予目中，皆成为不世之奇观者。迨舟既过好望角，驶入大西洋，较前转平静。至圣希利那岛稍停，装载粮食淡水。凡帆船之自东来者，中途乏饮食料，辄假此岛为暂时停泊之所。

自舟中遥望圣希利那岛，但见火成石焦黑如炭，草木不生，有若牛山濯濯。予等乘此停舟之际，由约姆司坦（Jamestown）[3]登陆，游览风景。入其村，居民稀少，田间植物则甚多，浓绿芸芸，良堪娱目。居民中有我国同胞数人，乃前乘东印度公司船以来者，年事方盛，咸有眷属。此岛即拿破伦战败被幽之地，拿氏遂终老于此。其坟在岛之浪奥特（Longwood）地方，予等咸往登临，抚今吊古，枨触余怀。坟前有大柳树一，乃各折一枝，携归舟中，培养而灌溉之，以为异日之纪念。后抵美国，勃朗先生遂移此柳枝，植诸纽约省之阿朋学校中。

---

① 黄浦：此为翻译之错，当作黄埔，乃属广州，而黄浦是上海之地。

② 圣希利那岛（St. Helena）：圣赫勒拿岛（Saint Helena），1815年拿破仑被流放到圣赫勒拿岛，1821年死于岛上。

③ 约姆司坦（Jamestown）：詹姆斯敦。

勃朗即在此校任教授数年，后乃往游日本。迨1854年予至阿朋学校游览时，则见此枝已长成茂树，垂条万缕矣。

舟既过圣希利那岛，折向西北行，遇“海湾水溜”（Gulf Stream），水急风顺，舟去如矢，未几遂抵纽约。时在1847年4月12日，即予初履美土之第一日也。是行计居舟中凡九十八日，而此九十八日中，天气清朗，绝少阴霾，洵始愿所不及。1847年纽约之情形，绝非今日①。当时居民仅二十五万乃至三十万耳，今则已成极大之都会，危楼摩天，华屋林立，教堂塔尖高耸云表，人烟之稠密，商业之繁盛，与伦敦相颉颃矣。犹忆1845年予在玛礼孙学校肄业时，曾为一文，题曰《意想之纽约游》。当尔时搦管为文，讵料果身履其境者。由是观之，吾人之意想，固亦有时成为事实，初不必尽属虚幻。予之意想得成为事实者，尚有二事：一为予之教育计划，愿遣多数青年子弟游学美国；一则愿得美妇以为室。今此二事，亦皆如愿以偿。则予今日胸中，尚怀有种种梦想，又安知将来不一一见诸实行耶。

予之勾留纽约，为日无多。于此新世界中第一次所遇之良友，为巴脱拉脱夫妇二人（Mr. and Mrs. David E. Bartlett）。巴君②时在纽约聋哑学校教授，后乃迁于哈特福德，仍为同类之事业。今巴君已于1879年逝世，其夫人居孀约三十年，于1907年春间亦溘然长逝矣。巴夫人之为人，品格高尚，有足令人敬爱。其宗教之信仰尤诚笃，本其慈善之怀，常热心于社会公益事业。影响所及，中国亦蒙其福。盖有中国学生数人，皆为巴夫人教育而成有用之材。故巴夫人者，予美国良友之一也。

自纽约乘舟赴纽海纹，以机会之佳，得晤耶路大学校长谭君

① 指1909年。

② 巴君：容闳在写给李鸿章和沈葆桢的信函中将其译为“柏立”。

（President Day of Yale University），数年之后，竟得毕业此校，当时固非敢有此奢望也。予等离纽海纹[①]后，经威哈斯角（Warehouse Point）而至东温若（East Windsor）[②]，径造勃朗夫人家。勃夫人之父母尔时尚存，父名巴脱拉脱[③]（Rev. Shubael Bartlett，与前节之巴君为另一人），为东温若教堂之牧师。予等入教堂瞻仰，即随众祈祷，人皆怪之。予座次牧师之左，由侧面可周瞩全堂，几无一人不注目予等者。盖此中有中国童子，事属创见，宜其然也。予知当日众人神志既专注予等，于牧师之宣讲，必听而不闻矣。

巴牧师乃一清教徒（Puritan，清教徒为耶稣教徒之一派，最先来美洲者），其人足为新英国省[④]清教徒之模范［按：新英国省（New England States）为美国东部之数省，纽约省亦在其内］，宣讲时语声清朗，意态诚恳。闻其生平兢兢所事，绝不稍稍草率。凡初晤巴牧师者，每疑其人严刻寡恩，实则其心地甚仁厚也。惟以束身极谨，故面目异常严肃，从未闻其纵笑失声，尤无一谐谑语。每日起居有定时，坐卧有常处，晨兴后则将《圣经》及祈祷文置于一定之处，端正无少偏。举止动作，终年如一日。总其一生之行事，殆如时计针之移动，周而复始，不爽晷刻。故凡与巴牧师久处者，未见巴牧师之面，咸能言巴牧师方事之事，历历无少差也。

巴牧师之夫人，则与其夫旨趣大异：长日欢乐，时有笑容；遇人接物尤蔼吉，每一启口，辄善气迎人，可知其宅心之仁慈。凡牧师堂中恒多教友，酬酢颇繁。巴牧师有此贤内助，故教友咸乐巴君夫妇。牧师年俸不过四百美金，以此供衣食犹虞其不足，乃巴夫人且不时款

---

① 纽海纹：New Haven，纽黑文，属美国康涅狄格州。

② 东温若（East Windsor）：东温莎。

③ 父名巴脱拉巴：前节之巴君即为此巴脱拉脱之子。

④ 新英国省：中国清朝（近代）史籍对美国新英格兰地区的译称。

享宾客。余不解其点金何术，而能措置裕如。后乃知巴牧师有田园数亩，岁入虽微，不无小补。又其幼子但以礼（Daniel）尤勤于所事，以所得资归奉父母。牧师得常以酒食交欢宾客，殆赖有此也。

后予在孟松中学及耶路大学肄业时，每值假期，辄过巴牧师家。

第四章　中学时代

予在东温若，小住勃朗家一星期，乃赴马沙朱色得士省（Massachusetts），入孟松学校（Monson Academy）肄业。彼时美国尚无高等中学，仅有预备学校，孟松即预备学校中之最著名者。全国好学之士，莫不负笈远来，肄业此校，为入大学之预备。按孟松在新英国省中，所以名誉特著，以自创设以来，长得品学纯粹之士，为之校长故。当予在孟松时，其校长名海门（Rev. Charles Hammond），亦德高望重，品学兼优者。海君毕业于耶路大学，夙好古文，兼嗜英国文艺，故胸怀超逸，气宇宽宏。当时在新英国省，殆无人不知其为大教育家。且其为人富自立性，生平主张俭德，提倡戒酒。总其言行，无可訾议，不愧为新英国省师表。以校长道德文章之高尚，而学校名誉亦顿增。自海门来长此校，日益发达，气象蓬勃，为前此未有云。而斯时中国人入该校者，惟予等三人耳。海校长对于予等特加礼遇，当非以中国人之罕观，遂以少为贵，而加以优礼；盖亦对于中国素抱热诚，甚望予等学成归国，能有所设施耳。

在孟松学校之第一年，予等列英文班中，所习者为算术、文法、生理、心理及哲学等课。其生理、心理两科，则为勃朗女师（Miss Rebekah Brown）所授。美国学校通例，凡行毕业礼时，其毕业生中之成绩最优者，则代表全体对教师来宾而致谢词。勃朗女师尝为此致谢词之代表者，毕业于霍来克玉山女校（Mt. Holyoke School）之第一人也，后与医学博士麦克林（Dr. A. S. McClean）结婚，遂寓于斯丕林费尔（Springfield）[①]。勃朗女师之为人，操行既端正，心术仁慈，尤勇于为善，热心于教育。夫妇二人，待予咸极诚挚。每值放假，必邀予过其家。及予入耶路大学肄业，处境甚窘，赖渠夫妇资助之力尤多。归国后，彼此犹音问不绝。及再至美国，复下榻其家。斯丕林费尔有此良友，令人每念不忘。1872年予携第一批留学生游美时，即赁屋邻麦博士，公暇期常得与吾友把晤也。

勃朗君（此指勃朗牧师）之至美也，以予等三人托付于其老母。母予余等殊周到，每餐必同食。惟勃君有妹已孀，挈子三人，寄居母家，遂无余室可容予等。乃别赁一屋，与勃朗对门而居。

方予游学美国时，生活程度不若今日之高。学生贫乏者，稍稍为人工作，即不难得学费。尚忆彼时膳宿、燃料、洗衣等费，每星期苟得一元二角五之美金，足以支付一切。惟居室之洒扫拂拭，及冬令炽炭于炉，劈柴、生火诸琐事，须自为之。然予甚乐为此，借以运动筋脉，流通血液，实健身良法也。予等寓处去校约半英里，每日往返三次，虽严寒雪深三尺，亦必徒步。如此长日运动，胃乃大健，食量兼人。

于今回忆勃朗母夫人之为人，实觉其可敬可爱，得未曾有。其道德品行，都不可及。凡知媪之历史者，当能证予此言不谬。计其一生艰苦备尝，不如意之事，十有八九，然卒能自拔于颠沛之中。尝自著一诗自况，立言幽闲沉静，怡然自足，如其为人。

校长海门君之志趣，既如前所述。其于古诗人中，尤好莎士比亚（Shakespeare）；于古之大演说家，则服膺威白斯特（David Webster），于此可想见其所学。其教授法极佳，能令学生于古今文艺

---

① 斯丕林费尔（Springfield）：斯普林菲尔德，位于马萨诸塞州。本书亦写作“斯不林非尔”。

佳妙处，一一了解而无扞格。每日登堂授课，初不屑于文法之规则，独于词句之构造及精义所在，则批郤导窾，详释无遗。以彼文学大家，出其为文之长技，用于演讲，故出言咸确当而有精神。大教育家阿那博士（Dr. Arnold）之言曰：善于教育者，必能注意于学生之道德，以养成其优美之品格；否则仅仅以学问知识授于学生，自谓尽其能事，充乎其极，不过使学生成一能行之百科全书，或一具有灵性之鹦鹉耳，曷足贵哉！海君之为教授，盖能深合阿那博士所云教育之本旨者也。予在孟松学校时，曾诵习多数英国之文集，皆海君所亲授者。

在孟松之第一年，予未敢冀入大学。盖予等出发时，仅以二年为限，1849年即须回国也。三人中，以黄胜齿为最长。1848年秋，黄胜以病归国，仅予与黄宽二人。居恒晤谈，辄话及二年后之方针。予之本志，固深愿继续求学。惟1849年后，将恃何人资助予等学费，此问题之困难，殆不啻古所谓“戈登结”，几于无人能解者，则亦惟有商之于海门校长及勃朗君耳。幸得二君厚意，允为函询香港资助予等之人。迨得覆书，则谓二年后如予二人愿至英国苏格兰省爱丁堡大学习专门科者，则彼等仍可继续资助云云。予等蒙其慷慨解囊，历久不倦，诚为可感。嗣予等互商进止，黄宽决计二年后至苏格兰补此学额。予则甚欲入耶路大学，故愿仍留美。议既定，于是黄宽学费，已可无恐。予于1849年后，借何资以求学，此问题固仍悬而未决也。亦惟有泰然

黄宽（1829—1878）留学英国时留影

黄宽中年照

处之，任予运命之自然，不复为无益之虑。

此事既决，予于1849年暑假后，遂不更治英国文学，而习正科初等之书。翌年之夏，二人同时毕业。黄宽旋即妥备行装，径赴苏格兰入爱丁堡大学。予则仍留美国，后亦卒得入耶路大学。予与黄宽二人，自1840年[①]同读书于澳门玛礼圣学校，嗣后朝夕切磋共笔砚者垂十年，至是始分袂焉。

黄宽后在爱丁堡大学习医，历七年之苦学，卒以第三人毕业，为中国学生界增一荣誉，于1857年归国悬壶，营业颇发达。以黄宽之才之学，遂成为好望角以东最负盛名之良外科。继复寓粤，事业益盛，声誉益隆。旅粤西人欢迎黄宽，较之欢迎欧美医士有加，积资亦富，于1879年逝世。中西人士临吊者无不悼惜，盖其品行纯笃，富有热忱，故遗爱在人，不仅医术工也[②]。

第五章　大学时代

予未入耶路大学时，经济问题既未解决，果何恃以求学乎？虽

① 应为1841年，见第二章。

② 容闳长兄达苗之子即留美幼童容尚谦（1863—1954）回忆，容闳与黄宽早有联姻计划，安排容尚谦娶黄宽姐姐之女余学玲（1853—1928）为妻。

美国通例，学生之贫乏者，不难工作以得学费。然此亦言之非艰行之惟艰，身履其境，实有种种困难，而舍此更无良策。计予友在美国人中可恃以谋缓急者，惟勃朗及海门二君。勃朗即携予赴美者，海门则予在孟松学校时，尝受其教育者也。予既无术自解此厄，乃乞二人援手。彼等谓予："孟松学校定制，固有学额资送大学，盖为勤学寒士而设。汝诚有意于此，不妨姑试之。第此权操诸校董，且愿受其资助者，须先具志愿书，毕业后愿充教士以传道，乃克享此利益。"予闻言爽然自失，不待思索，已知无补额希望，故亦决意不向该校请求。数日后，诸校董忽召予往面议资遣入学事。是殆勃朗与海门二君，未悟予意，已预为予先容矣。校董之言正与勃朗、海门同，谓毕业后归国传道则可，第具一志愿书存查耳。

此在校董一方面，固对予极抱热诚。而予之对于此等条件，则不轻诺。予虽贫，自由所固有。他日竟学，无论何业，将择其最有益于中国者为之，纵政府不录用，不必遂大有为，要亦不难造一新时势，以竟吾素志。若限于一业，则范围甚狭，有用之身，必致无用。且传道固佳，未必即为造福中国独一无二之事业。以吾国幅员若是其辽阔，人苟具真正之宗教精神，何往而不利。然中国国民信仰果何如者？在信力薄弱之人，其然诺将如春冰之遇旭日，不久消灭，谁能禁之？况志愿书一经签字，即动受拘束，将来虽有良好机会，可为中国谋福利者，亦必形格势禁，坐视失之乎。余既有此意，以为始基

容闳1854年毕业照

宜慎，则对于校董诸人之盛意，宁抱歉衷，不得不婉辞谢之。嗣海门悉予意，深表同情。盖人类有应尽之天职，决不能以食贫故，遽变宗旨也。

人生际会，往往非所逆料。当予却孟松校董资助时，为1850年之夏，勃朗方至南部探视其姊，顺道访乔治亚省[①]萨伐那妇女会（Ladies Association in Savannah，Ga.）之会员。谈次偶及予事，遂将得好消息以归。尤幸者，勃朗之归，适逢其会。设更晚者，则予或更作他图，不知成如何结果矣。渠对于予之意见，亦深以为然，因语余萨伐那妇女会会员，已允资助。此岂前此梦想所及者？遂束装东行，赴纽海文[②]，径趋耶路大学投考，居然不在孙山之外。盖予于入大学之预备，仅治拉丁文十五月，希拉（希腊，Greece）文十二月，算术十阅月。于此短促之岁月中，复因孟松左近地方新造铁路，筑路之际学校不得不暂时停辍，而予之学业遂亦因以间断。同学之友，学程皆优于余。竟得入彀，事后追思，不知其所以然。余之入耶路大学，虽尚无不及格之学科，然在教室受课，辄觉预备工夫实为未足，以故备形困难。盖一方面须筹画经费，使无缺乏之虞；一方面又须致力所业，以冀不落人后也。尚忆在第一年级时，读书恒至夜半，日间亦无余晷为游戏运动。坐是体魄日就羸弱，曾因精力不支，请假赴东温若休息一星期，乃能继续求学焉。

至第二年级，有一事尤足困予，则微积学是也。予素视算术为畏途，于微积分尤甚。所习学科中，惟此一门，总觉有所捍格。虽日日习之，亦无丝毫裨益，每试常不及格。以如是成绩，颇惧受降级之惩戒，或被斥退。后竟得越过此难关，则赖有英文为助。美国大学

① 乔治亚省：中国清朝（近代）史籍对美国佐治亚州的译称。

② 文：此处应为“纹”。

制，每级分数班，每班有主任教员，专司此班中学生功课之分数。学生欲自知其分数多寡者，可问主任教员。予班之主任教员，曰白洛及（Blodget）[①]，乃教拉丁文[②]者。予在二年级时，自愧分数过少，至不敢向教员探询，私意或且降级。幸英文论说颇优，第二第三两学期连获首奖，故平均分数，犹得以有余补不足。自经两次获奖，校中师生异常器重，即校外人亦以青眼相向。然余未敢略存自满心，以予四学年中平均分数之少，扪心惭汗。若因人之誉己而趾高气扬，抑自欺之甚矣。

第二学年之末及第三学年，学费渐充裕。以校中有二三年级学生约二十人，结为一会，共屋而居，另倩一人为之司饮膳。予竭力经营，获充是职。晨则为之购办蔬肴，饭则为之供应左右。后此二年中予之膳费，盖皆取给于此。虽所获无多，不无小补。萨伐那妇女会既助予以常年经费，阿立芬公司亦有特捐相助。此外予更得一职，为兄弟会管理书籍[③]。兄弟会者，校中两辩驳会之一也。会有一小藏书楼，予以会员之资格，得与是选，博微资焉。

第四学年，兄弟会中仍举予为司书人，每岁酬予美金三十元。予既得此数项进款，客囊乃觉稍裕，不复以举债为生。若例以小村落中之牧师，每年薪俸所入，亦不过二三百金。彼且以赡养八口之家而无

---

① 白洛及（Blodget）：白汉理（Henry Blodget），1851年毕业于耶鲁，1854年赴上海传教，1860年前往天津传教，1864年再往北京，1872年获耶鲁神学博士学位，参与北京官话新旧约全书的翻译。

② 拉丁文：原文为“Greek”（希腊文）。

③ 容闳加入耶鲁兄弟会（Brother in Unity）的记录，见*Brothers in Unity: Catalogue of the Society of Brothers in Unity,* Yale College, 1854, p.4, p.83。还加入了Delta Kappa Epsilon兄弟会，该会1844年6月22日成立，主要吸收大学三年级学生。见*Delta Kappa Epsilon* 1844. Amherst, *Mass: Apud Sigma Editum,* 1874, p.14。此外还是耶鲁赛艇队The Thulia Club成员，该会1853年6月25日在纽约成立，成员19人，见*The Yale Literary Magazine*, Vol.18, No.8, June 1853, p.330。1854年赛艇队减为18人，容闳仍在其中，见*The Yale Literary Magazine*, Vol.19, No.7, June 1854, p.248。

缺乏，则予以个人而有此，又有妇女会赠予以袜履等物，更不必自耗囊金。于此犹云不足，则亦过矣。

予于1854年毕业。同班中毕业者，共九十八人。以中国人而毕业于美国第一等之大学校，实自予始。以故美国人对予感情至佳。时校中中国学生，绝无仅有，易于令人注目。又因予尝任兄弟会藏书楼中司书之职二年，故相识之人尤多。同校前后三级中之学生，稔予者几过半。故余熟悉美国情形，而于学界中交游尤广。予在校时，名誉颇佳。于今思之，亦无甚关系。浮云过眼，不过博得一时虚荣耳。

予当修业期内，中国之腐败情形，时触予怀，迨末年而尤甚。每一念及，辄为之怏怏不乐，转愿不受此良教育之为愈。盖既受教育，则予心中之理想既高，而道德之范围亦广，遂觉此身负荷极重，若在毫无知识时代，转不之觉也。更念中国国民，身受无限痛苦，无限压制。此痛苦与压制，在彼未受教育之人，亦转毫无感觉，初不知其为痛苦与压制也。故予尝谓知识益高者，痛苦亦多，而快乐益少。反之，愈无知识，则痛苦愈少，而快乐乃愈多。快乐与知识，殆天然成一反比例乎。

1854年容闳毕业纪念册封面

虽然，持此观念以论人生之苦乐，则其所见亦甚卑，惟怯懦者为之耳。此其人必不足以成伟大之事业，而趋于高尚之境域也。在予个人而论，尤不应存此悲观。何也，予既远涉重洋，身受文明之教育，且以辛勤刻苦，幸遂予求学之志，虽未能事事如愿以偿，然律以普通教育之资格，予固大可自命为已受教育之人矣。既自命为已受教育之人，则当日夕图维，以冀生平所学，得以见诸实用。此种观念，予无时不耿耿于心。盖当第四学年中尚未毕业时，已预计将来应行之事，规画大略于胸中矣。予意以为予之一身，既受此文明之教育，则当使后予之人，亦享此同等之利益。以西方之学术，灌输于中国，使中国日趋于文明富强之境。予后来之事业，盖皆以此为标准，专心致志以为之。溯自1854年予毕业之时，以至1872年中国有第一批留学生之派遣，则此志愿之成熟时也。

第六章　学成归国

自予毕业耶路大学，屈指去国之日，忽忽十年①。予之初志，所望甚奢，本欲延长留学年限，冀可学成专科。盖当予在耶路大学时，校中方创一雪费尔专门学院（Sheffield Scientific School）②，院长为诺德君（Prof. Norton）③。予修业时，曾入此院附习测量科，拟为将来学习工程之预备。设予果能学成专科以归国者，自信予所企望之事业，将益易于着手也。惜以贫乏，不能自筹资斧。助予之友，又不愿予久居美国。彼盖目予为中国有用之人材，虑予久居不归，乐不思蜀也。

① 十年：1847年至1854年，应为八年。

② 雪费尔专门学院（Sheffield Scientific School）：耶鲁大学谢菲尔德科学院，于1847年正式成立，初名耶鲁科学院（Yale Scientific School），1861年因铁路大亨、慈善家约瑟夫·E. 谢菲尔德（Joseph E. Sheffield）捐建一栋建筑和13万美元而改名。

③ 诺顿君（Prof. Norton）：诺顿教授（Prof. William Augustus Norton，1810—1883），1831年毕业于美国西点军校，留校任教；1833年任纽约市立大学（University of the City of New York）教授；1839年任教于特拉华学院（Delaware College），并于1850年任校长，旋任教于布朗大学（Brown University）；1852年任耶鲁学院；1873年当选美国科学院院士。

于是捐弃学习专科之奢愿，而留学时期，于以告终。美人中劝予归国最力者，其一为白礼特（Perit）[①]，其人执业于美国某东方公司中；其二为阿立芬特兄弟公司（Olyphant Brothers）之主人翁。所谓阿立芬特公司，即八年前曾以帆船载予来美而不取值者。此数人之见解皆甚高尚，其所以怂恿予归中国，非有私意存于其间；盖欲予归国后热心传道，使中国信仰上帝，人人为耶稣教徒耳。

有麦克教士（Rev.William Macy）者，于1845年至香港代勃朗为玛礼孙学校教员，于前第二章中已言及之。迨后玛礼孙学校解散，麦克乃重归美国，复入耶路为学生。兹复经美国教会派往中国传道，遂于1854年11月13日，与予同乘纽约某公司帆船名“欧里加”（Eureka）者，自纽约首途。时值冬令，为过好望角最恶劣之时会。盖隆冬之际，东北风极大，凡帆船向东方行，必遇逆风，无可幸免，而欧里加船此时正依此航路以进行也。此船本为运货以赴香港者，舟中乘客，除予及麦克外，实无第三人。起程之日，适彤云密布，严寒袭人。舟又停泊于东河中流，不能傍岸，予等乃觅小舟以渡。当登舟时，回顾岸旁，不见有一人挥巾空际，送予远行者。及舟既起碇，岸上亦无高呼欢送之声，此境此情，甚萧条也。

船初行，先以他船拖至桑得阿克（Sandy Hook），迨出口后乃解缆自飏。正值逆风迎面而来，势殊猛烈。风篷不能扯满，则张半帆，旁行斜上，曲折以进。船中载货极少，即欲觅一压舱之重物，亦不可得。以故冲击风浪中，颠簸愈甚。沧海一粟，如明星倒影水中，荡漾不定。此航路之恶，为夙昔所著称，固非自今日始也。由桑得

① 白礼特（Perit）：Pelatiah Webster Perit，1802年毕业于耶鲁，1809—1863年是纽约对华贸易公司Goodhue & Co.的合伙人，代理旗昌洋行（Russell & Co.）业务，1853—1863年任纽约商会会长，1857年曾任纽约警察局长，1860年捐建耶鲁一栋大楼，名为Pelatiah Perit House（现为耶鲁管理学院Horchow Hall）。

阿克以至香港，几无平稳之一日。计水程凡一万三千海里，船行历一百五十四日乃达目的。予生平航海不为不多，然寂寞无聊，则未有如此行之甚者。

船主名辉布（Whipple），籍隶费拉特尔费亚（Philadelphia）城[①]。为人粗犷无文，以口吃故，举止尤躁急。每日于船中所为，令人可笑之事极多，而于晨间则尤甚。彼每晨必登甲板，自船首至船尾，来回急走，以测候天空气象。有时忽骤止其步，驻足痴立，对逆风吹来之方向，仰首瞩天，筋涨面赤，眼珠几欲突出。暴怒之极，则伸两手尽力自搔其发，一若与此烦恼丝有无穷夙憾，必欲根根拔而去之者。如是往来跳跃，啮齿有声。或以足与甲板斗其坚，力跄不已。口中作种种亵语，对天漫骂，谓天公之作此逆风，盖有意与之为难，阻其进行也。顾船主虽毒骂，而口吃乃期期不可辨，其状可笑亦复可怜。予初见其狂暴如疯，颇生怜悯之念。迨后见其无日不如是，乃觉其人可鄙，殊不足怜惜。彼每次向天示威之后，必至力尽筋疲，乃于甲板上独据胡床，枯坐历数小时。舟中虽无人愿与之接谈，而彼固怡然自得，恒力搓其两手，自语自笑，状若无辜之疯人。长途中凡其举动，非疯非慎。船中水手，司空见惯，不以为奇。虽外貌不敢显轻侮之色，而心中固无不匿笑其为人也。

舟行之际，一切调度，全由大副一人指挥。此大副之专制，不啻海中一暴君。幸水手皆为挪威及瑞典两国之人，故尚肯服从其命令。若在美国人遇此野蛮无人理之事，必不能堪，或且起暴动以为对待矣。盖此船主、大副之役使水手，有如牛马，日夜无少停。途中所得暂事休息者，惟船行至热带时，适风波平静之数日耳。予稽旅行之日

① 费拉特尔费亚（Philadelphia）城：费城。

记册，计自解缆后约行两星期，始至马加撒海峡（Macassar Strait）①，舟中人殆无一不生厌倦之心。过海峡后，船主乃扬言于众曰："予此行所以不幸而遇逆风者，以舟中有约拿其人在也。"（相传约拿为古时先知，运最蹇。一日航海遇暴风，舟且覆，同舟者拈阄以求罪人，适得约拿，举而投诸海，风乃立止云。）语时故使予友麦克闻之，其意盖以约拿况麦克也。予友闻是言，绝不介意，惟对予目笑而存之。时予方与麦克谈论舟过海峡事，乃语麦克曰："设以予司此船者，过此海峡不过十日足矣。"语时亦故高其声浪，使船主闻之。一则报复其语侵麦克，一则使彼自知其航术未精也。

当隆冬之际，设行舟不过好望角，而绕亨角（Cape Horn）②以进，利便实甚。盖如是则可得顺风，不独缩短航海之期，且可省船主无数气力。但予以乘客资格，亦莫知其内容真相。该公司驶行此船，既无甚货物，又必逆东北风而行，岂其于经济上有特别之目的耶？若以予意，则必经亨角遵新航路以行，而予又可借此耳目一新矣。

船近香港时，有领港人至船上。船主见其为中国人，乃倩予为舌人，询其近处有无危险之暗礁及沙滩。予默念此暗礁与沙滩者，中国语不知当作何辞，久思不属，竟莫达其意。幸领港人适解英语，乃转告予以暗礁、沙滩之中国名词。噫，此领港人者，竟为予回国后之第一国语教授，不亦异乎！船主及麦克等见予状，咸笑不可仰。予自念以中国人而不能作中国语，亦无词以自解也。

登陆后予第一关怀之事，为往视予友蓄德鲁特（Shortrede）。蓄德鲁特者，《中国日报》主笔。予在孟松学校时，彼曾以资助予一年有余，盖予之老友也。把晤后，彼即邀予过其家，小作勾留。旋赴澳

① 计自解缆……马加撒海峡（Macassar Strait）：过马加撒海峡，计须抢风行驶约两星期之久。马加撒，今译望加锡。

② 亨角（Cape Horn）：今译合恩角，位于智利，是南美洲最南端。

门，省视吾母。予去家日久，慈母倚闾悬念，必至望眼欲穿矣。予见母之日，以一时无从易中国衣，乃仍西装以进。是时予已须矣，若循中国习惯，则少年未娶者，不应若是早须也。予见母无恙，胸中感谢之心，达于极点，转无一语能出诸口。质言之，予此时喜极欲涕，此种状况，实非语言笔墨所能形容于万一。

母见予立现一种慈爱之色，以手抚摩予身且遍，谓此十年[①]中思见儿而不可得也。予知母尚未悉予旅美之详情，乃依坐膝下，告之曰："母乎！儿方经一五六阅月可厌之长期旅行也。然今幸无恙，已得抵家省母矣。儿自离膝下，前后已有八年。此八年中，在在皆遇良友，能善视儿，故儿身常健无疾病。儿在校肄业，常思借此时学习，以为将来效力祖国之预备。守此宗旨，八年如一日。当未入大学之前，又曾先入一预备学校。于预备学校毕业后，乃入耶路大学。耶路大学在美国为最著名大学之一，校内所订课程，必四年乃能毕业，此儿所以久客异乡。今既毕业于该校，遂得一学士学位。美国之学士，盖与中国之秀才相仿。"语次随出一羊皮纸以示母，且告之曰："此即毕业文凭也。凡得毕业于耶路大学者，即在美国人犹视为荣誉，况儿以中国人而得与其列耶？"

予母闻言，乃询予此文凭与学位，可博奖金几何？盖予母固未知其效用如何也。予乃告母曰："此非可以得奖金者。第有文凭，则较无文凭之人，谋事为易。至大学之给学位，亦非有金钱之效用。惟已造就一种品格高尚之人材，使其将来得有势力，以为他人之领袖耳。大学校所授之教育，实较金钱尤为宝贵。盖人必受教育，然后乃有知识，知识即势力也。势力之效用，较金钱为大。儿今既以第一中国留学生毕业于耶路大学，今后吾母即为数万万人中第一中国留学生毕业

---

① 十年：应该是八年。

于美国第一等大学者之母。此乃稀贵之荣誉，为常人所难得。儿此后在世一日，必侍奉吾母，俾母得安享幸福，不使少有缺乏也。”

予之为此大言不惭，非敢自矜自满，不过欲博吾母欢心耳。母闻予言果甚乐，面有笑容。旋谓予曰：“吾见儿已蓄须，上有一兄尚未蓄须，故吾意汝去须为佳。”予闻母言，即如命趋出，召匠立剃之。母见予状，乐乃益甚。察其意以为吾子虽受外国教育，固未失其中国固有之道德，仍能尽孝于亲也。予此时胸中爱母之忱，恨未能剖心相示。此后予每尽力所能及，以奉予母，颐养天年。迨1858年予母弃养，寿六十有四；计去予失怙时，凡二十四年。予母逝时，予适在上海，未能见一面，实为终天遗憾。

1855年予居粤中，与美教士富文（Vrooman）[①]君同寓，地名咸虾栏，与行刑场颇近。场在城外西南隅，邻珠江之滨。予之寓此，除补习汉文而外，他无所事。以予久居美洲，于本国语言，几尽忘之，至是乃渐复其旧。不及六月，竟能重操粤语，惟唇舌间尚觉生硬耳。至予之汉文，乃于1846年游美之前所习者，为时不过四年。以习汉文，学期实为至短，根基之浅，自不待言。故今日之温习，颇极困难，进步极缓。夫文字之与语言，在英文中虽间有不同之点，究不若中国之悬殊特甚。以中国之文字而论，辉煌华丽，变化万端，虽应用普及全国，而文字之发音，则南北互异，东西悬殊。至于语言，则尤庞杂不可究诘。如福建、江苏、安徽等省，即一省之中，亦有无数不同之方言。每值甲乙两地人相遇，设各操其乡谈，则几如异国之人，彼此不

① 富文（Vrooman）：Rev. Daniel Vrooman，美国传教士、外交官，1849年毕业于西储大学（Western Reserve College），1852年偕妻来华，在广州传教，1857年返美，1860年再度来华，接办《华番和合通书》，1865年赴旧金山，1870年以美国驻广州副领事兼翻译暂署领事近一年，1871年与广州行商伍绍荣开办富文公司（厚益纱厂），1878年前往澳大利亚向华人传教，1881年退休，1882年在旧金山法院担任中文翻译，并逝世于此。

能通解。此乃中国语言文字上特别困难之处，为各国所无者。

当予在粤时，粤中适有一暴动，秩序因之大乱。此际太平天国之军队，方横行内地，所向披靡，而粤乱亦适起于是时。顾粤人之暴动，初与太平军无涉。彼两广总督叶名琛[①]者，于此暴动发生之始，出极残暴之手段以镇压之，意在摧残方苗之花，使无萌芽之患也。统计是夏所杀，凡七万五千余人。以予所知，其中强半，皆无辜冤死。予寓去刑场才半英里，一日予忽发奇想，思赴刑场一觇其异。至则但见场中流血成渠，道旁无首之尸纵横遍地。盖以杀戮过众，不及掩埋。且因骤觅一辽旷之地，为大坊以容此众尸，一时颇不易得，故索任其暴露于烈日下也。时方盛夏，寒暑表在九十度或九十度以上，致刑场四围二千码以内，空气恶劣如毒雾。此累累之陈尸，最新者暴露亦已二三日。地上之土，吸血既饱，皆作赭色。余血盈科而进，汇为污池。空气中毒菌之弥漫，殆不可以言语形容。据此景象，加以粤省人烟之稠密，在理当发生极大之瘟疫，乃竟得安然无恙，宁非怪事。后闻于城西远僻处觅得一极大沟渠，投尸其中，任其自然堆叠，以满为度，遂谓尽掩埋之能事矣。当时有往观者，谓此掩埋之法，简易实甚。掷尸沟中后，无须人力更施覆盖。以尸中血色之蛆，已足代赤土而有余，不令群尸露少隙也。此种情形，非独当时观者酸鼻，至今言之，犹令人欲作三日呕。人或告余，是被杀者有与暴动毫无关系，徒以一般虎狼胥役，敲诈不遂，遂任意诬陷置之死地云。似此不分良莠

① 叶名琛：字昆臣，湖北汉阳人，道光五年（1825）附贡生；十五年（1835）进士，选庶吉士，散馆授编修；十八年（1838）任陕西兴安知府；此后历任山西雁平道、云南按察使、湖南布政使、江宁布政使、广东布政使等官；二十七年（1847）任广东巡抚；二十九年（1849）封男爵；咸丰元年（1851年），赏加太子少保衔；咸丰二年（1852）任两广总督；五年（1855）加封两广总督协办大学士、体仁阁大学士；七年十一月二十一日（1858年1月5日）被攻占广州的英法联军俘虏，随后被英军送往印度加尔各答关押；九年三月初七日（1859年4月9日）绝食而死，尸体被运回中国。

之屠戮，不独今世纪中无事可与比拟，即古昔尼罗（Nero）王之残暴，及法国革命时代之惨剧，杀人亦无如是之多。罪魁祸首，惟两广总督叶名琛一人，实尸其咎。

叶为汉阳人。汉阳于太平军起事时即被占据，遂遭兵火之劫。人谓叶在汉阳本有极富之财产，此役尽付焚如，故对于太平军恨之切齿。而太平军之首领，又多籍隶两广，于是叶乃迁怒于两广人民。1854年，既攫得两广总督之权位，遂假公济私，以报其夙怨，粤人乃无辜而受其殃矣。叶之戮人，不讯口供，捕得即杀，有如牛羊之入屠肆。此杀人之恶魔，天所不容，其罪恶满盈之一日，且不旋踵而至，彼固犹在梦中也。未几，叶因事与英政府酿成大交涉，为英兵所掳，幽之印度极边杳无居人之处。遂于此荒凉寂寞之区，苟延残喘，以度其含垢忍辱之余生，不特为全国同胞所唾骂，抑亦为全世界人所鄙弃也。

予自刑场归寓后，神志懊丧，胸中烦闷万状，食不下咽，寝不安枕。日间所见种种惨状，时时缠绕于予脑筋中。愤懑之极，乃深恶满人之无状，而许太平天国之举动为正当。予既表同情于太平军，乃几欲起而为之响应。及后深思静虑，乃觉此举卤莽，究非妥善之策；不若仍予旧有计划，先习国语与汉文，俟其娴熟，乃依一定之方针，循序而进，庶可达予夙昔之希望也。

第七章　入世谋生

前章言予习国文既极困难，未可遂云有得。而于中国语言，则渐复旧观，谈话无虞扞格。于时颇思于社会中得一职守，此非仅为家人衣食，欲有所借手，达于维新中国之目的：谋食亦谋道也。

有美教士曰派克（Parker）[1]者，彼邦医学博士，奉美教会之命来华传道，悬壶于粤有年。此时方为美政府之特别委员，暂代公使事。时吾华尚无各国全权公使；北京之应设公使与否，在磋商中，国际上尚未有互派公使之条约。派克博士之于外交，非有特别经验，其于律学亦非专门；徒以其旅华日久，习中国之语言风俗，故美政府以此任之。予有友曰歇区可克（Mr. M. N. Hitchcock），亦美人，与派克有旧，乃绍介予为派克处书记。[2]予前在古夫人小学时，已耳派克博士名。渠亦毕业于耶路大学者，因与予有同校之谊，颇相得。其办事地点，在粤之省垣，惟夏季则至澳门避暑焉。予在派克处，事少薪薄，月十五金耳。予乐就之，意本不在金钱，欲借派克力识中国达官，庶几得行予志。顾派克虽摄公使，乃非近水楼台，知予之计划甚左。三月后遽自行辞职，赴香港习法律。

香港有老友蓄德鲁特君，遇予素厚，因主其家。无何，蓄荐予于香港高等审判厅为译员，月薪七十五金。处境略裕，乃稍稍放胆，潜心治法律。英国审判厅制度，律师资格凡两种：曰小律师（Solicitors），专司收集证据、抄阅公文及摘述案情始末，以备辩护之材料，而已不出庭；曰大律师（Barristers），则出庭司辩护者。予从予

① 派克（Parker）：伯驾（Peter Parker，1804—1888），美国医学传教士、外交官，1827年考入阿默斯特学院（Amherst College）；1830年考入耶鲁；1834年毕业于耶鲁，获医学博士学位及医生资格，旋被美国长老会按立为牧师，赴华传教，是美国第一位来华医疗传教士；1835年在新加坡开设华人诊所；1837年再度来华，往返于广州与澳门，创办医院；1840年返美；1842年再度来华；1844年担任美国公使团秘书；1845年任临时代办；1848年任秘书和翻译；1855年回美，被委任为驻华公使；1857年退休回美。

② 予有友曰歇区可克（Mr. M. N. Hitchcock），亦美人，与派克有旧，乃绍介予为派克处书记：此句英文原文为It was through Mr. M. N. Hitchcock, an American merchant of the firm of Messrs. King & Co., and a mutual friend of Dr. Parker and myself, that I became the Doctor's private secretary. 其意为“予有友曰希区柯克，乃金先生洋行之美商，与伯驾医生亦有旧，乃绍介予为伯驾医生的私人秘书”。可见原译有遗漏。

友蓄德鲁特之言，学习第一种律师事业。余之为此，可谓铸错。盖香港为英国之殖民地，予以中国人而律师于此，是以外人侵入英国法律团体，损彼利益，分我杯羹，必召英律师之恶感。以余之鲁钝，未计及此，一误也。又予所师事者，乃一寻常律师；此时有一总律师，思罗致予于门下，乃舍此就彼，二误也。一时失检，有此二误。他日之离香港，即种因于此矣。

因第一着之误，致香港律师合群力以拒予。一时新闻界，惟予友蓄德鲁特主笔之《中国日报》差无贬词，余皆连篇累牍，肆意攻击。若辈以为予于中西文字，皆所擅长，设于香港律师界得占一席，则将来凡涉于华人诉讼事件，必为予个人垄断，英律师且相将归国，故对于予之学法律，出全力以拒之。因第二着之误，又得罪于总律师。其人曰安师德（Anstey）[①]，曾欲就其权力所及，为予辟一实习律师之途。因上书英政府，请允中国人之在香港者，苟试验及格，有充律师之权利；并草拟章程，附于请愿书后。按法定手续，此举必须经英国议会之通过，乃成为殖民地之单行法，则其事之不易可知。旋竟邀英政府之允准，著为定律，是总律师之所以为予尽力者，不可为不至。顾予乃不就笼络，事后始知，予诚为负负。予既另事律师派森（Parson）[②]为师，总律师则大恚，每相值于法庭翻译时，辄事事苛求予短，不复如前之谦和。于是予以一身，受双方冲击，觉在香港已无立足余地。抑不独予处境困难，予师派森亦复日坐针毡，身为众矢之的，而无可抵抗。彼乃不得不自谋，取消予学律之合同。予既受此排

---

① 安师德（Anstey）：晏士地（Thomas Chisholm Anstey，1816—1873），英国律师、政治家，毕业于伦敦大学学院，1839年成为律师，1840年任巴斯普莱普帕克学院（Prior Park College, Bath）法学教授，1846年从政，1855年被任命为香港律政司司长，次年抵港履任，1858年指控总登记官兼抚华道高和尔贪污及勾结华人海盗黄墨洲，1859年卸任离港，前往孟买，曾担任孟买高等法院法官；1866年回英，1868年再次来孟买做律师，直至1873年在此去世。

② 派森（Parson）：Ambrose Parson（1815—1891），英国律师。

济，自念恋恋于此，殊非计，不如辞职，去而之他。予去未久，派森亦以他故弃其香港事业，买棹归英。

今回忆在港时短期历史，转觉学律未成，为予生幸事。使当日果成一香港律师，则所成事业，必甚微末。且久居英国殖民地，身体为所拘束，不能至中国内地，与上流社会交游。纵使成一著名律师，博得多金，亦安所用之？余既去香港，于1856年8月，乘一运茶船北赴上海。船名“佛罗棱司”（Florence），乃自美国波司顿来者。船主名都玛勒司克（Phillip Dumaresq），此船为所自有。船之名，即船主女公子名也。忆1855年予自美归国时，所乘“欧里加”船之船主，比较今日之都船主，不可同日语。都之为人，仁厚而通达，彬彬有礼。彼闻予名后，即极表欢迎，立以由港至上海之船票赠予，不取值。此行程期仅七日，船未抵岸，而予与船主二人，已于此短期内成莫逆交矣。

上海江海关

予抵上海未久，于海关翻译处谋得一职，月薪七十五两，折合墨银可百元。因中国向无银元，墨西哥银币输入遂流行也。此职之薪金，固已较香港高等法庭译员为优，即所事亦不若彼繁重可厌。惟予性好劳动，转嫌太简易耳。此时办公时刻外，颇多余晷，在寓读书。如是者三月，旋觉此事于予，亦不相宜。使予果愿独善其身，为一洁己奉公之人，则绝不应混迹于此。盖此间有一恶习，中国船上商人与海关中通事，咸通声气，狼狈为奸，以图中饱。予既知此，乃深恶其卑鄙，不屑与伍，以自污吾名誉，乃决意辞职，而苦无词。

某日予径访总税务司，故问之曰："以予在海关中奉职，将来希望若何？亦能升至总税务司之地位乎？"彼告予曰："凡中国人为翻译者，无论何人，绝不能有此希望。"予闻言退出，立作一辞职书投之。书谓予与彼受同等教育，且予以中国人为中国国家服务，奈何独不能与彼英人享同等之权利，而终不可以为总税务司耶？予书入后，总税务司来（Mr.Lay）①君，初不允予请，面加慰留，令勿去职；且误会予之此举为嫌俸薄，故以辞职相要挟，因许月增予俸至二百两。噫！彼固以为中国人殆无一不以金钱为生命者，宁知众人皆醉之中，犹有能以廉隅自守，视道德为重、金钱为轻者耶？且予之为此，别有高尚志趣，并不以得升总税务司为目的。予意凡欲见重于人者，必其人先能自重。今海关中通事及其余司一职者，几无一不受贿赂。以予独处此浊流中，决不能实行予志，此辞职之本意也。辞职书中，亦不明言及此。四阅月后，卒离去海关，而另觅光明磊落之事业。

---

① 来（Lay）：李泰国（Horatio Nelson Lay，1832—1898），英国驻厦门领事李太郭（George Tradescant Lay）之子。1847年来华，在香港从郭士立学中文；1851年3月3日，入香港巡理府法庭做翻译（先后与马礼逊学校毕业生唐廷桂、唐廷枢为同僚）；次年4月到英国驻广州领事馆任助理；1854年5月调任英国驻上海领事馆副领事兼翻译；1855年出任江海关税务司（英方），1859年被清廷任命为大清海关首任总税务司；1862年返回英国为清廷购买军舰；次年因舰队不接受中方命令而被解职；1869年曾任日本政府外籍顾问。

同事诸友，见予弃此二百两厚俸，图不可必之事，莫不目予为痴，是燕雀不知鸿鹄也。予之操行差堪自信者，惟廉洁二字。无论何往，必保全名誉，永远不使玷污。予非不自知，归国以来，未及一年，已三迁其业。其长此见异思迁，则所希望之事业，或且如幻灯泡影，终无所成。又非不自觉予之希望过奢，志向过高，颇难见诸实行也。第念吾人竞存于世界，必有一定之希望，方能造成真实之事业。予之生于斯世，既非为哺啜而来，予之受此教育，尤非易易；则含辛茹苦所得者，又安能不望其实行于中国耶？一旦遇有机会，能多用我一分学问，即多获一分效果，此岂为一人利益计，抑欲谋全中国之幸福也！予于所事，屡次中辍，岂好为变迁哉？

第八章　经商之阅历

予离海关后，至某英商公司为书记。此公司专收中国丝茶者。予之入此，不过暂借枝栖。然虽相处仅数月，获益良多，于商家内幕及经商方法，已略知梗概，于他日事业，关系实多。该公司自余就事六阅月，而停止营业，予乃重为失业之人。此时如投身大海中，四顾茫茫，不知方针当何向。计予为书记，六阅月中，值意外之事二，是亦不可不纪。

某星期四之夕，予自苏州河边礼拜堂行祷礼归，经四川路。见有西人成群在前，人各手一中国纸灯，高举过顶，晃荡不定。行路则左倾右斜，作折线而前，且行且唱，亦有狂呼者，状似甚乐。道旁中国人见之，皆四窜奔走，若有虎狼追逐者。予行既近，与之相距约百码。此时颇有骑虎之势，即欲退避，亦已无及。予仆本执灯为予导，此时乃退匿予后。予告以无恐，迤逦前进，不数武，三四被酒西人已迎面至。一人夺予仆手中灯，一则举足思蹴予，顾被酒已甚，足方举，身已摇摇欲仆。予见其醉态蹒跚，亦不与较，惟避而过之。旋见在后有清醒者，乃目睹其伴侣之行为，不加劝止，且顾而乐之。予乃伫立与语，先告以予名，并询以适欲蹴予及夺仆灯者之名。彼等初不肯吐实，继予力言纵知其人，必不与之为难。彼乃告予其中一人名，及在某船中所操之业。嘻，异矣！彼所告之人名，盖即“欧里加”船中大副也。此船非他，即于1855年载予归国者，今此船又适为予所处之公司运货。予乃于翌晨作一函，致其船主，详告一切。船主阅函甚怒，掷示大副。大副读未竟，色立变，急奔登岸，向予谢罪。予仍遇以和蔼之色，婉言告之曰：“君当知美人之在中国，固极受中国人之敬礼者。故凡美人之至中国，尤当自知其所处地位之尊贵，善自保惜，不宜有强暴行为以自丧其名誉，而伤中国人感情。予之作此函，非欲与君为难，第欲借此以尽予之忠告耳。”大副闻言，备道感愧。并邀予至其船中，杯酒言欢，订为朋友。予谢之，旋自去。此事遂和平了结。

二月后，又值一意外事。此事迥不如前，其结果乃令人不适，当予所处公司停止贸易，所有什物尽付拍卖。是日中外人士来者夥多，予亦厕人丛中骈肩立。适有一体量高六尺余，雄伟无伦之苏格兰人，立于予后。觉有人弄我发辫，一回顾则彼郸瞒者以棉花搓成无数小球系予辫上，以为戏乐。予初不怒，仅婉请其解去。彼交叉两手于胸，若不闻者，一种傲慢之态，令人难堪。予仍不怒，惟申言之。彼忽骤举拳击予颊，势甚猛，特未见血耳。予勃然不复能忍，以彼伟岸，予长才及其肩，斗腕力宁有幸者。然当时不暇计胜负，即以其人所施者反之，遽以拳冲其面，拳出至迅，且有力，彼不及防，受创，唇鼻立破，流血被面。此苏格兰人殆体育家，孔武有力。予之右腕旋被执不能少动。予方思以足力蹴其要害，适公司主人自旁来，极力解散，彼乃自人丛中挤出。时有人大声谓予曰：“若欲斗耶？”予即应之曰：

"否，予固自卫。君友先犯予，伤予颊，殊无赖。"予发此言，声色俱厉，故使众人皆闻之。旋退入别室，任他人之论短长，充耳不听。后有友告予，谓是日英国领事亦在众中，目睹此事，曾发评论。谓："此中国少年，血气太盛。设彼不自由施行法律（指还击）者，固可至英国领事公署控此苏格兰人。今既已报复，且又于众辱之，此其所为为已甚，不能更控人矣。"此苏格兰人者，予前于道中尝数遇之，故能省识。自互殴后，不出现者一星期。人言彼方闭户养伤，殆非事实。盖以被创于一短小之中国人，并受侮辱之辞，故无颜遽出耳。

此事虽琐细无谓，而于租界中颇引起一般人之注意。事阅数月，外人犹引为谈助。更有多数中国人，因闻予为此事，异常推重。盖自外人辟租界于上海以来，侵夺我治外法权。凡寄居租界之中国人，处外人势力范围之内，受彼族凌侮，时有所闻。然从未有一人敢与抵抗，能以赤手空拳，自卫其权利者。此实由于中国人赋性柔和，每受外人无礼之待遇，辄隐忍退让，不敢与较。致养成一般无意识外人之骄恣，喧宾夺主，不复以平等遇我同胞也。予意他日中国教育普及，人人咸解公权、私权之意义，尔时无论何人，有敢侵害其权利者，必有胆力起而自卫矣。近如日人之战胜俄国，亦足使中国人眼界为之一广，不再忍受无礼之待遇。即外人之以强权蚕食我边疆，扩充其势力，我国人亦岂能常听其自由行动乎？国人夜郎自大，顽固性成，致有今日受人侮辱之结果。欧洲各强国，甚且倡瓜分中国之议，幸美政府出而干涉，乃不得实行。今中国人已稍稍知其前此之非，力图自振，且自慈禧太后及光绪帝逝世后，时局又为之一变。究竟中国前途若何，此时尚难逆料也。

自公司闭歇后，予乃为第四次失业之人。第予本不希望以商业终身者，故虽失业，亦不甚措意。予自归国以来，二年中于汉文一道，已略窥门径，遂不亟亟于谋事；此后惟译书自食，以度此优游之岁月，无拘无束，亦殊自由。纵不得多金，固大可借此以多识商学界上流人物，推广交游，以遂予之第一目的。予借译书之机会，遂得识一洋公司①中之华经理。此公司在上海实为首屈一指，其行主亦极负一时之盛名。中外商人，无不与之契洽。1857年，行主（Thomas Chay Beale）②不幸逝世，一时商界中人无不深为哀悼，乃撰一长篇诔文，详述死者一生事业，以为纪念。该公司中人得此诔文，则聘二人以译成英文。任此事者，一为英国领事公署中书记官，其兄即曾著《中国内乱记》者，其一则予也。予之得获此职，实赖该公司华经理之推荐。初不意予所为文，竟博外人之称许，谓较英署书记所译者为佳也。予为此事，不独为公司经理所赏识，即中国商界中人，闻同胞中有人能以长篇诔辞译成精确之英文，优胜于英人手笔，咸引以为荣誉。自予文入选为墓铭，勒之碑石，而本国人中，遂稍稍知予之微名。第此番之博声誉，与前次迥乎不同。前以殴人称，今则人人知予为曾受西国教育之中国学生也。

未几，又有一事，需予臂助。其时黄河决口，江苏北境竟成泽国，人民失业无家可归者，无虑千万，咸来上海就食。沪上绅商界中负时誉者，闻予名，乃倩予撰一西文募捐启，向旅沪外人劝募。不数日，竟得西人捐款二万元。中国慈善会董事，见成效之速，乐乃无极。后复由董事具名，予为作函，报告外人以收到捐款之数目，并谢其慷慨解囊之谊。此函旋经沪上某某两西报登出。故予为译事三阅月，而上海之中国

① 洋公司：宝顺洋行（Dent Co.），又名颠地洋行、甸特洋行、邓特洋行、甸德洋行，1840年代因比理（Thomas Chay Beale）成为合伙人而改名颠地比理洋行（Dent，Beale & Co.），1857年比理去世后恢复为宝顺洋行。

② 比理（Thomas Chaye Beale，1805—1857），19世纪澳门富商啤嗬（Thomas Beale）之子，啤嗬在澳门卑弟巷建有“哓咃花园”和“百鸟巢”，比理将“百鸟巢”迁至上海宝顺行花园，并增建“鹿场”和“鸟场”，成为上海最早的植物园和动物园。详细事迹见《澳门“哓咃花园”主人之汉名及位置》和《澳门“百鸟巢”迁沪记》，载金国平《澳门学：探颐与汇知》。

人，几无一不知予为美国毕业生矣。予之译事，所以能奏此成效而博此名誉者，皆予友曾继甫[①]之力也。曾君文学极佳。人咸敬而重之。因其在公司日久，故信用尤著。其所往来皆国中名儒硕学，又以身居商界，故凡中国大资本家及殷实之商家，无论在申或居他埠，亦无不与之相识。予前此所译之诔文及募捐启，皆彼所绍介者。曾君后又介予于中国之著名大算学家李君壬叔[②]，予因李君又得识曾公国藩。曾公盖中国之军事家及政治家，予之教育计画，后亦卒赖曾公力为提倡，乃得实行。予尝谓世上之事，殆如蛛网之牵丝，不能预定交友之中，究何人能解吾毕生之结。即如予之因曾（继甫）而识李，因李而识曾（文正），因曾而予之教育计画乃得告成；又因予之教育计画告成，而中西学术萃于一堂；充类至义之尽，将来世界成为一家，不可谓非由此滥觞。则又如蛛网之到处牵连，不知以何处为止境也。

予因曾继甫，旋识宝顺公司（Dent Co.）之西经理。经理遇予颇厚，欲命予至日本长崎为其分公司之买办，时日本与各国通商尚未久也。予则婉辞不就此职，且实告以故，谓："买办之俸虽优，然操业近卑鄙。予固美国领袖学校之毕业生，故予极重视母校，尊之敬之，不敢使予之所为于母校之名誉少有辱没。以买办之身份，不过洋行中奴隶之首领耳。以予而为洋行中奴隶之首领，则使予之母校及诸同学

---

① 曾继甫：（？—1861），即曾学时，字寄圃，英文名Tsang Kee Foo，又名Amew，广东香山县吉大村人，宝顺洋行买办。徐润入职宝顺后，师事之。先后介绍容闳和郑观应入职宝顺。

② 李君壬叔：李善兰（1811—1882），原名心兰，字竞芳，号秋纫，别号壬叔，浙江海宁人，精通数学，早年在嘉兴设馆授徒；咸丰二年（1852）被英国传教士在上海所办墨海书馆（The London Missionary Society Press）聘为编译；十年（1860）成为江苏巡抚徐有壬幕僚，同治元年（1862）成为曾国藩幕僚；七年（1868）入京师同文馆，任天文算学总教习；八年（1869）"钦赐中书科中书"（从七品卿衔）；十年（1871）加内阁侍读衔；十三年（1874）升户部主事，加六品卿员外衔；光绪二年（1876）升员外郎（五品卿衔）；五年（1879）加四品卿衔；八年（1882）授三品卿衔户部正郎、广东司行走、总理各国事务衙门章京。

1869年5月5日容闳与鲍留云之子John Morrison Brown在上海下棋

闻之，对予将生如何之感情耶？人虽有时困于经济，不得不屈就贱役，为稻粱谋，第予之贫乏尚未至此。设君果任予以事者，则予甚愿为公司代表，至内地一行。如是则予不至以金钱之故而牺牲尊贵之身分。予苟得代表公司以收买丝茶，无论或给常薪，或给用费，似较任奴隶首领为佳也。”予言时，予友曾君亦在座。曾君粗解英语，于予言虽知之不详，固已得其概略。予语毕，乃先辞出，以待彼二人协商。曾君后出语予，谓绘白（Webb）[①]（即该公司之经理）评予曰：“容某虽贫，傲骨殊棱棱。”天下贫骨之与傲骨，乃往往长相伴而不相离也。谈判后数日，曾君告予，谓绘白已决计派予至产茶区域，调查装茶之情形云。

第九章　产茶区域之初次调查

1859年3月11日，予等乘一小艇，俗名“无锡快”者，由沪出发，从事于产茶各区域之调查。所谓“无锡快”，乃一种快艇之名，因在运河流域中无锡县所创造，故有是称。无锡距苏州甚近。苏州为名胜之区，与杭州齐名，居民繁庶，物产丰饶，而以丝织品为尤著。苏属

① 绘白（Webb）：通译作韦伯（Edward Webb），上海宝顺洋行（又称颠地洋行）行东。

城乡市镇间居民往来，咸借“无锡快”为交通利器。其制大小不一，舟中装设颇佳，便利安适，使乘客无风尘之苦。又有一种专供官绅富商雇乘者，则船身较大，装饰尤华丽。此种舟皆平底，值顺风时，其行甚速。惟遇逆风，则或系绳于桅，令人于岸上牵之，或摇橹以进。摇橹为中国人长技，寻常之舟，后舵两旁有橹，左右舷有铁枢纽，橹着其上。摇时一橹需四人，橹身为平面之板，于船尾处在水中左右摇曳，借水力以推舟，速率极大。惟近年中国通行汽船，操此业者为汽船所夺，故江苏一带河面上，民船已渐归淘汰。从前美国1850年及1860年间，向有帆船驶至东印度及中国，往来装运货物。今则海面航业，已为邮船所夺，其事如一辙也。

予等舟行三日，至杭州。杭州为浙江省垣，地势颇不平，正西及西南、东北，皆有高山。全城面积，可三四英方里。南北较长于东西，为长方形。城之西有湖曰西湖，为著名名胜。湖面平如镜，底为沙泥，水澄碧，游鱼可数。由城脚迄西山之麓，皆西湖范围。傍湖之山，高入霄汉，绵亘直至城北，有若天然堡垒为城屏障者。钱塘江亦在城西，去城约二英里。江水发源于徽州东南高山中，蜿蜒而下，以趋入杭州湾。去城东约四十英里之处，山水由高处下冲入河中，水势湍激，波涛澎湃；声如万马奔腾。钱塘江中于一定之时间，有所谓“钱塘潮”者，潮头高至八九英尺，亦巨观也。当十二、十三世纪时，宋代君主曾建都于此，故杭州之名著于历史。风景绝佳，有多数之公私建筑物，如巨寺、高塔、桥梁、陵寝等，能令此特别之天然景物益增其灵秀。独惜自宋以后，历时既久，美丽之建筑物多半颓废失修，致令杭州昔日之荣誉渐以湮没。国家多难，恐未易遽复旧观也。

3月15日，予等离杭州，溯钱塘江而上。有地名江口，去杭城东约二英里，亦甚繁盛。河中帆樯林立，商船无虑千数，大小不一，长约五十尺至百尺，阔约十尺至十五尺，吃水不过二三尺，亦皆平底，咸取极坚致易弯曲之木材为之。因钱塘江之潮流曲折纡回，其底又多礁石，无[1]逆流顺水，恒遇极猛烈之激湍，时虞颠覆。故非有极坚固之质，不克经久受冲击也。舟中以板隔成小室，室各设床榻以备乘客之需。若遇装货时，则此隔扇及床榻可以拆卸，腾出空地以容货物。全舟若装配完全，上盖以穹形之篷，乃成圆筒式，状如一大雪茄。此类船多航行杭州、常山间。浙江与江西接壤处，交通多水道，其装运货物，大半即用此船。常山为浙省繁盛商埠。江西境亦有巨埠曰玉山，与常山相去仅五十华里。二埠间有广道，坦坦荡荡，阔约三十英尺，花岗石所铺，两旁砌以碧色之卵石，中国最佳路也。两省分界处，有石制牌坊，横跨路中，即以为界石。两面俱镌有四大字曰“两省通衢”，以鲜明之蓝色涂之。此坊盖亦著名之古物，可见其商务之盛，由来旧也。当予等自常山至玉山时，汉口、九江、芜湖、镇江等处，犹未辟为通商口岸，汽船之运货至内地者绝少。而此两省通衢，苦力运货，项背相望，耶许相应答也，每日不下数千人。自游历家之眼光观之，饶有趣味。而在中国爱国之士见之，亦足引起其怀古之思。

于扬子江中，行舟可直达四川边境之荆州。全航路之长，约三千英里，六七省之商务赖以交通。设中国无欧西各国之干涉，得完全行使其主权，则扬子江开浚后，其利益实未可限量，予敢云全世界中人必有三分之一分此幸福也。彼西人者何不与中国以时机，俾得自行解决其国内问题耶？又如工人问题，自有欧西之汽船、电气及各种机械输入中国以来，中国工界乃大受其影响，生计事业几已十夺其九。非谓不当输入中国，第当逐渐推行，假以时日，俾人民得徐图他项事业，以恢复元气，不宜骤然尽夺其所业也。

---

① 此处疑脱一“论”字。

3月15日晨五时，予等自江口起碇。[①]适值顺风，扬帆而下，一日间几行一百英里。暮十时，舟泊七龙[②]。遥望钱塘江之东岸，其露出水面者，岩石层次，历历可辨，殆全为红砂岩所砌成。岸上随处皆见有红砂岩所造之屋。四围山岭，晚景尤佳。浙江多佳山水，故随处皆入画。

翌日由七龙首途，值大雨如注，舟仍前进不息。下午泊于兰溪，是日约行四十英里。兰溪亦浙省大市场，两湖所产之“工夫茶”，咸集此间，由此经杭州以至上海。城中只有一街，长至六英里。其著名土产，为极佳之火腿，全国闻名。予等因阻雨，在兰溪小住半日。日落后，天色渐霁，遂于夜半十二钟时复行，至衢州。衢州为浙省之州城，去年[③]3月间，为太平军所困，历四月，围乃解，幸尚无大损失云。在衢州旅馆中一宿，即趋赴萧山[④]。萧山去此可三十英里，因关役查验繁苛，舆人脚夫亦难骤觅多人，登岸至不便。抵萧山后，旋复乘肩舆赴玉山。当晚预雇渔舟，备翌晨赴广信[⑤]。广信去玉山，亦三十英里。既过玉山，已行入江西境界。此新航路乃向西北行，顺流而下，掠鄱阳湖南岸而至南昌。南昌为江西省会，城垣外观颇壮丽，惜予无暇游览，且不及调查太平军战后之状况若何也。

既过南昌，航路则转向西南，趋湘潭。湘潭即予等最后之目的地。途中历数城，以于历史及商业上无大关系，故略之。湖南之省会曰长沙。予过长沙时，适在夜间。迨4月15日之晨，乃抵湘潭。湘潭亦中国

① 此句之前原文尚有一句，略云“今更回述予此次出发之情形：”。

② 七龙：Seven Dragon，应该是七里泷，又名七里滩、七里濑、富春渚，位于富春江上游，起于建德县梅城镇，止于桐庐县严陵山钓台，长七里，两山夹峙，水流湍急。

③ 去年：1858年。

④ 萧山：萧山在杭州附近，此处应为常山，下文两处萧山皆为常山。

⑤ 广信：广信府，明清两代江西行政区，治所在上饶，辖上饶、玉山、弋阳、贵溪、铅山、广丰、兴安（今横峰县）七县，1912年废府制。

内地商埠之巨者。凡外国运来货物，至广东上岸后，必先集湘潭，由湘潭再分运至内地。又非独进口货为然，中国丝、茶之运往外国者，必先在湘潭装箱，然后再运广东放洋。以故湘潭及广州间，商务异常繁盛。交通皆以陆，劳动工人肩货往来于南风岭者，不下十万人。南风岭地处湘潭与广州之中央，为往来必经之孔道。道旁居民，咸借肩挑背负以为生，安居乐业，各得其所。迨后外洋机械输入，复经国际战争及通商立约等事，而中国劳动界情势，乃为之一变。此不仅扰乱中国工业制度，且于将来全国之经济、实业、政治上，皆有莫大影响也。

予等乃各依其所指定之地点，分往各处收买生茶，以备运往上海。装箱留湘潭约十日。十日后，拟更赴湖北之荆州，以调查华容地方所产之黄丝。

4月26日，离湘潭北行，趋予等所欲赴地点。翌晨八时至湖南长沙。是日适空气潮湿，同人中感觉烦懑不欢，乃相约入城游览。城中情形，与他处略同，建筑街衢等，皆粗劣秽污，无可观者。明日乘舟复行，遂过洞庭湖，渡扬子江，入荆河口，以达华容。计离湘潭后，水程十日，所经处尚有太平景象。居民各安农业，禾黍满望，叱犊时闻。予于此见二村童，共骑一驴，沿途笑语，意至欢乐，他处未见有此也。抵华容后，因觅旅馆不得，遂寄榻于某丝行中。行装甫卸，即有地方保甲二人，来询旅客姓名职业。行主知其故，即为予等代述来意。彼闻为诚实商人，非为匪徒作侦探者，遂满意而去，任予等自由动作，不复来相扰矣。予既宣布来意，旋有无数商人，送种种黄丝来，以备选购。是日得各种丝样，约六十五磅，装运上海。

两星期后，各收拾行装，准备归计。经汉口后，又赴聂家市。聂家市属长沙[①]，亦产茶区域也。自5月26日离华容，于6月5日抵汉口，

① 聂家市属长沙：属岳州府临湘县。

寓一中国旅馆中。天气既炎热潮湿，所居复湫隘异常，殊少清新空气，至为不适。三日后，有委员三人来查询，一如在华容时。示以在华容所购之黄丝，及其包皮上所盖由华容至汉口沿途税卡之戳。彼等见此，知非匪徒侦探，遂去，不复相扰。

汉口当时尚未通商，惟此事已经提议，不久且实行。当太平军未起事之前，汉口本一中国最重要之商埠。1856年，太平军占据武昌时，汉口、汉阳亦同时失陷。以是汉口之一部，尽被焚毁，顿成一片焦土。当予至时，商业已渐恢复，被焚之区，亦从新建筑。第所建房屋，类皆草率急就。若以今日之汉口言之，沿岸一带，货栈林立，居屋栉比，类皆壮丽之西式建筑，大有欧西景象，非昔比矣。故在今日中国之有汉口，殆如美国之有芝加哥及圣鲁意[①]二城。予知不久汉口之商业发达，居民繁盛，必将驾芝加哥、圣路易[②]而上之。予等勾留数日，遂重渡扬子江，趋聂家市产黑茶之地。

6月30离汉口，7月4日至聂家市及杨柳洞[③]，于此二处，勾留月余。于黑茶之制造及其装运出口之方法，知之甚悉。其法简而易学。予虽未知印度茶之制法如何，第以意度之，印茶既以机器制造，其法当亦甚简。自1850年以后，中国人颇思振兴茶业，挽回利权，故于人工之制茶法，亦已改良不少。究印度所以夺我茶业利权之故，初非以印茶用机器制造，而华茶用人工制造之相差。盖产茶之土地不同，茶之性质，遂亦因之而异。印茶之性质极烈，较中国茶味为浓，烈亦倍之。论叶之嫩及味之香，则华茶又胜过印茶一倍也。总之印茶烈而浓，华茶香而美。故美国、俄国及欧洲各国上流社会之善品茶者，皆

---

① 圣鲁意：今通称圣路易斯。

② 同上。

③ 杨柳洞：应为羊楼洞，位于湖北省赤壁市西南，靠近湖南，在清代和民国以砖茶贸易著称。

嗜中国茶叶；惟劳动工人及寻常百姓，乃好印茶，味浓亦值廉也。

8月下旬，所事既毕，共乘一湖南民船以归。船中满载装箱之茶，以备运沪。于8月29日，重临汉口，计去初次离汉时且两月矣。此行不复过湘潭，经汉口后，即自扬子江顺流而下，至九江，过鄱阳湖。鄱阳湖之南岸，有地曰河口。自河口以往，乃遵3月间所经之原路，9月21日抵杭州。由杭州复乘"无锡快"，于9月30日抵上海。溯自3月以迄10月，凡历七阅月之旅行，借此机缘，予得略知内地人民经太平军乱后之状况。凡所历沿途各地，大半皆为太平军或官军所驻扎者，外状似尚平静。至于各地人民，经太平军及官军抢掠之后，究竟受何影响，则无人能知其真相矣。

惟有一事，令予生无穷之感慨。予素阅中国纪载及旅行日记等书，莫不谓中国人口之众，甲于全球。故予意中国当无地不有人烟稠密之相。乃今所见者，则大抵皆居民稀少，与予夙昔所怀想者，大不相符，是则最足以激刺予之脑筋者也。此种荒凉景象，以予所经之浙江、江西、湖南、湖北四省为尤甚。当予游历时，为春夏两季，正五谷播种、农事方殷之际，田间陌上，理应有多数之驴马牛畜，曳锄相接。乃情形反是，良可怪也。

予自内地归后，10月间复有英友某君，倩予至绍兴收买生丝。绍兴去杭州西南约二十英里，所产丝颇著名。予在绍兴收丝约两月，忽患疟，不得已中途辍业。绍兴城内污秽，不适于卫生，与中国他处相仿佛。城中河道，水黑如墨。以城处于山坳低湿之地，雨水咸潴蓄河内，能流入而不能泄出。故历年堆积，竟无法使之清除。总绍兴之情形，殆不能名之为城，实含垢纳污之大沟渠，为一切微生物繁殖之地耳，故疟疾极多。予幸不久即愈，甫能离榻，即急急去之。

第十章 太平军中之访察

1860年，有二美教士，不忆其名[①]，一中国人曰曾兰生[②]，拟作金陵游，探太平军内幕，邀予与偕。予欣然诺之。太平军中人物若何？其举动志趣若何？果胜任创造新政府以代满洲乎？此余所亟欲知也。是年11月6日，予等共乘一“无锡快”，自上海首途。时适东北风大作，船顺风行颇速，天气复晴朗。同行诸人，兴致殊高。适携有美国国旗，众人乘兴，遂以插船首，迎风招台，顾而乐之。既念此举殊疏，或误认吾舟谓有国际关系，而加以盘诘，则徒生枝节，乃急卷而藏之。吾侪此行，拟先至苏州，本应道出松江。因闻松江方驻有官

---

① 1860年……不忆其名：1859年，容闳与曾兰生跟随传教士杨笃信、古路吉前往太平天国天京访问。杨笃信事后撰文投稿《北华捷报》，讲述此次南京之行的来龙去脉。11月6日，容闳与曾兰生随传教士和古路吉从上海出发；9日抵达苏州；11日离开苏州，抵达无锡；12日离开无锡；13日抵达丹阳；16日离开丹阳；17日抵达句容；18日抵达南京；19日拜见洪仁玕；21日再见洪仁玕；24日离开南京；27日从丹阳出发；12月2日回到上海。

杨笃信（Griffith John，1831—1912），又名杨格非、杨约翰，1855年9月24日由伦敦传道会派遣偕夫人抵达上海，1861年9月迁居汉口，开设传教站。

古路吉（Hendrikadius Zwaantinus Kloekers，1828—1894），1855年由荷兰中国福音会派赴华传教士，1858年回欧，1858年由英国浸信会传道会派遣来华，1860年3月23日偕夫人抵达上海，1862年前往芝罘，1865年返回英国。

② 曾兰生：亦误作“来顺、礼逊”，字恒忠，又字芝亭，英文写作Tseng Laisun、Chan Laisun或Zeng Laisun。祖籍广东潮州海阳（今潮安），生于新加坡。1843年，由教会资助前往美国读书，1846年就读于纽约汉密尔顿学院（Hamilton College）。1848年，回国后，在香港、广州等地工作。1850年娶毕业于教会学校的华巫混血儿（即娘惹）路德·阿娣（Ruth Ati）为妻，育有三子三女，安妮·兰生（Annie Laisun，1851—？）、莱娜·兰生（Lena Laisun，1853—1914）、曾溥（1854—1889）、曾笃恭（1857—1917）、埃米·汉璧礼·兰生（Amy Hanbury Laisun，1865—1886）。1853年，辞职往上海营商。1866年曾在福建船政学堂任职，担任船政后学堂航海英国教习嘉乐尔（James Carroll）的助手和翻译。1871年任留美幼童英文教习，1872年全家随陈兰彬携带第一批幼童赴美。1875年经欧洲回国后任天津海军公所翻译。1892年曾兼任亨达利洋行（Vrard & Co.，L.）翻译。

曾兰生

军炮艇，恐为所拦阻，不听向前，或被递送还上海，亦殊不便，乃绕道避之。舟离上海三十英里中，沿途居民安堵，不显有政治上扰乱情状。田家操作自若，方收获也。然予赴内地调查产茶时，苏州已为太平军占领。苏沪密迩，故上海租界中西人咸惴惴，惟恐太平军来占据租界，乃严为戒备。松江各河中亦炮艇密布，西人守卫队亦远出租界界线之外严密巡逻矣。

11月9日之晨，船抵苏州。沿途畅行无阻，绝未遇一官军，或一太平军。当此战争紧急之际，而巡逻疏略如是，中国人事事不经意，于此可见一斑。予等抵苏州之娄门，先至一军站。站中有护照，欲赴城内者，必先于此领照，乃得入，出城时仍须缴还之。予等欲入城谒其主将，乞介绍书，俾得直赴金陵，沿途无阻。乃以二人留站守候，先遣二人面军站长，问四人可否同时入城。二人去时，有该地警察长，特派一人伴之行。去一小时而返，谓站长已允所请。于是予等同入城。

时城中民政长方公出，遂往谒军事首领刘某。其人躯干高大，身着红衣，有骄矜气，望而可知为浅陋无根柢者。彼询予等赴南京目的，虽返复盘诘，礼遇尚优，旋授一函介绍予等于丹阳主将，并缮一护照，谓持此畅行于无锡常州间，可无留难。刘复绍介予等晤四西人。四人中二美人，一英人，一法人。法人自谓为法国贵族，因在本国丧失其资财，故来中国以图恢复。英人则自称系英国副将。其二美国人，一为医士，一则贩卖枪弹者，因索值过昂，尚未成议云。之数人者，其所谓贵族、副将、医士、商人云云，初莫辨其真伪。其为冒险而来，各怀所欲，则无疑也。予闻刘颂赞美歌，口齿颇伶俐。日暮返舟，复遣人以鸡、羊等物相馈遗，以故此行食品颇充裕。11月11日晨抵无锡。既至，出护照示关吏，果得彼等礼遇。其地之主将某，设筵相款，宴罢，复赠种种干鲜水果，且亲至舟中送行。予等与谈论甚久，后亦颂赞美歌作终结，与苏州刘某所颂者同。

11月12日，离无锡赴常州。自苏至丹阳，舟皆行运河中。河之两岸，道路犹完好。途中所见皆太平军。运河中船只颇少，有时经日不遇一舟。运河两旁之田，皆已荒芜，草长盈尺，满目蒿莱，绝不见有稻秧麦穗。旅行过此者，设不知其中真相，必且以是归咎于太平军之残暴。殊不知官军之残暴，实无以愈于太平军。以予等沿途所见，太平军之对于人民，皆甚和平，又能竭力保护，以收拾人心。其有焚掠肆虐者，施以极严之军法。非如纣之不善，盗跖之率徒为暴，然则仁与不仁，其成败之代名词欤？抵常州，日已暮。自无锡至此，沿途房屋，皆空无人居。偶遇一二老叟，提小筐售物。筐中所贮橘、蛋、糕饼、菜蔬、鱼、肉等零星食品。见舟来，辄追呼求售。观其状，似因年老不能远逃，故借此以延喘息。然皆愁苦万状，穷蹙无生趣矣。13日晨六钟，复解维趋丹阳行。丹阳居民，对于太平军较有信用，商不辍业，农不辍耕，无荒凉景象。而太平军之对于人民，亦未闻有虐遇事，相处甚得也。是日之晨，途中见有兵千人。傍晚已望见丹阳雉堞，因暮色苍茫，故寄宿舟中。翌日破晓入城，谒其地主将。先以苏州所得之介绍书投入。后知此主将亦刘姓，彼适他出，有副官秦某[①]出

① 副官秦某：疑即天官秦日昌。

迎，盖文职也。为人和蔼可亲，礼貌周至。予等与谈，偶询以太平军中宗教信仰。秦君自谓对于耶稣教之观念，皆得诸其首领洪秀全。其言曰：

吾等所崇拜之天主，即在天之父。天父之外，复有耶稣及圣灵。三位一体，合成真人，是曰上帝。耶稣教分为二派，一曰旧派，一曰新派，太平军则弃新派而从旧派。吾等之天王，曾至天上面谒天父。天父命其降世行道，扫除一切罪恶，指引一切迷路，毁灭偶像及其他一切邪教之迷信，晓谕百姓，使人人咸知天主之真体，其责任盖甚重大也。天王之至天上，其为灵魂御空而行，抑为肉体白日飞升，则非吾等所能知。但天王自言，天王之尊，犹不能与天主相提并论。世人之当崇拜天主，乃为宗教上之崇拜；至天王之受世人敬礼，不过犹世上皇帝之尊荣，为臣民者对其君上，当极其尊敬而已。天王之位，锡自天主，与耶稣为兄弟行，此所谓兄弟者，非谓其为同父共母所生；第因天王与耶稣。皆为上帝先后所派之天使，命其至世界上普渡众生，为世人赎罪。天王衔此使命在耶稣后，故当兄事耶稣耳。至太平军中之教规，有所谓饮三杯茶者，乃表感谢上帝之心，初不含赎罪意义。其数之以三者，亦与三位一体之教旨无关，即一杯二杯，本无不可。而必舍一舍二而择三者，则以三之为数乃中国人素来崇尚，如古语称天地人为三才等是也。若言赎罪，则无论何等供养祭献，绝不能赎吾人罪孽于毫末。此权盖尽操诸耶稣之手，世人但尽其真心忏悔之忱，则耶稣自能为之救赎，否则虽祭奉亦无益。即天王自己，亦长日兢兢业业，惟恐或得罪于天主云。

秦某言次，又论及战争时军民必分处之故。谓中国亘古以来，无论何代，依向来之习惯，凡遇战争时，人民必退处田野，军士则驻守城中，所谓攻城略地，能攻克一城则城外之地，可垂手得也。又言自苏至此，运河两旁荒凉之况，其故有三：一为张玉良[①]军队退败时所焚烧，一为土匪所抢掠，一则太平军之自毁也。当忠王（即李秀成）在苏州时，尝竭力欲禁抢掠之风，悬重赏以募奇才。谓有能出力禁绝焚掠之事者，立酬巨金，并颁以爵位。又下令三通：一不许杀平民，二不许妄杀牛羊，三不许纵烧民居。有犯其一者，杀无赦。迨后忠王至无锡，曾有一该地长官纵任土匪焚毁民居，忠王乃戮此长官以警众。忠王与英王（即陈良玉）[②]之为人，皆极聪颖，不独擅于军旅之事，文学亦极优长云。

秦某又言攻略各地之情形，及1860年春间官军围金陵之失败。语次并出一函相示，函为徽州某主将所发，内云曾国藩已受大创，现方为太平军所困，四面受敌。据其函中所言，似曾国藩已战殁阵中矣。秦某复谓张玉良攻金陵败退后，已受伤咯血，现在杭州养疴，一时不能复出。运河一带，居扬子江之北者，皆入太平军掌握。而忠王、英王，则居上游，方谋取湖北。石达开经略四川云贵等省。镇江近方被围，更有西王率军驻扎于此，以指挥江南全境云云。当日太平军势力所及盖如此。

是日于秦处晚餐，入夜归宿舟中。明日复入城，谒刘主将，又不

① 张玉良：字璧田，清四川合川县（今重庆市合川区）人，幼年父母双亡，家境贫寒而从军。咸丰元年（1851）从广西提督向荣镇压太平军，由游击、副将累升至总兵；十年（1860）太平军攻克杭州，奉命增援，专办浙江军务，收复杭州后，升广西提督；其后太平军第二次击溃江南大营，奉命节制溃军；次年太平军攻破杭州，遂战死；同治元年（1862）清廷追赠太子少保，给予骑都尉兼云骑尉世职。

② 英王（即陈良玉）：英王乃陈玉成，原注误。陈玉成（1836—1862），原名丕成，广西藤县人；少孤；咸丰元年（1851）随叔父参加太平军；三年二月十日（1853年3月19日）太平军定都天京，升左四军；次年因攻克武昌，升殿右三十检点,统陆军后十三军和水营前四军，转战湖北、安徽等地。七年（1857）石达开出走后，受封为成天豫、又正掌率、前军主将；次年洪秀全重建主将制，被封前军主将；九年五月（1859年6月）晋封英王；次年因安庆陷落而被革职；同治元年四月（1862年5月）为叛徒苗沛霖诱捕，解送胜保军营，五月初八（6月4日）被杀。

值。仅晤其中军某，因请其设法护送予等至南京。中军允诺，属以所乘舟可暂留丹阳，彼能善为守护，勿使有失。归途出此再乘之，固甚便也。翌晨[①]，予等遂徒步出丹阳。行十五英里，至一镇曰宝堰，其地去句容六英里。镇中觅宿颇不易，土人皆贫苦不支，对于外来之客，尤怀疑惧。费几许唇舌，仅于隘巷中得空屋，无几案床榻，以稻藁席地而已。次晨，居停老妇以饘粥饷客，濒行酬以银一圆。九钟，抵句容。城门尽闭，不得入。盖此时适有谣传，谓太平军败于镇江，将来此暂避，故句容戒严。予等闻此大失望，美教士至欲折回上海。余意必至南京，持论久之，乃复前进。幸离句容不远，觅得肩舆及骡，乃不复退缩。

11月18日抵南京。予先至，候于南门外，余人齐集，乃同行入城。城中劳白芝教士（Rev. Roberts）[②]已遣仆数人，迎候于途，遂至劳君寓所。寓近干王洪仁[③]军署。劳白芝，美教士旧友也。既晤劳君后，彼等殷勤话旧，予则先退至己卧室。长途仆仆，颇觉劳顿，因略盥洗，即休息。予晤劳君时，未发一语，亦未尝告以予之姓名。但前在古夫人小学肄业时，曾晤其人，故一见即能识之。渠此时所衣为黄缎官袍，足华式笨履，举步迟缓，益形龙钟。劳氏在南京果身居何

---

① 翌晨：16日。

② 劳白芝教士（Rev. Roberts）：美国传教士罗孝全（Issachar Jacox Robert，1802—1871），出生于美国田纳西州，基督教新教美南浸信会传教士。1837年自费来中国，初在澳门向麻风病患者传教。1841年加入美国浸信会差会，1842年成为第一位长期居留香港的新教传教士，6月为第一名中国信徒施浸。1844年到广州，是第一个搬到广州商馆区以外居住的新教传教士。1845年美国浸会分裂，改属于美南浸信会差会。1847年3—5月，洪秀全来到罗孝全在广州的礼拜堂，在那里学习《圣经》，曾要求受洗，罗孝全不同意洪秀全对以前大病时所见“异象”的见解，拒绝为他施洗。洪秀全4个月后离开。1860年，罗孝全从南方经上海到苏州，10月到天京，住在干王洪仁玕的府第，出任通事官领袖一职，封接天义。1862年1月乘坐英国船离开天京。

③ 干王洪仁：疑为洪仁玕之误。洪仁玕（1822—1864），原名洪仁，字益谦，号吉甫，广东花县（今属广州市）人。

职，予实未详。洪秀全之宗教顾问欤？抑太平天国之国务卿耶？

翌日，予等谒干王。干王为洪秀全之侄。[①]1856年，予在香港曾识其人。当时彼方为伦敦传道会职员，任中国牧师，其主教为莱克博士（Dr. Legge）[②]。莱克博士，即著名善译中国古文者。予曩在香港晤干王时，干语予，将来愿于金陵得再相见，今果然矣。干王本名洪仁，迨至金陵与其叔共事，晋爵至王位，乃曰干王，殆取干城之义欤？干王接见予等，极表欢迎，尤乐于见予。寒暄后，即询予对于太平军之观念若何？亦赞成此举而愿与之共事否？予告以此来初无成见，亦无意投身太平军中，妄思附骥，第来探视故人，以慰数年来晦明风雨之思耳。

干王复固问，余曰："实无他目的，但得略悉金陵实在情形，一释传闻之疑，于愿已足。惟此次自苏至宁，途次颇有所感触，愿贡其千虑一得之愚。因言七事：一、依正当之军事制度，组织一良好军队；二、设立武备学校，以养成多数有学识军官；三、建设海军学校；四、建设善良政府，聘用富有经验之人才，为各部行政顾问；五、创立银行制度，及厘定度量衡标准；六、颁定各级学校教育制度，以耶稣教《圣经》列为主课[③]；七、设立各种实业学校。此其大略。至若何实行，自非立谈所能罄。倘不以为迂缓，而采纳予言，愿为马前走卒。"余之此言，盖度德量力，自谓能尽力于太平军者只此耳。

---

① 干王为洪秀全之侄：干王洪仁玕与洪秀全为族弟。

② 莱克博士（Dr. Legge）：英国传教士理雅各（James Legge，1815—1897），英国苏格兰人。1839年被英国基督新教派公理宗的伦敦传道会派驻马六甲主持英华书院。1843年将英华书院迁往香港，任香港英华书院第一届校长。1841年开始着手翻译中国经典。1862年获得王韬协助翻译中国经典。1867年偕王韬返回苏格兰家乡。1870年获得苏格兰阿伯丁大学文学院博士学位，重返香港主持英华书院。1870—1873年任香港佑宁堂（Union Church Hong Kong）教区牧师。1873年访问上海、天津、北京、山东，再从上海出发，经日本、美国，返回英国。1876—1897年担任牛津大学第一任汉学教授。

③ 以耶稣……为主课：原文为"以圣经为课程之一"。

越二日，干王复邀予等为第二次谈判。既入见，干王乃以予所言七事，逐条讨论。谓何者最佳，何者最要，侃侃而谈，殊中肯綮。盖干王居外久，见闻稍广，故较各王略悉外情。即较洪秀全之识见，亦略高一筹。凡欧洲各大强国所以富强之故，亦能知其秘钥所在。故对于予所提议之七事，极知其关系重要。第善善不能用，盖一薛居州无能为役，且此时诸要人皆统兵于外，故必俟协议，经多数赞成，乃可实行也。

又数日，干王忽遣使来，赠予一小包袱。拆而视之，则中裹一小印，长四英寸，宽一英寸，上镌予名。又有黄缎一幅，钤印十三，上书予官阶，曰“义”字。按太平军官制，王一等爵，义字四等爵。予睹此大惑不解，干王以此授予，意果何居？其以是为干旌之逮欤？然未先期得予同意，不可谓招以其道。岂谓四等荣衔，遂足令人感激知己，抑亦隘矣。予每见太平军领袖人物，其行为品格与所筹划，实未敢信其必成。乃商之同伴诸人，决计返璧。更亲至干王府，面谢其特别之知遇。且告之曰：“无论何时，太平军领袖诸君，苟决计实行予第一次谈判时提出之计划，则予必效奔走。无功之赏，则不敢受。君果不忘故人，愿乞一护照，俾予于太平军势力范围中，无论何时得自由来去，则受赐多矣。”干王知不可强，卒从予请。遂于12月24日发出护照，并为予等代备粮食舆马，送至丹阳。予等共乘原舟遄归，于翌年1月初旬安抵上海。途中追忆太平军起事情形，及彼中人物之举动，以为与中国极有关系，当于下章详之。

第十一章　对于太平军战争之观感

革命之在中国，固数见不鲜。闻者疑吾言乎？则试一翻中国历史。其中所谓二十四朝，非即二十四次革命写真耶？顾虽如此，战国而外，中国之所谓革命，类不过一姓之废兴，于国体及政治上，无重大改革之效果。以故中国二千年历史，如其文化，常陈陈相因，乏新颖趣味。亦无英雄豪杰，创立不世伟业，以增历史精神。太平军战争之起，则视中国前此鼎革，有特异之点。非谓彼果英雄豪杰，以含有宗教性质耳。其魄力至伟，能自僻远之广西，由西南蔓延东北，而达精华荟萃之金陵，历时至十五年之久，亦惟宗教之故。此十五年中，满洲政府几无日不处于飘摇风雨之中。然于历史上究有若何精神，则未易轻许也。

太平军之大战争，以宗教观念为原质。此观念来自欧西，耶稣教徒实传播之。其输此种子于中国之第一人，为英人玛礼孙氏，盖伦敦传道会所派出者。其后十年，复有美教士劳氏继踵而起。二氏者，开浚洪秀全知识之功臣也。玛礼孙善著述，曾译耶教《圣经》为汉文，而译《康熙字典》为英文。虽其书未必当，而后之西人来中国传教者，咸借为津梁。玛氏所译《圣经》，旋经后人加以润色，汉英字典后亦经多人修正，如梅博士（Dr. Medhurst）[①]、文主教（Bishop Boone）[②]、雷博士（Dr. Legge）及勃礼区文（Bridgeman）[③]、威廉姆司（Williams）[④]诸人。先后增订，经过多人之手，要不能不借玛氏所译者为蓝本也。玛礼孙于中国有一最著名之事业，曾于中国得第一耶教信徒，名梁亚发。其人能本耶教宗旨，著成传道书数种。洪秀全

---

① 梅博士（Dr. Medhurst）：英国传教士麦都思（Walter Henry Medhurst，1796—1857）。

② 文主教（Bishop Boone）：文惠廉（William Jones Boone，1811—1864），美国基督教新教圣公会传教士。1840年来中国，在澳门活动。曾任马礼逊学校代理校长。

③ 勃礼区文（Bridgeman）：裨治文（Elijah Coleman Bridgman，1801—1861）美国传教士。1829年受美国公理会派遣，于次年2月到达广州。1832年5月起创办并主编《中国丛报》（*Chinese Repository*）。

④ 威廉姆司（Williams）：卫三畏（Samuel Wells Williams）。

求道时，即以玛氏所译《圣经》，及梁氏所著书，诵习研究。第此等书中，微言奥义，非得人善为解释，殊难悟彻。时值美国米苏厘省教士劳白芝君在粤传道，洪秀全乃时至其处请业，二人遂为莫逆交。迨太平军起，洪既雄踞金陵，劳氏亦居此处，大抵友而兼师者，故甚清贵。劳苦功高，固宜有此不次之赏。1864年，官军既克复金陵，劳氏遂不知所终。

洪秀全为耶稣教徒时，尚醉心科举之虚荣。曾应小试，不幸铩羽。乃专心传道，往来两粤，宣扬福音于客家（Hakkas）族中。所谓“客家”者，两广间一种客民，迁徙无常，故俗称为客家云。洪秀全一生之功业，此时传道，不过为其宗教经验之起点。其后革命事业，乃其宗教经验之结果。

洪秀全于应试落第后，得失心盛，殆成一种神经病。神志昏聩中，自谓曾至天上，蒙天主授以极重要之职，使其毁灭世界上崇拜之偶像，指引迷途，晓谕世人，使人人咸知天主，信仰耶稣，俾耶稣得为世人赎罪。洪秀全既自以为在天主之前受此重任，故自命为天主之子，与耶稣平等，称耶稣为兄。盖昏聩中构成之幻想，乃自信为真。日至客家中，历叙其所遭如是。谓世人必须信仰一己，乃能获上帝之福佑。遂以崇拜上帝之事。蹈狐鸣篝火之嫌，每日瞻礼祈祷，高诵赞美之歌。广西四境人民闻之，乃大欣动。每日必有多人入教，号召即至。及后人数日增，声势日广。地方官吏对于此一般耶稣教徒，目为异端邪说，妖言惑人，然亦无如之何。

此种人所具耶教之知识，半为西来教士所传播，半为本地中国信徒所讲授。故无论如何，其宗教知识，皆甚浅陋而简单。顾虽浅陋简单，而宗教中真实之势力，则已甚大，足使一般无识愚民，皆成为草野英雄，人人能冒危险，视死如归。此种特性之潜蓄，于政府欲实行解散该教时，乃大发现。彼等揭竿而起，以抵抗官军之压迫。初无枪弹军火之利器，所持者耰锄棘矜耳。以此粗笨之农具，而能所向无敌，逐北追奔，如疾风之扫秋叶，皆由宗教上所得之勇敢精神为之。

虽然，太平军之起，固宗教上之逼迫使然。实则亦非真因，不过爆发之导火线耳。即使当时政府，无此等逼迫之举动，洪秀全及其属下诸人，亦未必能安居于中国内地，而专以传布宗教为事也。予意当时即无洪秀全，中国亦必不能免于革命。设有人以耶稣教之关系及清政府之操切，为1850年革命之原因，则其所见浅陋实甚。恶根实种于满洲政府之政治，最大之真因为行政机关之腐败，政以贿成。上下官吏，即无人不中贿赂之毒。美其名曰馈遗，黄金累累，无非暮夜苞苴。官吏既人人欲饱其贪囊，遂日以愚弄人民为能事。于是所谓政府者，乃完全成一极大之欺诈机关矣。

革命事业之开幕于中国，殆如埃及之石人，见者莫不惊奇。埃及石人首有二面，太平军中亦含有两种性质，如石人之有二面。凡崇拜天主，信仰救主圣灵，毁灭偶像庙宇，禁止鸦片，守安息日，饭前后战争时均祈祷，种种耶教中重大之要旨，太平天国无不毕具。遂使全世界耶教中人，咸逆料满洲政府必为推翻，洪秀全所称之太平天国行且建设成立。此天意或将使中国立一震古烁今之世业，而为全世界人所惊心动魄也。耶教中人此种幻想，亦未免感情用事，过于信任太平军矣。彼曷不细为分析，一研究太平军之内容耶？

洪秀全之起兵广西也，马首东向，沿途收集流亡，声势甚壮。中途曾移师直指北京，至天津为官军所败，乃折回径趋南京。所过湖南、湖北、江西、安徽等省，旌旗所至，无坚不摧。第自天津败北，兵力缩减。良由其所招抚，皆无业游民，为社会中最无知识之人。以此加入太平军，非独不能增加实力，且足为太平军之重累，而使其兵力转弱。盖此等无赖之尤，既无军人纪律，复无宗教信仰。即使齐之以刑，不足禁其抢掠杀人之过恶。其所以受创于天津，亦此等人实尸其咎。锐气既挫，迨占据扬州、苏州、杭州等城，财产富而多美色，而太平军之道德乃每下而愈况。盖繁华富丽，固足以销磨壮志，而促其灭亡也。

此次革命，虽经十五年剧烈之战争，乃不久而雾散烟消，于历史上曾未留一足为纪念之盛迹。后之读史至此者，亦不过以为一时狂热，徒令耶教中人为之失望，于宗教上毫无裨补。即如南京占据至十年之久，亦不见留有若何之耶教事迹。广西为其起事之地，亦复如是。至若于中国政治上，则更绝无革新之影响。简而言之，太平军一役，中国全国于宗教及政治上，皆未受丝毫之利益也。其可称为良好结果者惟有一事，即天假此役，以破中国顽固之积习，使全国人民皆由梦中警觉，而有新国家之思想。观于此后1894、1895、1898、1900、1901、1904、1905等年种种事实之发生，足以证予言之不谬矣。

第十二章　太平县产茶地之旅行

南京之行，本希望遂予夙志，素所主张之教育计划，与夫改良政治之赞助，二者有所借手，可以为中国福也。不图此行结果，毫无所得。曩之对于太平军颇抱积极希望，庶几此新政府者能除旧布新，至是顿悟其全不足恃。以予观察所及，太平军之行为，殆无有造新中国之能力，可断言也。于是不得不变计，欲从贸易入手。以为有极巨资财，则借雄厚财力，未必不可图成。然毕竟营何种商业，以为致富之资乎？

某日予方徜徉某茶肆，值素识之茶商某某亦在品茗，遂相与闲话。谈次及予前至两湖江西各省调查产茶事，已复及南京之行，议论纷歧，语乃愈引而愈远。已而众茶商言安徽太平县茶，或谓该处有绿茶百余万，已装箱准备出口，不幸尽落太平军之手。此时设有人能冒险向彼军取回者，巨富可立致。予闻言若有所触，心识之。众人旋散，予亦徐步归寓。且行且思，适间茶商之言，宁非绝好时机乎。第处此乱离时势，前途之危险与困难，不问可知。又况盗贼横行，随在而是。稍有经验之商人，谁复肯以金钱冒奇险，图此毫无凭借之事业耶。然予以为事有可图，不愿坐失时机。因商之予友曾苗（即第八章所述之曾继甫），即一年前介绍予往内地采茶者。其人商业经验极富，交游亦多，且于我亦非泛泛。曾曰："此事当深长思之，未敢贸然遽答。君苟能少待者，数日后当有以报命。"已而果然。曾谓："予已与公司主人讨论至再。"予所提议之策，已决定实行矣。

此事进行之初步，为余受公司委任赴太平调查，毕竟有无此项茶叶？设有此茶，以巨金向太平军中购出，有无危险？购得茶叶后，雇民船运出，更以汽船载之来申，其间有无困难？盖必如是先期筹备，然后亿则屡中也。自上海赴太平有二途：一由芜湖直达，一在芜湖上游百英里处有地曰大通。当时芜湖至太平县，在太平军势力范围中，大通则为官军所驻。由芜湖入内地，舟行二百五十英里。大通虽较近，然须陆行，殊不便，旅费亦巨。且经大通，沿途有重税，芜湖则否。权衡利害，遂决计取道芜湖。濒行邀四人为伴。此四人亦业茶，皆太平县人，故乡在劫火中已两年，因避乱来上海者。既首途，溯江上行。途中经大城三，尽为太平军所占据。居民甚少，田园荒芜，芦苇高且过人。多数市镇，亦寂无居人。惨淡情状，不堪属目。若在平时，此长途所经地方，至少当有五十万户。今则不知流离何所，存者才数十人耳。亦复形容枯槁，衣裳垢敝，憧憧往来，生气萧索，远望之几疑骷髅人行也。

舟行一星期，抵一镇曰山口。于此复遇茶商三人，亦四年前在上海相识者。此三茶商者，在漫天烽火中，可谓硕果仅存。见予等至，如他乡遇旧，愉快之情，不可言喻。盖当此时此地而有余等，不啻空山中闻足音也。于是于焚毁未尽诸屋中，择一最完善者居之，作为办事地点，以从事调查，并邀所遇三茶商相助为理。渠乃示予某处某处，有存茶若干。并谓山口地方，至少必有绿茶五十万箱。合太平县全境计之，当不下百五十万箱，每箱装茶重可六十磅云。予居此一星期，遂返芜湖，函上海报告调查情形。略谓："由太平县至芜湖，水程尚平安。以予意度之，当不至有生命财产之危险。予在太平县境内，曾亲见有无数之绿茶。但能携款至芜湖，并雇用数人护送以往，款至太平县，茶即不难运归。"函外并附茶样多种。已而上海复书来，谓茶种良佳，命予速往购办。谓能得几许者，尽量收购，不厌多也。

公司汇钱既至，予偕同伴诸人，运资赴山口，复由山口装茶返芜湖。仆仆道途，往返不知几次。犹忆某日伴予行者十二人，中有欧洲人六，亦素业茶者，有银八箱，共四万两。尔时市价，每银一两，约易墨银一圆三角三分。故予所携者，殆合墨银五万三千圆。予雇运茶之舟八，分所携银为二，择二大舟之最坚固者载之。同行之人，亦分为两组。每载银舟，以三西人三华人守之，并将手枪、腰刀及消防具，所以防意外者。吾侪并舟人计之，人数可四十余。然虽多，皆不习武事，设遇警实不足恃。可为缓急之助，惟此数西人耳。虽然，此辈大半皆冒险之徒，或为逃亡之水手，不过在上海受公司佣雇，遂来此为护送之人。究竟能否临难不避，此时亦殊不可必。就中有一英人自言为兽医，身高六英尺，状貌雄伟，望之精神烨然。后乃知此人之心志，亦不坚定，则知人之难也。

予既部署粗定，遂解维趋芜湖。舟中诸人，咸鼓其冒险精神，有陈元龙[①]气概。芜湖山口适中处，有城曰泾县，某日至此而泊。城

---

① 陈元龙：陈登，字元龙，东汉下邳淮浦（今江苏邳县）人。25岁举孝廉，任东阳令。后升任徐州典农校尉；又曾依附吕布；建安初奉使赴许昌，向曹操献策灭吕布，获任广陵太守；又以灭吕布有功，加伏波将军；再迁东城太守。39岁去世。

中驻太平军，其主将曾验予在南京时所得之护照，并知予曾识彼中权要者。予舟泊于湖之小湾，小湾面积，适可容数舟。载银二大舟居中，余舟环之。入夜，以枪械分予众人，令皆实子弹。又另增佣金，每舟各派一人行夜。分布既毕，始各就寝。就中一年老之茶商及予，睡不成寐。余人因日间劳倦，头着枕，已鼾声动矣。予心既悬悬，不能安寝。卧观天际，见黑云片片，飞行甚速。一弯新月，时从云隙窥人。既而云益浓厚，月不可见，夜色乃益昏沉，黑暗中一无所睹。依枕无聊，长夜将半，耳际忽闻隐隐有呼啸声，由远渐近。乃大惊，披衣起，醒各舟人。此时声益近，听之历历可辨，似有数千人，同时呐喊。深夜静野中有此，益觉凄厉。数分钟后，已见对岸火光熊熊，有无数火捻，闪烁于昏黑可怖之世界中。幸此群匪与予舟，尚隔一河。又幸夜黑，予舟尚未为所见。

予等咸知危险即在目前，向同伴商抵御之策，如临时会议然。咸谓众寡悬殊，果对垒者，当以一当千，竟无一人主战。彼为兽医之英人，创议尽献所有勿与抗，发言时已面无人色，战栗不止，此公可谓虚有其表者。余人议论歧出，莫衷一是。予等诚不值为此区区四万两之银而牺牲生命。但此金系受他人委托，奈何不设法保护之？慷他人之慨，资寇盗之粮，人且鄙予等为无勇懦夫，谁复以一钱相托者。计必临难不苟，庶几扪心自安。乃谓众："诸君且勿自扰，匪果来劫，予请挺身与其酋开谈判。君等第执枪械，守卫银箱。鄙意匪众苟知吾侪为何等人物，并示黄缎护照，明告若辈，脱果取吾金者，当诉之南京。必追还原物，不虞有丝毫损失。如此或竟幸免，亦未可知。"予发言毕，众人勇气得稍振，共坐船头，静待其来。默念数分钟后，不知当得若何结果。人人自危，咸注目对岸火光不少瞬。久之，呼啸声渐低，火捻渐分作无数小队。背予舟方向，徐徐引去。行时每一队皆小作停顿，乃复前行。如是者约历两小时。予莫解其意，或谓殆对岸备有船只，此群盗匪分队登舟也。时已向晓三钟，天忽雨，果见有无数盗舟纷纷驶去，有数舟且掠予舟旁而过。直至四钟，乃不复见盗舟踪迹。予等遇此奇险，竟安然无恙，可谓天幸。设非黑夜天雨，或舟不停泊于湾僻处，则不堪设想矣。迨五钟后，一切恐惧焦灼之念，尽归乌有，人人额手相庆，感谢上帝。

更二日，遂安抵山口。予于两星期内，得绿茶十六船，六西人监送至芜湖，更由芜湖易舟运上海，是为第一批。其第二批复十二船，予自护送之。时值盛夏，河水乃干浅。有数处舟不能行，必掘深河底，乃得通过。予命舟人挖泥，舟人难之。予以身作则，躬自入水掘河，水及予腰。众乃不复观望，踊跃将事，河道遂通。

予从事贩茶之事，凡六阅月，前后共得绿茶六万五千箱，然尚不及太平县所有者十之一。乃予忽膺重疾，芜湖不得良医，则就医上海，缠绵病榻，历两月之久始愈。愈后自知体弱不胜劳剧，遂弃所业，不复为茶商。泾县夜中遇险事，过后思量，犹为心悸。当时予虽持镇静态度，然神经系已受非常震动。意此二月之病，未始不种因于此。吾人处世，以生命为基本。倘果为土匪所得，则一死真等于鸿毛。且余既志在维新中国，自宜大处落墨。若仅仅贸迁有无，事业终等于捞月。太平军当时因茶叶畅销，昂其价格。为此手续繁重之事，以博微利，即多金亦属奢愿难偿。静言思之，顿觉前此之非计。不如善自珍摄，留此有用之身。盖至此而余前此之金钱思想，为二竖子破坏无余矣。

予于太平县之役，虽无所获，然任难事而能坚忍，遇危险而能镇定，颇受中西商人疾风劲草之知。以故余因病辞职，病愈即为某公司聘予至九江，为茶叶经理人。虽非所愿，亦姑就之。半年后，辞职自营商业。计在九江三年，境况殊不恶。而余魂梦不忘之教育计划，亦于此时获一机会，有实行之希望焉。

第十三章　与曾文正[1]之谈话

1863年，余营业于九江。某日，忽有自安徽省城致书于余者，署名张世贵[2]。张宁波人，余于1857年于上海识之，当时为中国第一炮舰[3]之统带，该舰属上海某会馆者，嗣升迁得入曾文正幕中。余得此书，意殊惊诧。盖此人于我初无若何交谊，仅人海中泛泛相值耳。地则劳燕，风则马牛，相隔数年，忽通尺素，而书中所言，尤属可疑。彼自言承总督之命，邀余至安庆一行，总督闻余名，亟思一见，故特作此书云。当时总督为曾公国藩，私念此大人物者，初无所需于予，急欲一见胡为？予前赴南京，识太平军中渠帅。后在太平县，向革军购茶，岂彼已有所闻欤？忆一年前湘乡驻徽州，为太平军所败，谣言总督已阵亡。时予身近战地，彼遂疑予为奸细，欲置予于法，故以甘言相诱耶？虽张君为人，或不至卖友，然何能无疑。踌躇再三，拟姑复一函，婉辞谢却。余意暂不应召，俟探悉文正意旨，再决从违。故余书中，但云辱荷总督宠召，无任荣幸，深谢总督礼贤下士之盛意；独惜此时新茶甫上市，各处订货者多，以商业关系，一时骤难舍去，方命罪甚，他日总当晋谒，云云。

两阅月后，张君之第二函至，嘱予速往，并附李君善兰（即壬

---

① 曾文正：曾国藩（1811年11月26日—1872年3月12日），初名子城，字伯涵，号涤生。晚清名臣，湘军的创立者和统帅，洋务派地方领袖，官至两江总督、直隶总督、武英殿大学士，封一等毅勇侯，死后谥号“文正”，故后世称“曾文正”。

② 张世贵：应为张斯桂（1817—1888），字景颜，号鲁生，浙江慈溪人（今宁波）。咸丰元年（1851）被美国传教士丁韪良聘为中文教师。五年（1855）任宝顺轮（宝顺轮船）管带。七年（1857）与容闳在上海相识。同治二年（1863）入两江总督曾国藩幕。三年（1864）在宁波和上海两地经商。十年（1871）入福建船政大臣沈葆桢幕。光绪三年（1877）以即选知府充任出使日本副大臣。七年（1881）任满回京，以知府即选。十二年（1886）任广平知府，两年后卒于任。

③ 中国第一炮舰：“宝顺号”轮船，是中国人经营的第一艘轮船，由英国制造，1854年由宁波北号船帮购买，为漕粮海运的船只护航，抵御海盗的袭击。

叔）一书。李君亦予在沪时所识者。此君为中国算学大家，曾助伦敦传道会中教士惠来（Rev. Wiley）[1]翻译算学书甚夥。中有微积学，即予前在耶路大学二年级时，所视为畏途，而每试不能及格者也。予于各科学中，惟算学始终为门外汉，此予所不必深讳者。李君不仅精算学，且深通天文，此时亦在曾文正幕府中，因极力揄扬予于文正，谓曾受美国教育，1857年赖予力捐得巨款赈饥。且谓其人抱负不凡，常欲效力政府，使中国得致富强。凡此云云，来书中皆详述之。书末谓总督方有一极重要事，欲委予专任，故劝驾速往。并谓某某二君，以研究机器学有素，今亦受总督之聘，居安庆云。

予得此书，疑团尽释，知前此之浅之乎测丈夫也。遂复书，谓更数月后，准来安庆。乃曾文正欲见予之心甚急，七月间予复得张君之第三函及李君之第二函。两函述文正之意，言之甚悉。谓总督欲予弃商业而入政界，居其属下任事。予初不意得此机缘，有文正其人为余助力，予之教育计划当不患无实行之时。若再因循不往，必致坐失事机。乃立复一书，谓感总督盛意，予已熟思至再，决计应召来安庆。惟经手未完事件，必须理楚。种种手续，当需一月之摒挡。最迟至8月间，必可首途矣。此书发后，张李二君遂不复来书相催。是为予预备入政界之第一步。

曾文正为中国历史上最著名人物，同辈莫不奉为泰山北斗。太平军起事后，不久即蔓延数省。曾文正乃于湖南招练团勇，更有数湘人佐之。湘人素勇敢，能耐劳苦，实为良好军人资格，以故文正得练

---

① 惠来（Rev.Wiley）：伟烈亚力（Alexander Wylie，1815—1887），英国基督教新教传教士。1847年来华，在上海为伦敦会负责印制《圣经》，后参加墨海书馆编辑和翻译工作，编辑《六合丛谈》月刊，筹建皇家亚洲文会北中国支会。1860年休假回国，辞伦敦会职。次年返上海，任大英圣书公会驻华代理人。曾任上海《教务杂志》编辑。1877年回国。平生著译很多，除与李善兰合译《几何原本》后九卷、《代数学谈天》等介绍西方科技书籍外，亦向西方介绍中国的著作多种，如《中国文献记略》《中国研究录》等。

成极有纪律之军队。佐曾之数湘人，后亦皆著名一时，尝组织一长江水师舰队，此舰队后于扬子江上，大著成效。当时太平军蔓延于扬子江两岸，据地极广。而能隔绝其声援，使之首尾不相顾者，则舰队之功为多也。不数年，失陷诸省，渐次克复。太平军势力渐衰，范围日缩，后乃仅余江苏之一省，继且仅余江苏一省中南京一城。迨1864年，南京亦卒为曾文正军队所克复。平定此大乱，为事良不易。文正所以能指挥若定，全境肃清者，良以其才识道德，均有不可及者。当时七八省政权，皆在掌握。凡设官任职、国课军需，悉听调度，几若全国听命于一人。顾虽如是，而从不滥用其无限之威权。财权在握，绝不闻其侵吞涓滴以自肥，或肥其亲族。以视后来彼所举以自代之李文忠（鸿章）①，不可同日语矣。文忠绝命时，有私产四千万以遗子孙。文正则身后萧条，家人之清贫如故也。总文正一生之政绩，实无一污点。其正直廉洁忠诚诸德，皆足为后人模范。故其身虽逝，而名足千古。其才大而谦，气宏而凝，可称完全之真君子，而为清代第一流人物，亦旧教育中之特产人物。是即1863年秋间，予得良好机缘所欲往谒者也。

予既将九江商业结束后，遂乘民船于9月间抵安庆，径赴文正大营，得晤故人张世贵②、李善兰、华若汀③、徐雪村④等（译音）。此

---

① 李文忠（鸿章）：本名章铜，字渐甫、子黻，号少荃，晚年自号仪叟，别号省心，安徽合肥人，晚清名臣，洋务派地方领袖，死后追赠太傅，晋封一等肃毅侯，谥号文忠。

② 张世贵：张斯桂。

③ 华若汀：华蘅芳（1833—1902），又作华衡芳，字若汀，江苏金匮县（今属江苏无锡）人。咸丰十一年（1861）经江苏巡抚薛焕举荐，入曾国藩幕。同治元年（1862）与徐寿制成中国第一台蒸汽机。四年（1865）与徐寿研制出中国第一艘轮船“黄鹄号”。七年（1868）到上海江南制造局翻译馆工作。光绪十五年（1889）在天津武备学堂试制氢气球。

④ 徐雪村：徐寿（1811—1884），字生元，号雪村，江苏无锡人。咸丰十一年（1861）经江苏巡抚薛焕举荐，入曾国藩幕。同治四年（1865）与华蘅芳研制出中国第一艘轮船“黄鹄号”。五年（1866）襄办江南机器制造总局。七年（1868）在江南机器制造总局设立“翻译馆”。十二年（1873）任江南制造总局提调。十三年（1874）与英国传教士傅兰雅倡议创办上海格致书院。

数人皆予上海旧交相识，见予至，意良欣慰。谓总督自闻予历史后，此六阅月之内，殆无日不思见予一面。张、李二君之连发数函，亦即以此。今予既至，则彼等之劝驾已为有效，推毂之力，当不无微劳足录云。予问总督之急欲见予，岂因予以中国人而受外国教育，故以为罕异，抑别有故欤？彼等咸笑不言，第谓君晤总督一二次后，自能知之。予察其状，似彼等已知总督之意，特故靳不以告予。或者总督之意，即彼等所条陈，未可知也。

抵安庆之明日，为予初登政治舞台之第一日。早起，予往谒总督曾公。刺入不及一分钟，阍者立即引予入见。寒暄数语后，总督命予坐其前，含笑不语者约数分钟。予察其笑容，知其心甚忻慰。总督又以锐利之眼光，将予自顶及踵，仔细估量，似欲察予外貌有异常人否。最后乃双眸炯炯，直射予面，若特别注意于予之二目者。予自信此时虽不至忸怩，然亦颇觉坐立不安。已而总督询予曰："若居外国几何年矣？"予曰："以求学故，居彼中八年。"总督复曰："若意亦乐就军官之职否？"予答曰："予志固甚愿为此，第未习军旅之事耳。"总督曰："予观汝貌，决为良好将材。以汝目光威棱，望而知为有胆识之人，必能发号施令，以驾驭军旅。"予曰："总督奖誉逾恒，良用惭悚。予于从军之事，胆或有之，独惜无军事上之学识及经验，恐不能副总督之期许耳。"

文正问予志愿时，予意彼殆欲予在其麾下任一军官以御敌。后闻予友言，乃知实误会。总督言此，第欲探予性情近于军事方面否耳。及闻予言，已知予意别有所在，遂不复更言此事。后乃询予年事几何？曾否授室？以此数语，为第一次谈话之结束。计约历三十分钟。语毕，总督即举茶送客。予亦如礼还报，遂兴辞出。举茶送客，盖中国官场之一种礼节。凡言谈已尽，则举杯示意，俾来客得以兴辞也。

曾国藩（1811—1872）

予既出，归予室。关怀之旧友，咸来问讯，细询予见总督时作何状。予详告之，诸友意颇愉快。

余见文正时为1863年，文正已年逾花甲[1]，精神奕然，身长约五尺八九英寸，躯格雄伟，肢体大小咸相称。方肩阔胸，首大而正，额阔且高，眼三角有棱，目眦平如直线。凡寻常蒙古种人，眼必斜，颧骨必高。而文正独无此，两颊平直，髭髯甚多，鬖鬖直连颏下，披覆于宽博之胸前，乃益增其威严之态度。目虽不巨，而光极锐利，眸子作榛色，口阔唇薄，是皆足为其有宗旨有决断之表证。凡此形容，乃令予一见即识之不忘。

文正将才，殆非由于天生，而为经验所养成者。其初不过翰林，由翰林而位至统帅，此其间盖不知经历几许阶级，乃克至此。文正初时所募之湘勇，皆未经训练之兵。而卒能以此湘军，克敌致果，不及十年而告成。当革军势力蔓延之时，实据有中国最富庶之三省。后为文正兵力所促，自1850年至1865年，历十五年之夙患，一旦肃清，良非细故。溯自太平军起事以来，中国政府不特耗费无数金钱，且二千五百万人民之生命，亦皆牺牲于此政治祭台之上。自此乱完全肃清后，人民乃稍稍得喘息。中国之得享太平，与满政府之未被推翻，皆曾文正一人之力也。皇太后以曾文正功在国家，乃锡以爵位，为崇德报功之举。然曾文正之高深，实未可以名位虚荣量之。其所以成为大人物，乃在于道德过人，初不关其名位与勋业也。综公生平观之，

① 年逾花甲：实为52岁。曾国藩（1811—1872），生于1811年，1863年为52岁。

后人谥以“文正”，可谓名副其实矣。

今更回述予在安庆之事。当时各处军官，聚于曾文正之大营中者，不下二百人，大半皆怀其目的而来。总督幕府中亦有百人左右。幕府外更有候补之官员、怀才之士子，凡法律、算学、天文、机器等等专门家，无不毕集，几于举全国人才之精华，汇集于此。是皆曾文正一人之声望道德，及其所成就之功业，足以吸引之罗致之也。文正对于博学多才之士，尤加敬礼，乐与交游。予来此约两星期，在大营中与旧友四人同居，长日晤谈，颇不寂寞。一日，予偶又询及总督招予入政界之意。诸友乃明白告予，谓彼等曾进言于总督，请于中国设一西式机器厂，总督颇首肯，议已成熟，惟厂之性质若何，则尚未决定耳。某夕诸友邀予晚餐，食际即以此机器厂问题为谈论之资。在座诸君，各有所发表，既乃询予之意见。盖诸友逆知总督第二次接见予时，必且垂询及此，故欲先知予之定见若何也。

予乃告之曰：“予于此学素非擅长，所见亦无甚价值。第就予普通知识所及，并在美国时随时观察所得者言之，则谓中国今日欲建设机器厂，必以先立普通基础为主，不宜专以供特别之应用。所谓立普通基础者无他，即由此厂可造出种种分厂，更由分厂以专造各种特别之机械。简言之，即此厂当有制造机器之机器，以立一切制造厂之基础也。例如今有一厂，厂中有各式之车床、锥、镗等物；由此车床、锥、镗，可造出各种根本机器；由此根本机器，即可用以制造枪炮、农具、钟表及其他种种有机械之物。以中国幅员如是之大，必须有多数各种之机器厂，乃克敷用。而欲立各种之机器厂，必先有一良好之总厂以为母厂，然后乃可发生多数之子厂。既有多数子厂，乃复并而为一，通力合作。以中国原料之廉，人工之贱，将来自造之机器，必较购之欧美者价廉多矣。是即予个人之鄙见也。”诸友闻言，咸异常欣悦。谓愿予于总督询及此事时，亦能如是以答之。

数日后，总督果遣人召予。此次谈论中，总督询予曰："若以为今日欲为中国谋最有益最重要之事业，当从何处着手？"总督此问，范围至广，颇耐吾人寻味。设予非于数夕前与友谈论，知有建立机器厂之议者，予此时必以教育计划为答，而命之为最有益最重要之事矣。今既明知总督有建立机器厂之意，且以予今日所处之地位，与总督初无旧交，不过承友人介绍而来；此与予个人营业时，情势略有不同，若贸然提议予之教育计划，似嫌冒昧。况予对于予之朋友，尤当以恪守忠信为惟一之天职。予胸中既有成竹，故对于此重大问题，不至举止失措。以予先期预备答辞，能恰合总督之意见，欲实行时即可实行也。于是予乃将教育计划暂束之高阁，而以机器厂为前提。予对总督之言，与前夕对友所言者略同，大致谓应先立一母厂，再由母厂以造出其他各种机器厂。予所注意之机器厂，非专为制造枪炮者，乃能造成制枪炮之各种机械者也。枪炮之各部，配合至为复杂；而以今日之时势言之，枪炮之于中国，较他物尤为重要，故于此三致意焉。总督闻言，谓予曰："此事予不甚了了，徐、华二君研此有素，若其先与二君详细讨论，后再妥筹办法可耳。"

予辞出后，即往晤诸友。诸友亟欲知予此谈之结果，闻予所述情形，咸极满意。自此次讨论后，诸友乃以建立机器厂之事，完全托付于予，命予征求专门机器工程师之意见。二星期后，华君若汀告予，谓总督已传见彼等四人，决计畀予全权，先往外国探询专门机器工程师，调查何种机器于中国最为适用。将来此种机器应往何国采购，亦听予决定之。

建立机器厂之地点，旋决定为高昌庙。高昌庙在上海城之西北约四英里，厂地面积约数十亩。此机器厂，即今日所称"江南制造局"，其中各种紧要机器工程，无不全备者也。自予由美国采购机器归国以来，中国国家已筹备千百万现金，专储此厂，鸠工制造，冀其成为好望角以东之第一良好机器厂。故此厂实乃一永久之碑，可以纪念曾文正之高识远见。世无文正，则中国今日，正不知能有一西式之机器厂否耶。

第十四章 购办机器

自予与曾督第二次晤谈，一星期而有委任状命予购办机器，另有一官札授予以五品军功。军功为虚衔，得戴蓝翎。盖国家用兵，以此赏从军有功之人，为文职所无。文职官赏戴花翎，必以上谕颁赐，大员不得随意赏其僚属。又有公文二通，命予持以领款。款银共六万八千两，半领于上海道，半领于广东藩司。余筹备既毕，乃禀辞曾督，别诸友而首途。

约翰·弗格森·哈斯金斯（John Ferguson Haskins，1833—1893）

予此行抵上海，为1863年10月。其时适有一美国机械工程师名哈司金（Haskins）[①]者，为上海某洋行运机器来华；事毕，方欲挈妻孥返美。而予不先不后，适于此时抵沪，得与其人相值，时机之巧，洵非意料所及者。予既识哈司金，遂以购机

① 哈司金（Haskins）：约翰·弗格森·哈斯金斯（John Ferguson Haskins，1833—1893），美国机械工程师、发明家和制造商，早年为工厂学徒，1858年制造爱立信热机（Ericsson caloric engine）；1863年作为上海旗昌洋行轮船公司代理人，乘坐“福建号”汽船来华；回国后曾协助容闳采购机器；其后继续开设公司，制造机器。

器事委其主任，与订立合同。二人皆取道香港，经苏彝士地峡以达伦敦，本可同行，惟哈司金偕其眷属乘法公司轮船，而予则乘英公司船。哈以行期已迫，匆匆别，期会于纽约。船既放洋，途中惟至星加坡[①]略一停泊，遂过印度洋，由锡兰地方登陆，易舟更过孟加拉海湾（Bay of Bengal），于埃及之开罗城登陆。尔时苏彝士河之工程，方开凿未竣，于是予乃由开罗乘火车，过苏彝士地峡，赴亚立山大城，复由亚立山大乘舟至法国之马塞（Marseilles）[②]。马塞为法国南方第一海口，哈司金已由此乘舟径赴英国。予则于马塞上岸，乘火车赴巴黎，作十日游。巴黎之公园、教堂及各处繁盛之区，游览殆遍。此世界著名繁华都会，予得大扩眼界，略知其梗概焉。十日后，遂于法国加来司（Calais）[③]地方，乘舟过英吉利海峡至英国之多尔维（Dover）[④]，由多尔维改乘火车抵伦敦。是为予初次身履英伦之一日，借此良好机会，使予得睹世界第一大都会，于愿良足。予在伦敦，曾往惠特维尔司机器厂（Whitworth's Machine Shop）参观，无意中遇一十年前在中国所识之西友，其名曰克里司特

容闳（右一）与美国康涅狄格州州长约瑟夫·霍利（Joseph Hawley）前排中间合影

① 星加坡：新加坡的旧称之一。

② 马塞（Marseilles）：中国清朝（近代）史籍对法国马赛的译称。

③ 加来司（Calais）：中国清朝（近代）史籍对法国加来的译称。

④ 多尔维（Dover）：今译为多佛尔。

（Christy）[1]。予居伦敦一月，乃乘哥拿脱（Cunard）公司之汽船过大西洋，于1864年春初抵纽约。

予毕业耶路大学，于今十年。予之同班诸学友，将于7月暑假时，开十周纪念联合会。此时方在正二月间，离会期尚远。哈司金因须预备机器图样，订货条款及估价单等，故已偕眷先予至纽约。予以哈氏谙练可恃，遂以选择机器等事，畀以全权。当此1864年时，正南北美战争之末年，美国国内多数机器厂，皆承造国家急需之要件，工作忙迫异常，而以新英国省中为尤甚。以故外来购机器者，急切骤难成议。幸得哈司金素识各厂，乃克于马沙朱色得士省非支波克（Fitchberg，Mass.）[2]城中，与朴得南公司（Putnane & Co.）订约，承造此项机器。然亦须半年后，方能造成运回中国云。

予乘此六阅月休息之暇，遂至纽海纹赴耶路大学，参与同班所开之十周纪念联合会。旧雨重逢，一堂聚话，人人兴高采烈，欢乐异常。虽自毕业分袂后，十载于兹，而诸同学之感情，仍不减当年亲密。予乃有缘得躬与其盛，何幸如之。此会宗旨，既专以联络旧情，作赏心之乐事，故予于胸中所怀，只字不道。况此时南北美战争尚未结束，美人以国事方殷，亦无暇他顾。故于予此次来美所任之事，咸未注意，几无一知之者。第予自念今兹所任购办机器之事，殆为一种应经之阶级，或由此将引予日夕怀思之教育计划，以渐趋于实行之地也。高会既终，友朋星散，予亦兴尽而返。

抵非支波克后，对于南北美战争，忽有感触。因余曩曾入美籍，美国实余第二祖国也。因嘱哈司金暂居此，主持一切，告以将赴华盛顿投效美政府，尽六阅月之义务。设于此六月内发生意外

---

① 克里司特（Christy）：托马斯·克里司特（Thomas Christy，1832—1905），英国植物学家，1853年来华，1856年离开。

② 非支波克（Fitchberg, Mass.）：菲奇堡（Fitchburg），位于美国马萨诸塞州北部。

事，致予一时不能遽归，则此机器装运回国之事，当若何处置，拟悉以奉托。哈氏欣然允予请，乃以种种应需之要件，如订货单、提货单、机器价值单，以及保险装运等费，一一交付哈氏。并告以若何手续，点交与曾督所派驻申之委员。筹备既毕，旋即束装就道。时有斯不林非尔地方之总兵名彭司（Brigadier General Barnes）[1]者，方在华盛顿任将军之职，专司义勇队事务。总兵有子曰喊林（William），为香港[2]著名律师，曾与予同时肄业于耶路大学者也。1863年[3]，彭总兵至纽海纹探视其子时，予于耶路大学图书馆中，与有一面之素。此时探得彭君之办公处，在喊拉旅馆（Willard Hotel）中，予乃径往谒之，告以来意。因言："虽他无所能，然若任予以军差之职，传递军书于华盛顿及最近之大营间，供六阅月之驰驱，至所幸愿。且

容闳1865年1月美国留影

---

① 总兵名彭司（Brigadier General Barnes）：准将彭司。彭司（James Barnes，1801—1869），1829年毕业于美国军事学院（United States Military Academy），任第四炮兵少尉，留校任战术和法语教官；1836年7月31日辞职，成为铁路土木工程师；1839年任西部铁路（Western Railroad）主管；1861年7月26日任马萨诸塞第18步兵团（18th Massachusetts Infantry）上校；1862年7月10日任第五军第1师第1旅指挥官；1863年4月4日晋升为美国志愿军准将；1863年5月5日开始指挥第1师；美国内战结束后，继续铁路土木工程事业，曾出任监督联合太平洋铁路（Union Pacific Railroad）建设的官方委员会成员。

② 香港：原文为旧金山。

③ 1863年：当系1853年。

此六月内，予当自备资斧，不敢耗美国国帑。”又言曩在耶路曾晤总兵，总兵亦尚能忆之。乃询予现任何事。予告以自耶路毕业后，向居中国。此来因奉曾大帅国藩之命，至美购办机器，以为中国建设机器厂之预备。刻已于非支波克城由朴得南公司订约承造，另有一美国机械工程师，监督其事。因此项机器制造，须六月后方能告竣，故予甚愿借此余暇，得略尽义务，以表予忠爱美国之诚也。彭总兵闻言甚悦，且极重视此事，乃谓予曰：“鄙人极感君之美意，但君现受中国国家重任，故鄙意君宜仍回非支波克，调度一切，以免贻误。此间传递军书，以及趋赴前敌，尚不乏健儿也。”予闻总兵言，知其意已决，遂亦不更置辞再以为请。予此意虽未获实行，而自问对于第二祖国之心，可以尽矣。

第十五章　第二次归国

予所购办之机器，直至1865年春间始成，由轮船装运，自纽约而东，绕好望角直趋上海，予则不复循来时旧路。盖予之愿望，此生至少环游地球一次。今既得有机会，大可借此游历，以扩眼界，以是决计由旧金山西行。此时太平洋铁路公司，筑路由芝加哥过鄂马哈（Omaha）[①]以达旧金山，工程犹未完竣。故予此行，只能绕道，先乘一沿海轮船，由纽约以至巴拿马地峡，过地峡后，更换船沿墨西哥海岸，以达旧金山。

抵旧金山后，迟二星期以待船。由此间赴上海，例横过太平洋。惟尔时驶往远东之邮船，尚未组成大公司，且须美国国家津贴，以故东行之船极少。予欲另觅他舟不可得，不得已乃乘一南多克

① 鄂马哈（Omaha）：奥马哈，属美国内布拉斯加州。

（Nantucket）[1]之三桅船。船资由旧金山至横滨，每人须美金五百元。是行乘客并予凡六人，船名“亚衣得老及司”（Ida de Rogers），年龄颇老大。船身长约一百五十英尺，舱中既未装货，亦无压重之石，所载惟一舱淡水耳。船上人役，为船主及船主夫人并一六龄之幼子，此外更有大副一人、水手三人、厨役及中国侍者各一人。此船即船主所自有。船主名诺登（Norton），为南多克人。南多克地方出产之航海家，目力甚近，所见不出五步。迨一及金钱，则眼光尤小，锱铢必较。又不独于金钱为然，凡与人交涉，无论事事物物，较及锱铢，利人之事，一毛不拔。船主诺登，足为此种人之代表。予于此行，本极乏味，乃有机会得以研究南多克种人之行为，不可谓非阅历也。

有金门口者，为旧金山出口必由之路。当未过金门时，予等每日之佳肴为咸鲭鱼，咸而腥，不堪下箸。而船主视为珍品，若毕生食之不厌者，遂无日不以是饷客。奈予等口之于味，偏不同嗜。而尤劣者为舟中庖人之烹调法，于是余等每饭如仰药矣。庖人为船主于旧金山临时雇来承乏者，其是否素操此业，实未可知。凡烹咸鲭鱼，未入镬时，法当先浸以水，令其味稍淡。今乃无需此繁重手续，而以速成为工。又不独于鲭鱼为然，即所食玉粟粉制之饼，亦多不熟者，故予等每食不饱。而船主家庭之风趣，亦有令人见而作恶者。船主每发言，非最秽亵者不出诸口。船主夫人虽无之，而于其夫之亵辞秽语，亦处之泰然，有若司空见惯。其幼子年可六龄，箕裘克绍，且能跨灶，种种秽辞，习之极纯熟，不顾而唾。其父母闻之则大慰，殆以为能亢宗；时或回顾乘客，冀邀旁观之称誉。乘客中有英人某，一日方口衔烟斗立于旁，闻是儿口出种种秽言，不能复耐，因顾船主夫妇曰：“此儿佳哉，口齿玲珑若百舌，微贤夫妇教育不及此。”船主闻言大

---

① 南多克（Nantucket）：南塔克特岛，大西洋岛屿，在马萨诸塞州以南。

乐，对客频颔其首，初不知客之嘲己也。其妻亦信以为真，则左右顾盼，大有自矜之色。凡此怪状，无日不触于耳目，即欲逃避，亦苦无术。因舟小舱狭，甲板上竟无六尺余地，容人着足，惟餐室尚凉爽，为全舟最佳处，故予等长日居此中，以观可厌之丑剧，无可如何也。

行程未及半，泊于檀香山极北之小岛，以装淡水，并添备粮食。予等咸乘此机会纷纷登岸，至田野间散步，神气为之一舒。游行竟日，日暮乃返舟。忽见船主购有多数之火鸡及雏鸡，畜之前舱。予等见此，以为船主购此享客；是殆前此长食盐鲭鱼，船主或亦抱歉，故备此盖愆者，不觉食指之动。迨明日就食，餐桌之上，果有嫩鸡，深幸期望之不虚。乃异味之尝，只此一次，翌晨即复原状；火鸡之肉，则永不出现。怪之，私询厨役，始知此鸡船主之贩卖品，以备售之横滨云。船主之计划良得，但众鸡不惯风涛，于未抵横滨之前数日，无一存者，船主逐利之术犹未工也。长途困顿，度日如年。抵横滨后，亟换英公司汽船以赴上海。

予至上海后，始知一切机器，已于一月前运到，幸皆完全无损。计予离中国年余，大陆已一度沧桑，曾文正已与其弟国荃，克复南京，肃清太平军之大乱矣。时文正方驻徐州，调度诸军以平捻匪。徐州在运河上游，为江苏最北之地。捻匪乃当日安徽之一股土匪也。

余往徐州谒文正，同行者为华君若汀。舟自扬子江仙女庙地方入运河而抵扬州，弃舟陆行，乘骡车，经三日达徐州。曾督对于予之报告，极为嘉许。乃以予购办机器之事，专折请奖。中国官场之常例，专奏之效力极大。以予毫无官职之人，遂得特授五品实官，此亦特例。其奏章略言："容某为留学西洋之中国学生，精通英文。此行历途万里，为时经年，备历艰辛，不负委托，庶几宏毅之选，不仅通译之材。拟请特授以候补同知，指省江苏，尽先补用，以示优异，而励有功。”①

曾督幕府中办奏稿者，于予未离徐州前，即录此稿示予，以得曾督识拔为贺。故予于禀辞时，即面谢曾督之提携，谓愿将来有所成就，不敢以不舞鹤遗羊公羞也②。

予留徐三日，即来上海。十月间奉到曾督札文，谓保奏五品实官，已蒙核准。于是予以候补同知之资格，在江苏省行政署为译员，月薪二百五十金。若以官阶论，当日之四品衔候补道，无此厚俸也。

此时任上海道者为丁日昌③，与予交颇投契。丁之居官，升迁甚速，由上海道而盐运司，而藩司，未几竟升为江苏巡抚。予亦借丁之力，旋得加衔而戴花翎。当丁任盐运司时，予曾随至扬州。在扬州六个月，译哥尔顿所著之《地文学》（*Colton's Geography*）一书。6月

---

① 1867年1月26日曾国藩奏折原文为：“再，花翎运同衔容闳，熟悉泰西各国语言文字，往来花旗最久，颇有胆识，臣于同治二年十月拨给银两，饬令前往西洋，采办铁厂机器。四年十月回营，所购机器一百数十种，均交上海制造局收存备用。查该员不避险阻，涉历重洋，为时逾两年之久，计程越四万里而遥，实与古人出使绝域，其难相等，应予奖励，以昭激劝。合无仰恳天恩，俯准以同知留于江苏，遇缺即补。理合附片陈请，伏乞圣鉴训示。谨奏。”见曾国藩《奏为运同衔容闳涉历重洋采办机器请奖励折（同治五年十二月二十一日）》，《曾国藩全集》第9册，长沙：岳麓书社，2011，第314页。

② 以不舞鹤遗羊公羞也：据南朝宋刘义庆《世说新语·排调》记载，“刘遵祖少为殷中军所知，称之于庾公。庾公甚忻然，便取为佐。既见，坐之独榻上与语，刘尔日殊不称。庾小失望，遂名之为羊公鹤。昔羊叔子有鹤善舞，尝向客称之。客试使驱来，氃氋而不肯舞。故称比之”。后人多以“羊公鹤”比喻某人名不副实。

③ 丁日昌：字雨生，又作禹生，号持静，广东丰顺县人。道光二十二年（1842）中秀才，翌年补廪生；咸丰六年（1856）选授琼州府学训导；九年（1859）任江西万安知县；次年调任庐陵，旋因（太平军攻陷吉安）失城罪被革职，遂入曾国藩幕；同治元年（1862）由曾国藩奏请官复原职，被派往广东督办厘务和火器；二年（1863）因功升直隶知州，赏戴花翎，任上海机器局督办；三年（1864）授苏松太兵备道，继兼江南制造局总办；四年（1865）升两淮盐运使；六年（1867）升江苏布政使，次年升巡抚；九年（1870）丁母忧，回乡守制；光绪元年（1875）任福建巡抚兼办福州船政局；三年（1877）兼督台湾学政；四年（1878）回乡休养；五年（1879）赏加总督衔，会办南洋海防事宜兼总理各国事务大臣。

后仍回上海，就译员之旧职。公余多暇，复译派森著之《契约论》（*Parsons on Contracts*）[①]，予以为此书与中国甚有用也。此时予幸得一中国文士，助予译事。其人不独长于文墨，精于算学，且于中国政界事务亦甚谙练。彼旋劝予勿译此书，谓纵译毕，亦恐销路不广。因在中国法庭中，因契约而兴诉讼者极少；即或有之，而违背契约之案件，亦自有中国法律可援，外国之法律，实不合于中国情势云。

1867年，文正得李文忠襄助，平定捻匪，乃至南京就任两江总督。未抵任前，先于所辖境内巡行一周，以视察民情风俗。而尤注意者，则其亲创之江南制造局也。文正来沪视察此局时，似觉有非常兴趣。予知其于机器为创见，因导其历观由美购回各物，并试验自行运动之机，明示以应用之方法。文正见之大乐。予遂乘此机会，复劝其于厂旁立一兵工学校，招中国学生肄业其中，授以机器工程上之理论与实验，以期中国将来不必需用外国机械及外国工程师。文正极赞许，不久遂得实行。今日制造局之兵工学校，已造就无数机械工程师矣。

第十六章　予之教育计划

予自得请于曾文正，于江南制造局内附设兵工学校，向所怀教育计划，可谓小试其锋。既略著成效，前者视为奢愿难偿者，遂跃跃欲试。曾文正者，于余有知己之感，而其识量能力，足以谋中国进化者也。当日政界中重要人物，而与余志同道合者，又有老友丁日

---

① 派森著之《契约论》（*Parsons on Contracts*）：西奥菲勒斯·帕森斯（Theophilus Parsons，1797—1882），1815年毕业于哈佛大学，自1848年至1870年任哈佛大学法院教授，著有《合同法》（*The Law of Contracts*）三卷，第一卷1853年出版，第二卷1857年出版，第三卷1870年出版。

昌。丁为人有血性，好任事，凡所措施，皆勇往不缩。当丁升任江苏巡抚[①]，予即谒之于苏州公署，语以所谓教育计划。丁大赞许，且甚注意此事，命予速具详细说帖，彼当上之文相国，请其代奏。文祥[②]满人，时方入相，权力极伟也。予闻丁言，惊喜交集，初不意苏州之行，效力如是，于是亟亟返沪，邀前助予译书之老友（南京人），倩其捉刀，将予之计划，撰为条陈四则，寄呈丁抚，由丁抚转寄北京。略谓：

一、中国宜组织一合资汽船公司。公司须为纯粹之华股，不许外人为股东。即公司中经理、职员，亦概用中国人。欲巩固公司之地位，并谋其营业之发达，拟请政府每年拨款若干以津贴之。其款可由上海镇江及其他各处运往北京之漕米项下，略抽拨数成充之。漕运旧例，皆运米而不解银；每年以平底船装运，由运河驶赴北京。故运河中专为运漕而设之船，不下数千艘。运河两岸之居民，大半皆借运漕为生。但因运法不善，遂致弊端百出。水程迢迢，舟行纡缓，沿途侵蚀，不知凡几。值天气炎热，且有生蛀之患。以故漕米抵京，不独量数不足，米亦朽败不可食。官厅旋亦知其弊，后乃有改用宁波船，由海运至天津，更由天津易平底船以运京。然宁波船之行驶亦甚缓，损失之数，与用平底船等。愚意若汽船公司成立，则平底船及宁波船皆可不用，将来漕米即径以汽船装运。不独可免沿途之损失，即北方数百万人民仰漕米以为炊者，亦不至常食朽粮也。（此后招商局轮船，即师此法以运漕。）

---

① 当丁升任江苏巡抚：丁日昌于同治七年（1868）升任江苏巡抚。

② 文祥：瓜尔佳氏，字博川，号文山，满洲正红旗人。道光二十五年（1845）进士，任工部主事。咸丰八年（1858）升任内阁学士，兼礼部侍郎，调吏部，代理户部尚书，兼管钱法堂事务。次年在军机大臣上行走，调户部左侍郎。十年（1860）英法联军攻陷北京时，随恭亲王奕䜣留京议和。次年充总理各国事务大臣，以军机大臣兼总理衙门大臣达15年之久，奉行奕䜣的政治主张，推行洋务新政。后升工部尚书、吏部尚书、协办大学士、体仁阁大学士、武英殿大学士等职。

二、政府宜选派颖秀青年，送之出洋留学，以为国家储蓄人材。派遣之法，初次可先定一百二十名学额以试行之。此百二十人中，又分为四批，按年递派，每年派送三十人。留学期限定为十五年。学生年龄，须以十二岁至十四岁为度。视第一、第二批学生出洋留学著有成效，则以后即永定为例，每年派出此数。派出时并须以汉文教习同往，庶幼年学生在美，仍可兼习汉文。至学生在外国膳宿入学等事，当另设留学生监督二人以管理之。此项留学经费，可于上海关税项下，提拨数成以充之。

三、政府宜设法开采矿产以尽地利。矿产既经开采，则必兼谋运输之便利。凡由内地各处以达通商口岸，不可不筑铁路以利交通。故直接以提倡开采矿产，即间接以提倡铁路事业也。（按中国当时尚无良好矿师，足以自行开采。人民尤迷信风水之说，阻力多端。予之此策，第姑列之，使政府知中国实有无穷厚利，不须患贫。且以表示予之计划远大，冀政府能信任予言也。）

四、宜禁止教会干涉人民词讼，以防外力之侵入。盖今日外人势力之放恣，已渐有入中国越俎代谋之相。苟留心一察天主教情形，即可知予言之非谬。彼天主教士在中国势力，已不仅限于宗教范围，其对于奉教之中国人，几有管辖全权。教徒遇有民刑诉讼事件，竟由教会自由裁判，不经中国法庭讯理。是我自有之主权，已于法律上夺去一部分也。是实不正当手段。若不急谋防范，则涓涓不塞，将成江河，故政府当设法禁止。以后无论何国教会，除关于宗教者外，皆不得有权以管理奉教之中国人。

此条陈之第一、三、四，特假以为陪衬；眼光所注而望其必成者，自在第二条。予友谓予，官厅批答公事，例有准驳。吾与以可驳者，而欲得者乃批准矣。且目的所在，列之第二，乃不显有偏重之意也。此条陈上后两阅月，丁抚自苏驰函告予，谓文相国丁内艰。盖中国礼制，凡现任职官，遭父母之丧，谓之“丁艰”。丁艰必退职，居丧三年，不得与闻政事。予得此消息，心意都灰，盖至此而元龙湖海豪气全除矣。抑蹇运之来，天若不厌其酷者。得第二次噩耗。希望几绝。盖文祥居丧不三月，亦相继为古人矣。[①]予目的怀之十年，不得一试。才见萌蘖，遽遇严霜，亦安能无怏怏哉！失望久之，烬余复热。自1868年至1870年，此三年中，无日不悬悬然不得要领。偶因公事谒丁抚，必强聒不已，并恳其常向曾督言此，以免日久淡忘。办事必俟机会，机会苟至，中流自在，否则枉费推移。余非不知此，然时机者，要亦人力所造也。

已而天津人民忽有仇教举动，惨杀多数法国男女僧侣，其结果使中国国家蒙极大之不幸。予乃因此不幸之结果，而引为实行教育计划之机会，洵匪夷所思。然使予之教育计划果得实行，借西方文明之学术以改良东方之文化，必可使此老大帝国，一变而为少年新中国。是因仇教之恶果，而转得维新之善因，在中国国家未始非塞翁失马，因祸得福也。

天津仇教事，发生于1870年春间。所以演成此惨剧者，则以北方人民，类皆强悍而无识，迷信而顽固，遂因误会以酿成极大之暴动。先是天津有恶俗，贫民无力养其子女者，恒弃之道旁，或沉溺河中。天主教僧侣，悯其无辜，乃专事收育此等弃儿，养之医院，授以教育，稍长则令其执役于教会之中。此实有益之慈善事业，顾蚩蚩者氓，误会其意，造为无稽之说，谓教会中人取此弃儿，藏之医院及教堂中，将其双目挖去，以配药剂，或则作为祭祀之供献品。此等荒唐可哂之谣言，恰合于天津愚民之心理，故一时谣传极广。因市虎之讹，竟激起人心之愤。久之又久，祸机乃不可遏，遂不恤孤注一掷，

---

① 此说有误，文祥并非1868年去世，而是1876年去世。

取快一朝，虽铸错而不悔也。计是役焚毁天主教医院及教堂各一所，杀毙教中法国男女僧侣无数。

此暴动发生之际，崇厚[①]适为直隶总督。此人前曾任俄国公使[②]，今甫督直而即值此暴动，可谓大不幸。盖中国律例，凡地方有变故者，长官须负其责，故崇厚遂因此革职，发配边远地方充军[③]。追后中国政府，允以巨款赔偿被害人之家族，并建还所焚毁之医院、教堂，更以政府名义发正式公函，向法国道歉，事乃得寝。幸尔时普法战争未已，法政府在恐慌中，故未遑以全力对付中国。否则必且借题发挥，肆意诛求，以餍其贪饕，交涉恐未易就范。但此次虽无难堪之要索，然后来中国属地安南东京之一片土，卒因是不我属矣。

中国政府当日曾派大臣四人调停，四人为曾文正、丁日昌、毛昶

---

① 崇厚：完颜氏，字地山，号子谦。内务府镶黄旗人。河道总督麟庆之子，署盛京将军崇实之弟。道光二十九年（1849）举人，选任阶州知州。历任长芦盐运使，大理寺卿。咸丰十年（1860）协助恭亲王奕䜣与英、法议和。次年升任三口通商大臣。后署直隶总督，在天津组织洋枪队，与捻军对抗。同治六年（1867）创办军火机器总局。九年（1870）天津教案后，被派为钦差大臣赴法国道歉。光绪四年（1878）充出使俄国大臣，谈判交还伊犁问题，因擅自签订《里瓦几亚条约》，受到舆论谴责，被捕入狱，定为斩监候。十年（1884）输银30万两获释，以原官降二级使用。

② 此说有误，崇厚在1869年之前未曾担任驻俄国公使，而是在1878年才任出使俄国大臣。

③ 此说有误。在办理天津教案时，崇厚受命以专使名义，去欧洲向法国道歉。回国后任吏部侍郎。在伊犁事件中，他被清政府任命为出使俄国全权大臣，赴俄办理收回伊犁及签订中俄新约事宜。光绪四年十月十四日（1878年11月8日）出使俄国，腊月初八（12月31日）抵达圣彼得堡，五年八月十七日（1879年10月2日）在克里米亚半岛里瓦几亚与俄国签订《里瓦几亚条约》（又名《交收伊犁条约》），于八月二十六日（10月11日）起程回国。该条约规定俄国将伊犁九城一带交还中国，而把伊犁北面、西面和南面的三面领土都放弃给俄国，使伊犁地区“弹丸孤注，控制弥难”，完全失去了战略意义，严重地损害了中国的领土主权；此外还有通商、赔款、设领等都包含了许多苛刻的条款。十一月十二日（1880年1月3日）清廷宣布将崇厚交吏部严加论处，随后下令革职拿问，交刑部治罪。六年正月二十三日（1880年3月3日），被定为斩监候，待秋后处决。十年（1884）输银30万两获释，以原官降二级使用。

熙[①]、其一人刘姓忘其名[②]。是时捻匪虽渐平，尚未肃清。李文忠身在戎行，未与闻斯役。丁奉派后，电招予为译员。电至略晚，不及与同行，予乃兼程赴津。抵津后，尚得与闻末后数次之谈判。此交涉了结后，钦派之诸大臣，留天津未即散。而予乃乘此时会，十余年梦想所期者，得告成功焉。

第十七章　经理留学事务所（派送第一批留学生）

钦派四大臣中，曾文正实为领袖。当诸人未散时，予乃乘机进言于丁抚，请其向曾督重提教育事，并商诸其他二人。予知丁于三年前已向曾督及此，故曾当已略知此中梗概，丁又素表同情于予，得此二公力助，余二人当无不赞成矣。一夕，丁抚归甚晚，予已寝。丁就予室，呼予起，谓此事已得曾公同意，将四人联衔入奏，请政府采择君所条陈而实行之。予闻此消息，乃喜而不寐，竟夜开眼如夜鹰，觉此身飘飘然如凌云步虚，忘其为僵卧床笫间。两日后，奏折拜发，文正领衔，余三人皆署名，由驿站加紧快骑，飞递入京，此时曾督及余人皆尚在津沽也。

---

① 毛昶熙：字旭初，怀庆府武陟县人。道光二十五年（1845）考中进士。咸丰十年（1860）以左副都御史衔，在籍办团练围攻捻军。次年任内阁学士。同治元年（1862）随僧格林沁在鲁豫鄂皖等地围剿捻军，授礼部侍郎。先后调吏部、户部，授左都御史。八年（1869）兼署工部尚书，在总理各国事务衙门上行走。十一年（1872）改任吏部尚书。十三年（1874）兼翰林院掌院学士。光绪八年（1882）任兵部尚书，旋病故，谥号文达。

② 刘姓忘其名：可能是刘铭传，天津教案发生后，曾国藩将驻守山东张秋的淮军刘铭传部调至天津附近的沧州防御，刘铭传并非办案大臣。清政府派出的四位办案大臣分别是工部尚书兼总理衙门大臣毛昶熙、浙江巡抚丁日昌、三口通商大臣崇厚和直隶总督曾国藩。

丁抚旋荐陈兰彬[①]于予，谓将来可副予为中国留学生监督[②]。陈乃中国翰林，在刑部任主事垂二十年。丁抚之荐陈，盖有深意。尝谓余："君所主张，与中国旧学说显然反对。时政府又甚守旧，以个人身当其冲，恐不足以抵抗反动力，或竟事败于垂成。故欲利用陈之翰林资格，得旧学派人共事，可以稍杀阻力也。"予闻丁抚此议，极佩

陈兰彬（1816—1895）

① 陈兰彬：字荔秋（丽秋），号均畹，广东高州府吴川县黄陂村人（今属湛江吴川市）。道光十五年（1835）廪膳生。十七年（1837）获优贡生，授翁源训导不就，入京师国子监。二十六年（1846）再度赴京求学，并游历西北。咸丰元年（1851）参加顺天府恩科乡试，考中举人。三年（1853）参加恩科会试，考中进士，改翰林院庶吉士，充国史馆纂修。旋蒙直隶总督桂良奏调，赴直隶军营，奖给六品翎顶。六年（1856）改刑部主事江西司行走、山东清吏司主稿。八年（1858）由两广总督黄宗汉奏调办理外务。十年（1860）丁母忧还乡，聘为高文书院山长，并参与剿灭陈金钉。同治二年（1863）守制满，入京补原官；又以军功，升四品衔，赏戴花翎。三年（1864）丁父忧回籍。六年（1867）守制满，回京供职。八年（1869）由直隶总督曾国藩调用。九年（1870）天津教案后，曾国藩改督两江，奏调陈兰彬出任上海机器局兼上海广方言馆总办。十一年（1872）任出洋肄业局（简称肄业局）总办，率领第一批官学生赴美肄业。十二年（1873）赴古巴调查华工受奴役与迫害情事。十三年（1874）奉调回国，协助总理各国事务衙门与西班牙的谈判。光绪元年（1875）以三四品京堂候补赏二品顶戴担任出使美日秘三国大臣。二年（1876）授太常寺卿。四年（1878）补宗人府府丞，赴美国履任，设驻华盛顿使署和驻旧金山领事馆。五年（1879）赴西班牙履任，设驻马德里使署和驻古巴岛领事馆，擢都察院左副都御史。六年（1880）设驻夏威夷国商董，代办外交事宜。七年（1881）奏请改驻夏威夷国商董为领事。八年（1882）任满回国，任总理各国事务大臣，先后署兵部右侍郎、充壬午科乡试较射大臣。九年（1883）先后任癸未科会试复试阅卷大臣、武会试较射大臣、署礼部左侍郎。十年（1884）因病开缺回籍，讲学高文书院，先后参与纂修《高州府志》《吴川县志》《石城县志》等。光绪二十年十二月十四日（1895年1月9日）在吴川家中去世，谥号文毅，葬于化州笪桥镇水碓洞村瓦面岭。

② 将来可副予为中国留学生监督：原文译为"决定由丁抚举荐陈兰彬，与予共同负责留学事务"。

其思虑周密。丁抚旋发函召陈，数日后，津中有为曾、丁诸公祖饯者，予及陈兰彬均在座，丁抚遂为余等介绍。予之与陈，素未识面，今则将为共事之人矣。陈居刑部二十年，久屈于主事末秩，不得升迁，以故颇侘傺不自得，甚愿离去北京。居京除刑曹外，亦未任他事，故于世途之经验甚浅。其为人持躬谦抑，平易近人，品行亦端正无邪；所惜者胆怯而乏责任心耳。即一羽之轻，陈君视之，不啻泰山，不敢谓吾力足以举之。

1870年冬，曾文正办天津教案事毕，回任两江。抵南京后，奉到前所上封奏朱批："着照所请。"曾督即驰书召予，商此事之进行。至此予之教育计划，方成为确有之事实，将于中国二千年历史中，特开新纪元矣。既抵南京，所商定者凡四事：曰派送出洋学生之额数；曰设立预备学校；曰筹定此项留学经费；曰酌定出洋留学年限。有种种应办事宜，势不能无办事机关，于是乃有事务所之组织，酌设监督二人、汉文教习二人、翻译一人。监督即陈兰彬及予任之。二人之责任，亦复划清权限。陈君专司监视学生留美时汉文有无进步，予则监视学生之各种科学，并为学生预备寄宿舍等事。至关于经费之出纳，则由予二人共主之。此外所聘汉文教员二人，一名叶绪东[1]，一名容云甫[2]，翻译则为曾兰生。此当日留学事务乃所组织情形也。

既稍有头绪，乃议派送之学额并招考章程。旋决定学生人数，

① 叶绪东：叶源濬，字绪东，亦写作树东，江苏江宁人（今南京）。同治十一年（1872）随陈兰彬携带首批幼童赴美，任肄业局教习。十三年（1874）随陈兰彬赴古巴调查华工情况。光绪元年（1875）与陈兰彬回国，协助总理衙门与西班牙商定古巴华工条款。次年陈兰彬奏调为出使美日秘随员。四年（1878）随陈兰彬出使美国，任参赞。五年（1879）随陈兰彬赴西班牙，11月30日因病殁于法国巴黎。

② 容云甫：容增祥，原名家杰，族名瑞龙，字世膺，号元甫，广东新会人。同治六年（1867）丁卯科乡试举人，捐内阁中书。十一年（1872）任出洋肄业局汉文教习。光绪四年（1878）调任驻美使馆参赞，兼任出洋肄业局总办。次年丁忧回籍，未再出仕。

照予前次所拟，暂定为百二十人，分四批，每批三十人，按年分送出洋。学生年龄，定为十二岁以上，十五岁以下，须身家清白，有殷实保证，体质经医士检验，方为合格。考试科目为汉文之写读；其曾入学校已习英文者，则并须试验其英文。应考及格后，当先入预备学校，肄习中西文字，至少一年，方可派赴美国留学。当未出洋之先，学生之父兄须签名于志愿书，书中载明自愿听其子弟出洋留学十五年（自抵美入学之日起，至学成止）；十五年中如有疾病死亡及意外灾害，政府皆不负责。①至于学生留学经费及出洋之服装等，皆由政府出资供给。每批学生放洋时，并派一汉文教习随同偕往，此规定学额及招考章程之大略也。

予与曾督筹议甚久。议定后乃返上海，为第一步之进行。先于上海设立一预备学校，此校至少须能容学生三十人；因必有此数，方能足第一批派送之定额也。时有久居曾督幕府之刘开成②者，奉派为该校校长。刘在曾督幕府，专司奏稿，为曾督第一信任之人，故任以此职。予接见刘君，觉其人实予良好之臂助，即平常相处，亦可称为益友，对于予之教育计划，尤抱热心。后此四批学生，预备期满，陆续派送，皆由刘君一手料量，始终其事焉。

当1871年之夏，予因所招学生未满第一批定额，乃亲赴香港，于英政府所设学校中，遴选少年聪颖而于中西文略有根柢者数人，

---

① 如詹天佑之父签订的甘结为："具甘结人詹兴洪，今与具甘结事，兹有子天佑，情愿送赴宪局带往花旗国肄业，学习技艺，回来之日，听从中国差遣，不得在外国逗留生理。倘有疾病，生死各安天命。此结是实。童男詹天佑，年十二岁，身中、面圆白，徽州府婺源县人氏，曾祖文贤，祖世鸾，父兴洪。同治十一年三月十五日。詹兴洪（印）。"

② 刘开成：应为刘开生，即刘翰清（1824—1882），字开孙、开生，江苏常州府武进人。道光二十六年（1846）顺天府举人，候选主事。咸丰十一年（1861）以军功保举知府。同治元年（1862）加入曾国藩幕府。十年（1871）协办留美幼童事宜。

以足其数。时中国尚无报纸以传播新闻[①]，北方人民多未知中政府有此教育计划，故预备学校招考时，北人应者极少。来者皆粤人，粤人中又多半为香山籍。[②]百二十名官费生中，南人十居八九，职是故也。

1872年9月，第一批留美幼童中的六人在旧金山的合影（从左向右：钟文耀、梁敦彦、黄仲良、史锦镛、蔡绍基、牛尚周）

1871年冬间，曾文正公薨于南京，寿七十有一。[③]曾之逝世，国家不啻坏其栋梁，无论若何，无此损失巨也。时预备学校开学才数月，设天假以年，使文正更增一龄者，则第一批学生已出洋，犹得见其手植桃李，欣欣向荣。惜夫世之创大业者，造化往往不锡以永年，使得亲见手创事业之收效。此种缺憾，自古如斯。然创业之人，既播其种子于世，则其人虽逝，而此种子之孳生繁殖，固已绵绵不绝。

---

① 时中国尚无报纸以传播新闻：此说有误，1870—1872年，上海、北京、香港等地报刊皆有报道幼童出洋肄业事，如上海The North-China Herald and Supreme Court & Consular Gazette, Dec. 21，1871，*Chinese Educational Mission*、《上海新报》1871年12月21日第2页《上海出洋后路总局》、《教会新报》同治十年正月初二日（1871年2月20日）《上海西学局章程·上海肄业章程·西国肄业章程》、《申报》同治十一年六月十一日（1872年7月16日）第66号第2—3页《上海西学局学生赴美国》、《申报》同治十一年七月初二日（1872年8月5日）第83号第1页《拟西学生赴美国肄业事宜议》、《申报》同治十一年七月十三日（1872年8月16日）第93号第1页《论子弟出洋肄业事》，香港*China Mail*的1871年9月9日第2573号《中外新闻七日报》，北京《中西闻见录》同治十一年八月（1872年9月）第2号第24页《游学西国》，等等。

② 120名留美幼童，其中香山籍40名，占三分之一；广东人85人，占71%。详见第171—176页表。

③ 此说有误，曾国藩去世时间为同治十一年二月初四日（1872年3月12日），卒年六十一岁。

故文正种因虽未获亲睹其结果，而中国教育之前途，实已永远蒙其嘉惠。今日莘莘学子，得受文明教育，当知是文正之遗泽，勿忘所自来矣。文正一生之政绩、忠心、人格，皆远过于侪辈，殆如埃浮立司脱（Everest）高峰[1]，独耸于喜马拉耶诸峰之上，令人望而生景仰之思。予闻文正临危时，犹念念不忘教育事业，深望继己之李文忠，有以竟其未竟之志云。李文忠虽为曾文正所荐举以自代之人，顾其性情品格，与文正迥不相侔。其为人感情用事，喜怒无常，行事好变迁，无一定宗旨。而生平大病，尤在好闻人之誉己。其外貌似甚卤莽，实则胸中城府甚深。政治之才，固远不迨文正；即其人之忠诚与人格，亦有不可同日而语者。设有燃犀史笔传之，则其一生行为，如探海灯烛物，秋毫无遁形矣。（铁樵谨按：文忠事迹俱在，功罪自有定评，不必因此数言，遂累盛德。昔眉山、伊川意见不合，遂以君子而互相水火。是容先生此语，亦未必便为失言。此书悉照原本意思，不敢稍有出入，致失真相，阅者鉴之。）

1872年夏季之末，第一批学生三十人，渡太平洋而赴美国。予先期行，抵美后，即乘火车过华盛顿而至纽约，再由纽约赴斯不林非尔，将于此预先布置学生住宿诸事。盖予与彼等，约于此处期会也。当由纽约赴斯不林非尔时，道经纽海纹，遇海德列先生（Prof. James Hadley）[2]。海闻予任此重职，复来美国，班荆道故，不胜欢欣。予告以一人先至之故，海君嘱予往谒康纳特克省之教育司，谓渠当能代予筹划。予如言谒教育司拿德鲁布（Northrop）[3]君，告以来意，请

---

① 埃浮立司脱（Everest）高峰：珠穆朗玛峰。

② 海德列先生（Prof. James Hadley）：耶鲁大学希腊语和希伯来语教授，1842年毕业于耶鲁学院，1845—1848年任教于耶鲁，1848—1851年担任希腊文助理教授，1851年任希腊文教授，直至去世。容闳是其学生之一。

③ 拿德鲁布（Northrop）：Birdsey Grant Northrop，1817—1898，1841年毕业于耶鲁，1877—1883年任美国康涅狄格州教育委员会秘书（Secretary of the Connecticut Board of Education）。

其指示。拿谓当将学生分处于新英国省之各人家，每家二三人，但须相去不远，庶便于监视。俟将来学生程度已能入校直接听讲时，乃更为区处。予如其教，即至斯不林非尔觅一适宜之所，以为办事处。盖斯不林非尔地处新英国省中心点，居此易于分配学生，使各去予不远也。况予于1854年所识之好友麦克林夫妇（Dr. and Mrs. A. S. McClean）亦居此，公余之暇，得常与良友把晤，亦人生乐事。后因从教育司拿德鲁布及他友之言，乃迁居于哈特福德地方，其地即康纳特克之省城。此后二年，办事处皆在哈特福德之森孟纳街（Sumner Street）。予虽迁居哈特福德，顾未恝置斯不林非尔，仍以其处为分派学生之中心点。后之学生来美者，皆先至斯不林非尔，然后再分派各处，直至1875年乃已。

1872年9月钟文耀（左）和牛尚周（右）在美国旧金山合影

1874年，李文忠从留学事务所之请，命予于哈特福德之克林街（Collins Street）监造一坚固壮丽之屋，以为中国留学事务所永久办公之地。次年春正月，予即迁入此新居。有楼三层，极其宏敞，可容监督、教员及学生七十五人同居。屋中有一大课堂，专备教授汉文之用。此外则有餐室一、厨室一，及学生之卧室、浴室等。予之请于中国政府，出资造此坚固之屋以为办公地点，初非为徒壮观瞻，盖欲使留学事务所在美国根深蒂固，以冀将来中政府不易变计以取销此事，此则区区之过虑也。而讵知后来之事，乃有与予意背道而驰者。

美国康涅狄格州哈特福德出洋肄业局大楼

出洋肄业局会客厅

出洋肄业局大楼教室

出洋肄业局教习讲授汉学情形

第十八章　秘鲁华工之调查

1873年春，予以谋输入一种新式军械于中国，曾归国一行。此行程途迅速，不敢少延，盖此时予固有教育职务在身也。予所谓新式军械，乃格特林（Gatling，人名）新发明之物，为战争中利器，炮亦即名“格特林”。予甚愿中国有最新式之军械，犹望中国有新学问之人材也。故特至格特林公司，欲与商订合同，予愿为之经理，专销此种军械于中国。初时颇为困难，公司中因未识予之为人，故于予商业上之经验，未敢遽信。彼盖未知予于1860及1861两年在太平县贩茶之事，固尝大著成效，冒众人所不敢冒之险者。后费种种手续，亲谒其总理格特林（即创此新炮之人），与之谈论此事，几于唇焦舌敝，始得总理之允诺，托予为中国之经理人，为之推广新炮销路。予既归国，抵天津甫一月，即致电该公司，订购格特林新炮五十尊，价约十万美金。公司初颇轻予，今初次即成此大宗交易，实彼等意料所不及。后复陆续订购不少，于是公司对于予所经理之事业，大为满意；而对予之态度，遂不复如前之落漠矣。

予在津经理军械贸易时，直督告予，谓有秘鲁专使来此，拟与中国订约，招募华工赴秘鲁。命予往谒专使，与之谈判此事。予奉命往见，秘鲁专使颜色极和霁，历言华工在秘鲁营业若何发达，秘鲁政府若何优待，工资之厚为中国所绝无。故彼甚愿中政府速与秘鲁订约，鼓励多数华工赴秘鲁，俾此贫困之华人，咸得获此良好机会，以各谋其生活云云。此种币重言甘之辞，在他人闻之，鲜不堕其术中，顾予则非其人也。予于华工之事，所见已多，深知此中真相。因以质直之辞告之曰：“贩卖华工，在澳门为一极寻常之事，予已数见不鲜。此多数同胞之受人凌虐，予固常目击其惨状。当其被人拐诱，即被禁囚室中不令出。及运奴之船至，乃释出驱之登船。登船后即迫其签字，订作工之约，或赴古巴，或赴秘鲁。抵埠登岸后，列华工于市场，若货物之拍卖，出价高者得之。既被卖去，则当对其新主人，再签字另立一合同，订明作工年限。表面上虽曰订年限，实则此限乃永无满期。盖每届年限将满时，主人必强迫其重签新约，直欲令华工终身为其奴隶而后已。以故行时，每于中途演出可骇之惨剧。华工被诱后，既悟受人之愚，复受虐待之苦，不胜悲愤，辄于船至大洋四无涯际时，群起暴动以反抗。力即不足，宁全体投海以自尽。设或竟以人多而战胜，则尽杀贩猪仔之人及船主水手等，一一投尸海中以泄忿。纵船中无把舵之人，亦不复顾，听天由命，任其飘流。凡此可惊可怖之事，皆予所亲闻亲见者。予今明白告君，君幸毋希望予能助君订此野蛮之条约。不惟不能助君，且当力阻总督，劝其毋与秘鲁订约，而为此大背人道之贸易也。”

秘鲁专使闻予言，大为失望，初时和颜悦色之假面具，猝然收去，代以满面怒容。即予亦自觉悻悻之色，不可遏止。盖述此惨无人理之往事，不期而发指也。因亦不顾秘使之喜怒若何，语毕，遽兴辞而出。予对秘使所言，在未曾目击者，或疑予言不无过甚。不知语语皆真确，无一字虚妄。当1855年，予初次归国时，甫抵澳门，第一遇见之事，即为无数华工，以辫相连，结成一串，牵往囚室。其一种奴隶牛马之惨状，及今思之，犹为酸鼻。又某次予在广州时，曾亲获贩猪仔之拐匪数人，送之官厅，拘禁狱中，罚其肩荷四十磅重大木枷两月，亦令其稍受苦楚也。予即报命直督，告以与秘使谈判之言。总督谓予曰：“汝此次返国大佳，否则予亦将电召汝归矣。今予即命汝至秘鲁一行，以调查彼中华工实在之情形。汝其速返哈特福德，部署一切，以备启行。”

予勉奉命返至哈特福德，陈兰彬亦适奉政府之电，派其赴古巴调查华工情形。此双方进行之举，盖亦出于李文忠之意。予乃先陈兰彬而启行。行时有二友为予伴，一为吐依曲尔牧师（Rev. Twitchell）[①]，一为开洛克博士（Dr. Kellogg）[②]，开君即予后日之妻兄。予至秘鲁，以迅速之手段，三阅月内即调查完竣，一切报告皆已造齐。[③]返美时，

---

① 吐依曲尔牧师（Rev. Twitchell）：约瑟夫·霍普金斯·杜渣牧师（Rev. Joseph Hopkins Twichell，1838—1918），出生于美国康涅狄格州普兰茨维尔（Plantsville，Conn.）。1855年考入耶鲁学院，距容闳1854年毕业仅一年，容闳当时作为耶鲁的首个中国留学生且两次获得英语竞赛一等奖而颇有知名度，杜渣牧师有可能闻知其名，但容闳毕业即返回中国，两人应该未见面。1859年杜渣牧师自耶鲁毕业后，继续在纽约联合神学院（Union Theological Seminary）深造。当时鲍留云牧师正准备去日本传教，曾前往纽约联合神学院邀请杜渣牧师一同赴日，但杜渣牧师未能成行。1861年美国内战爆发，杜渣牧师加入第71纽约州志愿者军团，任随军牧师一职。1864年杜渣牧师离开军队，在麻省（指马萨诸塞州）安多弗（Andover，Mass.）完成神学课程，1865年派驻哈特福德避难山公理会教堂（Asylum Hill Congregational Church，Hartford）宣教，直至1912年退休。1867年鲍留云从日本回美，曾拜访杜渣牧师。1869年鲍留云再次赴日本，直至1879年返美。1880年鲍留云去世后，杜渣牧师与卫三畏出席了葬礼。因此，鲍留云牧师极可能是容闳与杜渣牧师相识的居中介绍人。

1871年开始，容闳先后组织了四批幼童赴美留学，常驻康涅狄格州首府哈特福德，亦成为杜渣牧师所在避难山教堂的成员。1874年8月15日，容闳奉命前往秘鲁考察华工受虐情况，邀请了美国友人杜渣牧师和祁洛医生随同前往，亦可见容闳与祁洛家族和杜渣牧师的密切关系。从秘鲁回美的第二年，即1875年2月24日，容闳与美国妻子祁氏在避难山教堂举行结婚，即由杜渣牧师主婚。1876年6月，正值耶鲁创校百年，杜渣牧师作为耶鲁董事会成员成功地提名授予容闳荣誉法学博士学位，容闳由此成为耶鲁校史上第一个被授予荣誉博士学位的中国人。

1895年，容闳应张之洞之招返华，便将尚在高中的次子容觐槐托付给杜渣牧师照料。容闳妻子的葬礼及容闳的葬礼皆由杜渣牧师主持，亦可见容闳与杜渣牧师是终身挚友。

② 洛克博士（Dr. Kellogg）：祁洛医生（Edward Wilberforce Kellogg，1840—1921），容闳妻子祁洛氏之兄，美国康涅狄格州埃文（Avon）的著名医生；1874年7月，容闳奉李鸿章之命，赴秘鲁考察华工受虐情况，返回美国康涅狄格州哈特福德，筹备秘鲁事宜时，邀请祁洛医生和哈特福德避难山教堂的杜渣牧师随同前往。1874年11月，第三批幼童抵美，容闳将两位香山籍幼童徐振鹏和郑廷襄安置在祁洛医生家。1880年容闳聘其为出洋肄业局洋员，协助办理留学事宜。

③ 1874年9月1日（同治十三年七月二十一日），容闳与美国人杜渣牧师、祁洛医生等赴秘鲁调查华工受虐事，历时三个月，于11月间回到美国。

杜渣牧师（Rev. Joseph Hopkins Twichell，1838—1918）

陈兰彬犹未首途。[①]直俟陈自古巴返，造齐报告后，予之报告书乃与之一并封寄李文忠，以文忠时方掌外交事务也。

予之报告书中，另附有二十四张摄影。凡华工背部受笞、被烙斑斑之伤痕，令人不忍目睹者，予乃借此摄影，一一呈现于世人之目中。予摄此影，皆于夜中秘密为之。除此身受其虐之数华工外，无一人知之者。此数名可怜之华工，亦由予密告以故，私约之来也。秘鲁华工之工场，直一牲畜场。场中种种野蛮之举动，残暴无复人理，摄影特其一斑耳。有此确凿证据，无论口若悬河，当亦无辩护之余地。

彼秘鲁所派之专使，欲与李文忠订约招募华工者，仍久滞天津，专俟予之调查报告到津，以决订约之成否。后有友人发函告予，述秘使在津之行为，谓彼初犹坚不承认予之报告，斥为空中楼阁，毫无事实可据。然予已预防其出此，故于报告中密请总督暂秘摄影之片，勿示秘使。俟彼理穷词遁，专以“无证据”为言时，然后再出此影以示

① 此说有误，陈兰彬的古巴之行早于容闳的秘鲁之行。据1874年10月20日《陈委员兰彬、马税司福臣、吴税司秉文致总理衙门呈送〈古巴华工事务各节〉申呈（同治十三年九月十一日）》记载，同治十三年正月初三日（2月19日）陈兰彬一行从美国出发，正月二十九日（3月17日）抵达古巴哈瓦那，二月初二日（3月19日）拜会古巴将军及哈瓦那地方官及各国领事，二月初三日至三月十七日（5月2日）到古巴各处查访华工受虐情况，三月二十三日（5月8日）离开古巴，共录得口供1176纸，收到1665名、禀帖85张、英总领事及古巴局递年装来华工数目清单各1份、古巴局章程1张、古巴商人给船主章程1张、新旧合同式样8张、古巴局交来人数各条等。

之，使彼更无一辞之可措。总督果从予言，秘使出不意睹此真确可据之摄影，乃噤不能声，垂头丧气而去。自予报告秘鲁调查情形，政府遂以华工出洋著为禁令。"猪仔"之祸，乃不如前此甚矣。

美国康涅狄格州哈特福德容闳家

美国康涅狄格州哈特福德容闳晚年故居

第十九章　留学事务所之终局

最后一批学生，于1875年秋间抵美。同时偕来者，有新监督区岳良[①]、

① 区岳良：当为区谔良（1839—？），字鬳猷，号海峰，广东南海人。同治六年（1867）举人。十年（1871）进士，改翰林院庶吉士。十三年（1874）散馆以部属用，签分工部。光绪元年（1875）携带第四批幼童赴美，接任洋肄业局总办驻扎美国康涅狄格州哈特福德。四年（1878）任满回国，仍回工部任职，奉旨免补主事以员外郎即补。次年补虞衡司员外郎。六年（1880）回京销差。次年补行验放。九年（1883）与康有为在广东南海创立不裹足会。十七年（1891）补都水司郎中。十九年（1893）俸满截取，经工部堂官保送堪胜繁缺知府。二十年（1894）经工部堂官保送，以知府分发补用指省江西。余事不详。

邝其照（1836—1895）

新翻译邝其照[1]，更有汉文教习二人，皆为李文忠所派者。兹数人予曩在中国亦皆识之，而于区、邝二君交尤熟。此次更动之原因，出于陈兰彬一人之意。陈以急欲请假回国，遂请政府另派新监督以代其职。又陈于古巴调查华工之役，深得汉文教习叶绪东之臂助；故此次归国，并欲携叶偕行。而旧日翻译曾兰生，亦以他故，政府命其交卸回国。予于数月前已知有此更动，不以为意也。

自陈归北京三月，中政府忽派陈兰彬并予同为驻美公使，叶绪东亦得参赞。以常理论，是为迁擢，事属可喜，然予则不以为荣以为忧。予友皆贺予升迁，盖亦未就全局之关系一着想。若专就予一身言，以区区留学生监督，一跃而为全权公使，是政府以国士遇我，受知遇而不感激，非人情。但以教育计划言，是予视为最大事业，亦报国之惟一政策；今发轫伊始，植基未固，一旦舍之他去，则继予后者，谁复能如予之热心，为学生谋幸福耶？况予与诸学生相处既久，感情之亲不啻家人父子；予去，则此诸生且如孤儿失怙，是恶可者？默揣再四，乃上书总督，略谓："过蒙逾格擢升，铭感无既。第公使

① 邝其照（1836—1895），字蓉阶、容阶，祖籍广东新宁人（今台山市），生于广州。早年入读香港中央书院，毕业后在香港开设药店，并赴澳大利亚经营草药运输生意；此后任职于上海洋务总局；1875年携带第四批幼童赴美，任出洋肄业局翻译；1882年回华，先后担任李鸿章、张之洞幕僚。著有《台湾番社考》《中外年表》《英语汇腋》《英文成语》《地球说略》《应酬宝笈》《华英字典集成》等。

责任重大，自顾庸朽不堪负荷。拟乞转请政府收回成命，俾得仍为学生监督，以期始终其事。俟将来留学诸生，学成种种专门学术，毕业归来，能为祖国尽力，予乃卸此仔肩。如是量而后入，予个人对于祖国，得略尽其天职。且此学生皆文正手植，譬之召伯甘棠，尤愿自我灌溉之，俾得告无罪于文正。况政府既已派陈兰彬为公使，则外交事务以陈独当一面，必能胜任，固无需予之襄助也。”是书予倩容云甫属稿缮就，寄之中国。容云甫即偕第一批学生来美，与叶绪东同为汉文教习者也。书上后四月，总督有覆函来，不准不驳，亦允亦否。盖命予为副公使而兼监督之任，俾予于留学生方面，仍得有权调度一切也。

新监督区岳良[1]，大约即陈兰彬所举荐[2]，此行与一妻二子俱来。区君较陈兰彬为年少，虽非翰林，出身固亦中国饱学之文士。其人沉默静穆，对于一切事物，皆持哲学观念，不为已甚。其于前人布置已定之局，绝不愿纷更破坏之。观其所言所行，胸中盖颇有见地。惜此君任事未久，于1876年即辞职归国。

区谔良（1839—？）

1876年，陈兰彬以全权公使之资格，重履美土，一时携来僚属极多。中

① 区岳良：此名翻译有误，实为区谔良。

② 大约……举荐：此说有误，区谔良并非陈兰彬所举荐。据李鸿章信函记载，区谔良乃何璟之亲戚，为何璟所举荐。

1878年留美幼童组成的棒球队合影（后排左起：蔡绍基、钟俊成、吴仲贤、詹天佑、黄开甲；前排左起：陈巨溶、李桂攀、梁敦彦、邝咏钟）

有一人曰吴子登[①]，予约于二十年前曾在上海识之。其人亦为翰林，第不知何故从未指分各部授职，亦从未得政府之特别差委。闻其人好研究化学，顾所研究亦殊未见其进步。凡与吴交者，咸赠吴以“性情怪僻”四字之考语。当区岳良辞监督职时，陈兰彬乃荐此性情怪僻者以继任[②]，李文忠亦竟贸然允陈之请，于是留学界之大敌至矣。吴子登本为反对党之一派[③]，其视中国学生之留学外洋，素目为离经叛道之举；又因前与曾文正、丁日昌二人不睦，故于曾、丁二公所创之事业，尤思破坏，不遗余力。凡此行径，予初不之知，乃陈兰彬属下

① 吴嘉善（1820—1885），字子登，江西南丰人。咸丰二年（1852）进士，散馆授翰林院编修。同治二年（1863）任广州同文馆汉文总教。光绪三年（1877）陈兰彬奏调出使。次年随使美国。五年（1879）任驻西班牙参赞。次年任肄业局总办。七年（1881）回国。著有《翻译小补》《测圆密率》《尖锥变法解》《算学二十一种》等书籍。

② 此说有误，吴嘉善乃容闳所举荐。据1881年3月29日李鸿章致总理衙门函记载：“比区君调回，继之者为容主事增祥，不久丁忧；又继之者为吴子登编修，乃莼（纯）甫所推荐而荔秋所奏调者也。”见李鸿章《复总署论出洋肄业学生分别撤留（光绪七年二月三十日）》，载顾廷龙、戴逸主编《李鸿章全集》第33册，安徽教育出版社，2008年，第16页。

③ 反对党之一派：按文义为“反对派之一员”。

代理秘鲁公使某君告予者。然则陈兰彬之荐吴继区，可知陈亦极顽固之旧学派，其心中殆早不以遣派留学为然矣。陈之此举，不啻表示其自居反对党代表地位，揎拳掳袖，准备破坏新政，以阻中国前途之进步。甚矣，知人之难也。

陈既挟此成见，故当其任监督时，与予共事，时有龃龉。每遇极正当之事，大可著为定律，以期永久遵行者，陈辄故为反对以阻挠之。例如学生在校中或假期中之正杂各费，又如学生寄居美人寓中随美人而同为祈祷之事，或星期日至教堂瞻礼，以及平日之游戏、运动、改装等问题，凡此琐琐细事，随时发生。每值解决此等问题时，陈与学生常生冲突，予恒居间为调停人。但遇学生为正当之请求，而陈故靳不允，则予每代学生略为辩护。以是陈疑予为偏袒学生，不无怏怏。虽未至形诸词色，而芥蒂之见，固所不免。盖陈之为人，当未至美国以前，足迹不出国门一步。故于揣度物情，评衡事理，其心中所依据为标准者，仍完全为中国人之见解。即其毕生所见所闻，亦以久处专制压力之下，习于服从性质，故绝无自由之精神与活泼之思想。而此多数青年之学生，既至新英国省，日受新英国教育之陶熔，且习与美人交际，故学识乃随年龄而俱长。其一切言行举止，受美人之同化而渐改其故态，固有不期然而然者，此不足为学生责也。况彼等既离去故国而来此，终日饱吸自由空气，其平昔性灵上所受极重之压力，一旦排空飞去，言论思想，悉与旧教育不侔，好为种种健身之运动，跳踯驰骋，不复安行矩步，此皆必然之势，何足深怪。但在陈兰彬辈眼光观之，则又目为不正当矣。

陈兰彬自赴华盛顿后，与哈特福德永远断绝关系。因有以上种种原因，故其平素对于留学事务所，感情极恶。即彼身所曾任之监督职务，亦久存厌恶之心。推彼意想，必以为其一己所受纯洁无瑕之中国教育，自经来美与外国教育接触，亦几为其所污染。盖陈对于外国教育之观念，实存一极端鄙夷之思也。虽然，陈之此种观念，亦未免自忘其本矣。独不思彼一生之发迹，固由于此素所厌弃之事业耶？设无此留学事务所，则彼亦安能以二十年刑部老主事，一旦而为留学生监督？更安得由留学生监督，一跃而为华盛顿公使？是则此留学事务所者，固大有造于陈兰彬，不啻为其升官发财之阶梯。陈苟能稍稍念木本水源，则不当登高而撤梯。乃不谓其尽忘前事，极力欲破坏予之教育计划，而特荐吴子登为留学生监督。吴之为陈傀儡，又恰合其身份。盖舍吴而外，固无人能受陈黑幕中之指挥也。吴既任监督，而留学事务所乃无宁岁矣。

陈兰彬使团（1878—1881）在华盛顿租用的使馆大楼

1876年秋间，吴既任事，对于从前已定之成规，处处吹毛求疵，苛求其短。顾有所不满意，又不明以告予，惟日通消息于北京，造为种种谣言：谓予若何不尽职，若何纵容学生，任其放荡淫佚，并授学生以种种不应得之权利，实毫无裨益；学生在美国，专好学美国人为运动游戏之事，读书时少而游戏时多；或且效尤美人，入各种秘密社会，此种社会有为宗教者，有为政治者，要皆有不正当之行为；坐是之故，学生绝无敬师之礼，对于新监督之训言，若东风之过耳；又因习耶教科学，或入星期学校，故学生已多半入耶稣教；此等学生，若更令其久居美国，必致全失其爱国之心，他日纵能学成回国，非特无益于国家，亦且有害于社会；欲为中国国家谋幸福计，当从速解散留学事务所，撤回留美学生，能早一日施行，即国家早获一日之福云云。

吴子登日毁予于北京友人及李文忠前，予初毫无闻知。后文忠有书来，以吴报告之言转告，命予注意。予乃知吴媒孽予短，因亦作书报文忠。书中略谓："凡此捕风捉影之谈，皆挟私恨者，欲造谣生事，以耸听闻。予固知造此言者，其人性情乖张，举止谬妄，往往好为损人不利己之事。似此荒谬之人，而任以重职，实属大误。今彼且极力思破坏从前曾文正所创之事业。夫文正之创此留学事务所，其意固将为国家谋极大幸福也。吴子登苟非丧心病狂，亦何至欲破坏此有益于国之事？愚以为若吴子登其人者，只宜置之疯人院或废病院中，恶足以任留学生监督？且举荐吴者实为陈兰彬[1]，陈亦怯懦鄙夫，生平胆小如鼠，即极细微之事，亦不敢担负丝毫责任。予之与陈共事，无论外交方面，教育方面，意见咸相左。予今试略举一事：1873年政府派陈赴古巴调查华工情形，陈奉命不敢遽往，迟至三月后乃首途。且于未行之先，先遣他人为之试探。所遣者为叶绪东及一教员，并有美国律师及通译各一人。迨诸人调查既竣，事事完备，陈乃至古巴略一周旋，即返美呈报销差矣。凡冒炎暑任艰巨之事，皆叶绪东一人当之，陈兰彬特坐享其成耳。今则陈兰彬已升迁公使，而叶绪东乃仅得参赞。予之为此言，非有所私憾于陈兰彬而德叶绪东，第见政界中往往有此不平之事，无功受禄，转来不虞之誉，劳苦功高反有求全之毁。总督明察，当知予之所言，非有所掩著。盖予固甚愿辞公使之职，仍退处于监督旧任，俾得专心于教育事业，冀将来收良好之效果。即如某日因事致书于美国国务院，予与陈兰彬意见不合，致有争论。尔时予曾语陈，谓无论副使公使若何尊荣，皆不在予心目中，予已预备随

① 容闳此说有误，根据李鸿章奏折，吴嘉善乃容闳所举荐，而陈兰彬负责奏调，因陈氏是出使大臣兼太常寺卿，有上奏之权，而容闳无权上奏。

时辞职，以便足下独断独行。斯言也，亦足以表明予之心迹矣。”

予为此详细之报告以覆总督，欲其知予之历史及陈、吴二人之行为也。至于总督以何言告陈兰彬，则非予所得知矣。第此后公使馆及留学事务所两处，表面上似觉暂时平静，并无何等冲突。会有数学生程度已高，予意欲送其入陆海军学校肄业，乃致书美国国务院，求其允准。美国国务院复书，则以极轻藐之词，简单拒绝予请。其言曰：此间无地可容中国学生也。嗟夫，中国之见轻于美人，其由来也渐矣。先是有美国工党首领某某二人，创议反对华工。太平洋沿海一带人民咸受其煽惑，即美政府及行政各部亦在其催眠术中，而以美国国会为尤甚。当时有上议院议员名白伦（Blaine）者，最为兴高采烈，首先创议反对华人。推白伦之心理，亦非与华人有深仇夙恨，不过其时脑中有欲作总统之妄想，遂假此题目以博誉于工党，冀得太平洋沿海一带之选举票也。自有此议以来，美人种族之见日深，仇视华人之心亦日盛。不独此次予之请求为其直捷拒绝，即从前1868年中政府与美政府所订之勃林加姆（Burlingame）条约[①]亦无端遭其蹂躏，视如无物。此种完全违背公理之举动，实为外交界从来所未有。而美国国会中人，乃不惮蔑视条约，以为区别种族之预备。故后来禁止华工之议案一经提出，即由国会通过，立见实行。予此次请求之被拒，乃蔑视中国之小焉者耳。

予之所请既被拒绝，遂以此事函告总督。迨接读总督覆书，予即知留学事务所前途之无望矣。总督覆书，亦言美政府拒绝中国学生入陆海军学校，实违背1868年之条约，惟亦无如之何云。自1870年至1878

---

① 勃林加姆（Burlingame）条约：蒲安臣条约。1868年7月28日，美国前驻华公使蒲安臣利用被清政府委派为出使各国大臣的名义，擅自与美国国务卿西华德（William Henry Seward，1801—1872）在华盛顿签订，共8款。主要内容包括两国人民往来居住，听其自便，不得禁阻；可以往来游学并在指定地点设立学校；两国侨民不得因宗教信仰不同而受到欺侮凌虐、屈抑苛待。

年，留学事务所已过之历史，予已略述如前状。而此致美政府请求学生入陆海军学校之一函，亦即为予任学生监督最后所办之公牍。1878年以后，则予身之职务，乃专在公使馆中矣。

予向美政府请求之事未成，总督意似不怿。吴监督子登闻之，遂又乘风兴浪，思设法以破坏此留学事务所。顾吴一人之力犹有未逮，因暗中与陈兰彬密商，设为种种伪言，以极细微之事，造成一绝大文章，寄之北京。适此时反对党中有一御史，因美国华工禁约之举，遂乘机上一封奏，请即解散留学事务所，撤回留学生，以报复美人之恶感。政府阅之，亦未敢贸然准其所奏，乃以此事质之总督李文忠、公使陈兰彬与监督吴子登三人，询其意见。李文忠此时不愿为学生援手，即顺反对党之意而赞成其议。陈兰彬因曾任留学生监督，此中真相理应洞彻，故政府亦垂询及之。陈乃以极圆滑之词答政府，谓学生居美已久，在理亦当召回。其措词之妙，可谓至极。吴子登则更无犹豫之词，直捷痛快以告政府，谓此等学生当立即撤回，归国后并须交地方官严加管束云。此三人各陈所见，初无一语询予。予于此事，已无发言之权。盖彼等咸疑予怀私见，即有所言，亦不足信也。留学事务所之运命，于是告终，更无术可以挽回矣。此百二十名之学生，遂皆于1881年凄然返国。

美国人中，理想高尚，热心教育，关怀于东西人种之进步者，正复不少。其对于中国解散留学事务所召回留学生之举动，未尝不竭全力以争之，爰即联名上书于总理衙门（即外务部）反对此事，惟措词极其和平，态度始终镇静耳。其中主张最力者，为予毕生之良友吐依曲尔君及蓝恩（Lane）君[1]。赖彼二人提倡，联络多数之大教育家及

---

① 蓝恩（John William Lane，1827—1911），1874年至1881年接收第三批留美幼童曹嘉祥和杨兆楠。

大学校校长，签名书中，思有以阻止中国为此退化之事。此书为耶路大学校长朴德（President Porter）手笔，虽后来未获收效，顾其词严义正、磊落光明，诚不愧为文明人口吻。爰录其文如下：

总理衙门（即外务部）鉴：

予等与贵国留美学生之关系，或师或友，或则为其保人。今闻其将被召回国，且闻贵国政府即欲解散留学事务所，予等咸规规自失，且为贵国忧之。今请以某等观察所及，及得之外界评论者，为贵衙门一陈之。

贵国派遣之青年学生，自抵美以来，人人能善用其光阴，以研究学术。以故于各种科学之进步，成绩极佳。即文学、品行、技术，以及平日与美人往来一切之交际，亦咸能令人满意无间言。论其道德，尤无一人不优美高尚。其礼貌之周至，持躬之谦抑，尤为外人所乐道。职是之故，贵国学生无论在校内肄业，或赴乡村游历，所至之处，咸受美人之欢迎，而引为良友。凡此诸生言行之尽善尽美，实不愧为大国国民之代表，足为贵国增荣誉也。盖诸生年虽幼稚，然已能知彼等在美国之一举一动，皆与祖国国家之名誉极有关系，故能谨言慎行，过于成人。学生既有此良好之行为，遂亦收良好之效果。美国少数无识之人，其平日对于贵国人之偏见，至此逐渐消灭。而美国国人对华之感情，已日趋于欢洽之地位。今乃忽有召令回国之举，不亦重可惜耶。夫在学生方面，今日正为最关重要时期。曩之所受者，犹不过为预备教育，今则将进而求学问之精华矣。譬之于物，学生犹树也，教育学生之人犹农也。农人之辛勤灌溉，胼手胝足，固将以求后日之收获。今学生如树木之久受灌溉培养，发芽滋长，行且开花结果矣，顾欲摧残于一旦而尽弃前功耶？

至某等授于贵国学生之学问，与授与敝国学生者不少异，绝无歧视之心。某等因身为师保，故常请贵国所派之监督或其代表来校参观，使其怳然于某等教授中国学生之方法。惜贵国所派之监督轻视其事，每遇此种邀请，或不亲临，或竟无代表派来也。贵衙门须知此等学生，乃当日由贵政府请求美国国务卿，特别咨送至予等校中，欲其学习美国之语言、文字、学术、技艺，以及善良之礼俗，以冀将来有益于祖国。今学生于科学、文艺等，皆未受有完全教育，是所学未成。予等对于贵国之责任，犹未尽也。乃贵政府不加详细调查，亦无正式照会，遽由予等校中召之返国。此等举动，于贵国国体，无乃有亏乎？

某等对于贵国，固深望其日跻富强。即美国国人平日待遇贵国学生，亦未尝失礼。贵政府乃出此种态度以为酬报，揆之情理，亦当有所不安。至于他人之造谣诬蔑，谓中国学生在校中肄业，未得其益反受其损等言，此则某等绝对不能承认。何也？苟所谓无益有损者，指其荒芜中学而言，则某等固不任咎。以某等对于此事，从未负丝毫职务也。况贵政府当日派送学生来美时，原期其得受美国教育，岂欲其缘木求鱼，至美国以习中学？今某等所希望之教育虽未告成，然已大有机会可竟全功。当此事业未竟、功过未定之日，乃预作种种谣言以为诬蔑，是亦某等所不乐闻也。某等因对于素所敬爱之贵

1881年容闳和杜渣牧师在康涅狄格州合影

国学生，见其忽受此极大之损失，既不能不代为戚戚；且敝国无端蒙此教育不良之恶名，遂使美利坚大国之名誉亦受莫大之影响，此某等所以不能安缄默也。愿贵衙门三复此言，于未解散留学事务所之前，简派诚实可恃、声望素著之人，将此关于学生智育德育上诬蔑之言，更从实地调查，以期水落石出，则幸甚幸甚。

第二十章　北京之行与悼亡

学生既被召回国，以中国官场之待遇，代在美时学校生活，脑中骤感变迁，不堪回首可知。以故人人心中咸谓东西文化，判若天渊；而于中国根本上之改革，认为不容稍缓之事。此种观念，深入脑筋，无论身经若何变迁，皆不能或忘也。今此百十名学生，强半列身显要，名重一时。而今日政府，似亦稍稍醒悟，悔昔日解散留学事务所之非计，此则余所用以自慰者。自中日、日俄两次战争，中国学生陆续至美留学者，已达数百人。是1870年曾文正所植桃李，虽经蹂躏，不啻阅二十五年而枯株复生也。

李鸿章（1823—1901）

当诸学生撤回未久，予亦出使任满，去美返国。时陈兰彬已先予一年归。故事，凡外交官任满归国，必向政府报告一次，谓之销差。予亦循例入都，道出天津，谒直督李文忠。谈次及撤回留学生事，文忠忽转诘予曰："汝何亦任学生归国乎？"予闻言，莫知其命意所在，答曰："此事乃由公使陈兰彬奉上谕而行，鄙意以为总督及陈兰彬与吴子登，皆赞成此举也。予纵欲挽回此事，亦何能为役。且违抗谕旨，则人且目为叛逆，捕而戮之。"文忠曰："否，予当日亦甚愿学生勿归，仍留美以求学，故颇属望于汝，谓汝当能阻止学生勿使归也。"予曰："当日此举，总督既未有反对之表示？身居四万五千里外，安能遥度总督心事？设总督能以一函示予，令勿解散，自当谨遵意旨，惜当日未奉此训示耳。"文忠怒形如色，忿然曰："予已知此事之戎首为谁矣。"于是吴子登亦自京来津，约予往晤，以理不可却，访之。吴语予，渠在北京，京人士遇之极冷淡；此次谒李文忠，不知何故逢怒，命此后勿再来见，甚怪事也。予察吴状，似甚狼狈。此为予与彼末次晤谈。嗣后此人销声匿迹，不复相闻问矣。

既抵京，循例谒政府中各重要人物，如恭亲王、庆亲王及六部尚书等，耗时几一月，乃得尽谒诸大老。北京地方辽阔，各达官所居，相去窎远。往来代步惟骡车，既重且笨。车中坐处，状类衣箱，其底即轮轴。轮与箱间无弹簧，故行时震动极烈，行亦甚缓。街衢复不平，车辙深至数寸。行路之难，可想而知。道中浊尘扑衣，秽气刺鼻。漫空涨天者，初非泥砂，乃骡马粪为车轮马蹄捣研而成细末，陈陈相因，变为黑色，似尘土也。飞入耳鼻毛孔中，一时不易擦净。行人皆戴眼纱，头及两手，亦有风帽手套等物，以为抵御。水含盐质，洗濯尤不易去秽。不图首善之区，而令人难堪如此。

予居京三月，颇欲设法禁止鸦片之输入[1]，灭绝中国境内之莺粟。乃上条陈于政府，请其采择施行。旋总理衙门大臣王文韶告予，谓目

① 予居京三月……输入：容闳的禁烟策略分为《请禁鸦片禀稿》和《请戒鸦片章程》两文，计有4830字，于《申报》光绪十年正月十一日（1884年2月7日）、十三日至十五日，分四期连续刊载，标题分为《容纯甫观察请禁鸦片禀稿》《接录容纯甫观察请禁鸦片禀稿》《容纯甫观察请戒鸦片烟章程》《接录容纯甫观察请戒鸦片烟章程》。

前殊乏办理此事之人材，故一时未能实行。于是予此计划，束之高阁者垂二十五年。直至近数年来，始见此问题于万国公会中提出讨论焉。

1875年容闳夫人祁洛氏婚纱照
（Mary Louisa Kellogg，1851—1886）

1882年，去京赴沪，居沪者四阅月。得予妻自美来书，谓撄病甚剧，乃急归视。翌年春间抵美，则病者垂危，喉音尽失。予于途次，颇虑不及面。今犹未为失望，不得谓非上帝厚余。一月后，竟得转机。尤幸之幸者，予妻体素荏弱，又因予常漫游，虑或遇不测，恒抑抑不欢。余归国时，适有美教士某君告予妻曰："容君此行，殊为冒险，恐中政府或以留学事务所事，置之于法。"女子善怀，闻此不殊青天之霹雳，所以病也。予之返中国，可一年有半。妇已积思成痗[①]，令人增伉俪之好。1883年之夏，妇病良已，至诺福克（Norfolk）避暑，归时渐复旧状。医谓宜迁地调养，庶不复病。因于冬间卜居于南部乔治亚省之亚特兰德（Atlanta，Ga.），

祁洛氏与长子容觐彤合影

① 积思成痗：忧伤成病之意。典出《诗经·卫风·伯兮》："愿言思伯，使我心痗。"

1894年容闳与耶鲁同学毕业四十周年合影

又曾移居纽约省之亚特朗德（Adirondaks，N. Y.）。但此迁徙之调养，功效亦仅。居亚特朗德久之，1885年冬，复病胃，饮食锐减，复思迁居他处。予重违其意，乃徙于纽求才省①之色末维尔（Summerville，N. J.），不幸又感寒疾。居色末维尔约两月，仍返旧居。1886年6月28日，予遂赋哀弦矣②。于亚特朗德③西带山公冢（Cedar Hill Cemetery）间购地葬之。中年哀乐，人所难堪，吾则尤甚。今老矣，以吾妻留有

① 纽求才省：新泽西州（State of New Jersey），中国清朝（近代）史籍译称纽求才省、纽折尔西。

② 容闳追忆妻子去世时间有误，据哈特福德西带山公墓容闳夫妻墓碑，祁洛氏逝世时间是1886年5月29日；另《哈特福德新闻报》记载，容闳妻子祁洛氏于1886年5月29日去世，6月1日安葬。见*Hartford Courant*, June 1, 1886, p.2。原文为：Obituary：Wing-In this city, May 29, Mary Kellogg, wife of Yung Wing, aged 35. Funeral services from her late residence, corner Prospect avenue and Fern street, this (Tuesday) afternoon, at 2 o'clock. Burial private。又据《世界祁洛氏族谱》记载，祁洛氏去世时间为1886年5月29日，见*The Kelloggs in the Old World and the New*, Vol. 2, 1903, p.1858。原文为：MARY LOUISA, dau. off Bela Crocker, b. in Avon, Conn, 26, July, 1851; m. in Avon，24 Feb. 1875, Yung Wing, b. in China, 17 Nov. 1828. Shed. in Hartford, Conn, 29, 1886。

③ 亚特朗德：此处应为哈特福德（Hartford）。

容闳长子容觐彤（Morrison Brown Yung，1876—1933）1898年毕业照

容闳次子容觐槐（Bartlett Golden Yung，1879—1942）1902年毕业照

二子[①]，差幸鳏而非独。然对子思其母，辄复凄咽。吾二子皆能养志，品行亦佳，无忝耶教人格，此则余引以自慰者。

自1880年至1886年，为余生最不幸时期。毕生志愿，既横被摧残（指教育计划）；同命之人，复无端夭折。顿觉心灰，无复生趣。两儿失母时，一才七龄，一才九龄。计嗣后十年，以严父而兼慈母，心力俱付劬劳鞠育之中。予外姑开洛克夫人，助予理家政、抚幼子者凡二年。最难堪之际，赖能勉强支持焉。

---

① 二子：1876年6月10日，容闳妻子祁洛氏在康涅狄格州哈特福德诞下一子，即长子容觐彤（Morrison Brown Yung），1898年自耶鲁大学工学院毕业，1901年获哥伦比亚大学机械硕士学位，1909年来华就业，娶妻生子，直至1934年在北京去世。1879年1月22日祁洛氏在华盛顿寓所诞下次子容觐槐（Bartlett Golden Yung），1902年自耶鲁大学毕业，1911年来华，在上海长期经商并娶妻生子，1942年在上海去世。

第二十一章 末次之归国

1894年，中日因朝鲜问题，遽起衅端。予颇不直日本，非以祖国之故有所偏袒，其实曲在彼也。日人亦非不自知，特欲借此兴戎，以显其海陆军能力耳。战事既开幕，予之爱国心油然而生，乃连发两书寄予友蔡锡勇[①]君，蔡君前在公使馆为予之通译兼参赞者也。每书皆有条陈，规划战事，可使中国与日本继续战争，直至无穷期而力不竭。

第一策：劝中国速向英伦商借一千五百万元，以购已成铁甲三四艘，雇用外兵五千人，由太平洋抄袭日本之后，使之首尾不能相顾。则日本在朝鲜之兵力，必以分而弱。中国乃可乘此暇隙，急练新军，海陆并进，以敌日本。第二策与第一策同时并行：一面由中政府派员将台湾全岛，抵押于欧西无论何强国，借款四万万美金，以为全国海陆军继续战争之军费。时蔡为湖广总督张文襄（之洞）[②]幕府，得书后以予策译为汉文，上之张督。此1894年冬间事也。

予初不意张督竟赞成予之第一策，立电来美，派予速赴伦敦借款一千五百万元。此时驻伦敦之中国公使，为李文忠属下之人。彼已先知予来英伦所任之事，故予亦无需另备特别公文，有事即可径往谒公

---

① 蔡锡勇：字毅若、毅敬，又字启运，福建龙溪（今龙海市）人。同治六年（1867）肄业于京师同文馆。光绪二年（1876）任出使美日秘三国大臣陈兰彬使团译员。五年（1879）任广东实学馆教习。十年（1884）入张之洞幕，充广东洋务局总办。十五年（1889）随张到鄂，任湖北铁政局总办，参与筹办自强学堂、武备学堂。十九年（1893）任自强学堂总办。任内，实施分科教学；主持开设英、法、俄、德、日五门外国语和化学、地学、算学、交涉、商学、法学、体操、劳动实习等新课；创造“传音快字”速记法，将其列入教学内容。二十三年（1897年11月），为赶赴武备学堂出席开学礼，渡江时落水中风，次年2月逝世。

② 张文襄（之洞）：字孝达，一字香涛，号香岩，又号壶公、无竟居士，晚年自号抱冰，直隶南皮（今河北南皮）人，咸丰二年（1852）顺天乡试解元；同治二年（1863）进士第三名探花，授翰林院编修；历任教习、侍读、侍讲、内阁学士、山西巡抚、两广总督、湖广总督、署理两江总督、军机大臣等职，官至体仁阁大学士；宣统元年（1909）病卒，谥文襄。

使。予抵伦敦不及一月，筹商借款已就绪，惟担保品尚未指定。予乃托公使转电政府，请以关税为抵押。不意总税务司赫德①及直督李文忠不允所请，以为日本此时方要求一极大赔款，此关税指为日本赔款之抵押品，尤且虞其不足云。实则此亦遁辞耳。盖李文忠素与张文襄意见不合，战事起后张李二人尤时有争议。张对于李所提议之和约，极端反对；然李方得慈禧太后宠，内有大援，故竭力主张和议。赫德之依附中央政府，又为必然之趋势。于是张督拟借款一千五百万之议，乃置诸不闻不问之列，此大借款遂以无成。而予之为经手人者，乃处于进退维谷之地位。伦敦承商借款之银行团，几欲以此事控予于法庭也。

予以借款无成归纽约，乃电致张督，请其指示此后进行方针。张覆电亦无他语，但速予立归中国。予之去中国，十三年于兹矣。当1883年归美时，自分此身与中国政府，已永远脱离关系。讵知事竟不然，至今日而犹有人欲招予归国也。但此次招予之人，乃与予素未谋面；其人之学问、品行、政见若何，予除一二得之传闻者外，实毫无所知，而彼转似能深知予者。盖张已上奏清廷，召予归国，奏中褒誉，至无以复加。余因思归中国一探真相，果有机会能容予再做一番事业与否？惟予前在中国时，本属于李文忠门下，今兹则将入文襄幕

① 赫德：Robert Hart（1835—1911），字鹭宾，生于英国北爱尔兰波塔当（Portadown），1853年毕业于贝尔法斯特女王大学（Queen's University Belfast）；1854年5月赴香港，在英国驻华商务总监署担任见习翻译3个月，随后任驻宁波领事馆翻译；1858年3月前往英法联军占领下的广州，担任大英法会理华洋政务总局（Allied Commission）书记官，兼香港督署书记官，10月改任驻广州领事馆翻译；1859年辞去领事馆职务，担任粤海关副税务司。1861年署理总税务司；1863年担任海关总税务司，驻扎上海；1864年驻扎北京，加按察使衔，正三品；1865年将总税务署从上海迁到北京；1865年回国完婚；1869年晋布政使衔，从二品。1886年获赏花翎、双龙二等第一宝星。1889年升正一品；1893年赏三代一品封典。1908年4月13日因病休假离职回国；1910年正式卸任；1911年病逝于英国白金汉郡芬格斯特（Fingest, Buckinghamshire），清廷追赐优恤、加尚书衔、太子太保。

府，适处于与李反对地位矣。

未首途之前，予所不能不注意者，即对于予之二子，必先为布置妥贴，使得受良好教育。因托予妻兄开洛克博士（Dr. Kellogg）为二子之保护人。长子觐彤，此时已入耶路大学雪费尔专门学院，年龄较长，力足自顾。幼子觐槐，尚在哈特福德中学（Hartford High School）预备。予深虑其废学，乃商之予友吐依曲尔夫妇（Rev. and Mrs. Twitchell），令觐槐寄宿其家。吐依曲尔故一国之善士，学行俱优。彼视余子犹子，而余子得亲炙其家庭教育，亦幸事也。屏当既竟，即航海归国。

1895年初夏抵上海，购中国官场礼服，耗费不赀。时文襄已由湖广调署两江，故予径至南京，往总督署谒之。忆予于1863年，第一次见曾文正于安庆，觉文正之为人，具有一种无形之磁力，能吸引吾人，使心悦诚服。今见张督，则殊无此种吸力。张之为人，目空一世，而又有慵惰不振之态。谈次，于一千五百万借款之决裂，偶一及之即轻轻略过，亦不告予政府不允之故。但予于此中真相，早已了然。盖张李既冰炭，而李在北京政府中之势力，远胜于张。故张所主张借款之策，政府竟不采纳。张自不乐自言其失败，故仅以官话了事。次乃及李文忠，张

张之洞（1837—1909）

斥其为贪鄙庸懦之匹夫，谓李水陆两战皆大失败，坐是革职，几不能自保其首领。中国因李一人，乃受此最可耻辱之挫败，言次若有余恨者。旋询予中国新败，当用何策补救？予谓中国不欲富强则已，苟其欲之，则非行一完全之新政策，决不能恢复其原有之荣誉。所谓新政策，政府至少须聘外人四员，以为外交、财政、海军、陆军四部之顾问，与之订立十年合同。十年后若有成效，则更继续聘请。惟所聘之顾问，必须有真确之经验，高深之学识，纯洁之品行而后可。既聘之后，其所陈之嘉言良策，政府当诚意采纳，见诸实行。此外更派青年有才学之中国学生，处于各顾问之下，以资练习。如是行之数年，则中国行政各机关，不难依欧西之成规，从新组织也。

以上所言，乃予对张督所发表之意见。顾张闻予言，始终未置可否，亦不发表其意见，默然静坐，有如已干之海绵，只能吸水入内而不复外吐也者。故此次之谈话，较前与曾文正之晤谈，乃大异其趣。曾文正之招予，将任予以何职，胸中已有成竹。其见予也，不过示予以进行之方针耳。张则对于中国全局，既无一定之宗旨，亦无方针之可言。而于予所献之计划，则又嫌其太新太激烈。不知予此次之回国，因恨中国之败，慨然作积极进行之想，故所言如此。且舍此计划，实无救亡之良策，不能以激烈为予咎也。张而果如曾文正之磊落光明，则一时纵不能实行予言，正不妨略以数语为鼓励，使予知其人有举行新政之决心。予之计划，目前虽不能实施，而对于将来，尚有一线之希望也。乃张则不独无此言语，且无如是之思想。于是予与张之交际，以此处为起点，亦即以此处为终点，以后更无机会再见其人。张之电招予归国，仅于其未归武昌之前，派予一江南交涉委员差

刘坤一（1830—1902）

使，聊以敷衍予远来之意。迨后刘忠诚（坤一）[①]实授两江总督抵任后，张仍回武昌原任，去时亦未招予同行。可知张之意见，与予不合，故不欲予之臂助。虽不明言，而其心已昭然若揭矣。在予方面，此次归国，既非谋升官发财而来，则亦何乐与之周旋，以仰其鼻息。予居刘坤一属下，任交涉委员，亦不过三月之久，旋即自行辞职。在中国官场中，必谓予此举为不敬上官，予则不暇计及矣。此三月内，每月领薪百五十元，而无一事可为，不啻一挂名差使。此即予居张、刘两督属下之短期经验也。

1896年，予与江南政界断绝关系，遂至上海。于时脱然无累，颇得自由。已而予又得一策，拟游说中央政府，于北京设立一国家银行。因欲为此条陈之预备，乃先将国家银行律及其他有关系之法律，由1875年美国订正之法律中译为汉文。并聘一中国文士，助予合译。而当时助予

① 刘忠诚（坤一）：字岘庄，湖南新宁（今属邵阳市）人，廪生出身。咸丰二年（1852）参与团练事宜。四年（1854）率团练加入湘军江忠源部，江阵亡后追随刘长佑。六年（1856）因战功保荐为知县、直隶州知州。八年（1858）擢拔为知府，并赏加道员头衔。十一年（1861）授广东按察使。

同治元年（1862）授广西布政使。四年（1865）任江西巡抚。光绪元年（1875）署理两江总督。六年（1880）任两江总督兼南洋通商大臣。七年（1881）被劾开缺归里。十六年（1890）复任两江总督兼南洋通商大臣。十七年（1891）帮办海军军务。二十年（1894）授钦差大臣节制关内外各军对日作战。二十八年（1902）去世，追封一等男爵，赠太傅，谥忠诚。

容闳回国后与幼童合影（左起：吴其藻、杨昌龄、容闳、吴仰曾）

者有黄君开甲[①]。黄曾出洋留学，曾为政府任为圣鲁易博览会之副监督者也。予之译事既毕，乃怀译本入京，并携一中国书记同行。至京，遇予之旧友张荫桓[②]君。其人即于1884至1888年，在华盛顿任中国公使者。张因邀予寓其家，寄榻于此凡数月。此时张荫桓身兼二职，一为总理衙门（即外交部）大臣，一为户部（后改度支部）左侍郎。而户部尚书则为翁同龢[③]，光绪帝之师傅也。

① 黄君开甲：黄开甲（1860—1906），又名黄炳兴，字斗南，号子元，广东嘉应州镇平县（今梅州市蕉岭县）人。其父黄岳川任职于潮海关（现汕头海关）。1872年入选第一批赴美幼童赴美留学，先后入读康涅狄格州哈特福德西部中学和哈特福德公立高中。1879年考入耶鲁学院。1881年回国后，先后任上海道台翻译、轮船招商局督办盛宣怀秘书、轮船招商局经理、电报局总办，又助容闳译《银行法》。1902年被任命为二等参赞随外交使团赴英国参加爱德华七世加冕大典。1904年随清王室贝子溥伦访美，参加圣路易国际博览会，任中国馆副监督。次年9月作为中国代表团成员出席波特兰和平会议，在返国途中病逝于日本。

② 张荫桓：字皓峦，号樵野，广东南海人，早年捐知县，铨山东，得到巡抚阎敬铭、丁宝桢器重，荐至道员。光绪二年（1876）任登莱青道。七年（1881）任安徽徽宁池太广道。次年擢按察使。十年（1884）领太常寺少卿衔。次年任出使美国、西班牙、秘鲁三国大臣。十六年（1890）回国，任职于总理各国事务衙门，后任户部左侍郎。二十一年（1895）支持康有为创设北京强学会。二十四年（1898）戊戌变法期间，任户部尚书，受命参与管理矿务铁路总局，变法失败后被革职流放新疆。二十六年（1900）被处死。

③ 翁同龢：字叔平，号松禅，别署均斋、瓶笙、瓶庐居士、并眉居士等，别号天放闲人，晚号瓶庵居士，江苏常熟人，1856年状元，历任户部、工部尚书、军机大臣兼总理各国事务衙门大臣，先后担任清同治、光绪两代帝师，卒后追谥文恭。

张见予之国家银行计划，极为注意。将予译本详细参阅，加以评断。谓其中有若干条，不合于中国国情，难期实行，但择其最紧要而切实可行者，列入足矣。予如其教，斟酌损益后，乃上之户部尚书翁同龢。翁与张意见相同，亦甚以为然，遂以遍示部中同僚，征求意见。数星期后，部中重要之数大员，咸来予寓，对于予之条陈，赞赏不置，谓此事即当奏之清廷云。不数日，遂以予之国家银行计划，拟成奏折，由张荫桓署名，翁同龢则从中赞助焉。

今试述予之计划：予以为欲立国家银行之基础，必由政府预筹一千万两之资本，以为开办费。中以二百万两购置各种机器，以鼓铸银币、印刷国债券及一切钞票；以二百万两为购地建屋之用；所余六百万两存贮库中，以备购金、银、铜三者，将来铸成各种泉币，以流通全国。此一千万两，只足供国家银行第一年之开办费。将来中国商业发达，则国家银行亦当随商业发达之比例，而逐年增加其资本。此其大略也。

此事既有端绪，旋即着手进行，派委员，购地址。予则受户部之委任，将赴美国，向美国财政部商酌此事，并调查设立国家银行最良之方法。户部奏折，亦邀清廷批准。部署粗定，乃忽横生枝节，有为张荫桓及发起诸人意料所不及者。先是有中国电报局总办兼上海招商局总办盛宣怀[①]其人者，与翁同龢交颇深。此时忽由上海来电，嘱翁同

---

① 盛宣怀：字杏荪（杏生、荇生）、幼勖，号补楼愚斋、次沂、止叟等，江苏常州府武进县龙溪，其父盛康与李鸿章有交。同治九年（1870）入李鸿章幕，次年升任知府；十二年（1873）任轮船招商局会办；光绪元年（1875）办理湖北煤铁矿务；七年（1881）任津沪电报陆线总办；九年（1883）任津海关道；十八年（1892）在上海开办华盛纺织总厂；二十一年（1895）奏请开设天津北洋西学堂（次年改名北洋大学堂，今天津大学前身）；次年（1896）督办铁路，接办湖北汉阳铁厂，在上海开办中国通商银行，创办南洋公学（今西安交大、上海交大前身）；二十四年（1898）开办萍乡煤矿；二十八年（1902）任工部左侍郎，三十二年（1906）11月6日裁缺（会办商务大臣）；三十一年（1905）在上海创设中国红十字会；三十四年（1908）任邮传部右侍郎，将汉阳铁厂、大冶铁矿和萍乡煤矿合并为汉冶萍煤铁厂矿公司；宣统三年（1911）1月6日调邮传部尚书，同年5月8日改制任奕劻内阁邮传部大臣，10月26日被革职，永不再用，遂逃亡日本；1912年秋回到上海租界，继续主持轮船招商局和汉冶萍公司。

龢暂缓此举，俟两星期彼抵京后，再为区处。翁得电，遂允其请，而垂成之局，乃从此破坏矣。盖盛道台之名，中国无人不知其为巨富，家资累万，无论何种大实业，盛必染指。盛虽身居上海，而北京为之耳目者极多，京中一举一动，无不知之。北京有势力之王公大臣，亦无不与结纳。即慈禧太后最宠幸之太监李莲英，盛亦交结其人。以故盛之势力，在政界中卓卓有声。此次银行计划，遂亦为盛之贿赂所破坏。有人谓盛宣怀此次来京，辇金三十万两，贿买二三亲贵及政府中重大人物，以阻挠其事。于是筹备设立国家银行之一千万两现银，遂为盛一人攫去，以营其私业云。

究国家银行计划失败之原因，亦不外夫中国行政机关之腐败而已。尊自太后，贱及吏胥，自上至下，无一不以贿赂造成。贿赂之为物，予直欲目之为螺钉，一经钻入，即无坚不破也。简言之，吾人之在中国，只需有神通广大之金钱，即无事不可达其目的。事事物物，无非拍卖品，孰以重价购者孰得之。自中日、日俄两次战争之后，东方空气，乃略为之扫荡清洁。中国人对于国家腐败之情形，始稍稍有所觉悟也。

予之国家银行计划，既为盛宣怀所破坏，乃另改方针，拟向政府请求一筑造铁路之特权。予心中所欲造之铁路，为由天津直达镇江。天津居北，镇江居南，在扬子江口，两地相距，以直线计，不过五百英里。若绕山东，过黄河，经安徽，以达湖南[①]，则此路须延长至七百英里。予所规划之路线，则拟取其近者。惟德国政府抗议，不允有他线经过山东。谓山东造路之权，为德人所专有，无论何人，不能在山东另造铁路云。此种理由，殊为奇特。任翻遍中国法律或国际法律，皆不能得其根据之所在。但彼时中国国势孱弱，不能提出此问题，以争回固有之主权。而外交部中，亦无人能引证条文，驳斥德国要求之

① 湖南：应为江南，因镇江地处江南之地。

无理，深恐惹起国际交涉，一惟外人之命是听。以故政府只许予造一曲折之铁路，即上所云绕山东过黄河者。予以极力欲成此事，遂拟以此铁路让与外国公司承造。乃政府又命予必招中国资本，不许外人入股，且仅限予六月之期。六月之内，若不能招齐路股者，则将特许状取消。当彼时中国资本家，欲其出资任股以兴造铁路，殆难如登天。予既明知此事势有所不能，遂不得已，复将此铁路计划舍去。予之种种政策，既皆无效。于是予救助中国之心，遂亦至此而止矣。

一年前予在北京时，常遇康有为、梁启超二人。当予筹划银行、铁路等策时，绝不意康、梁等亦正在筹划维新事业也。康、梁等计划进行之极点，即为后来之戊戌政变。其详俟下章言之。

第二十二章　戊戌政变

1898年9月之政变，乃清史中一极可纪念之事。因此事光绪帝几被废，所有皇帝之权力，尽为慈禧太后所夺，而己则几成一国事犯，慈禧直以奸细目之。溯光绪即位之初，年才五龄，虽名为继承大位，实则执舵者仍慈禧耳。直至光绪婚礼后，乃将朝政交还。顾光绪虽亲政，而慈禧如电之眼光，仍无时不鉴临，以为监督。皇帝之一举一动，莫不特别留意。总之慈禧之对于光绪，始终不怀善念。盖慈禧当同治在位时曾垂帘听政，故引起其好揽大权之野心。此念一起，不复能制。自是以后，遂无时不思窃取威权，绝不愿安居深宫，百不闻问也。光绪当亲政后，颇思革新庶政，其一种励精图治之决心，足使京内外人士注意，如北斗之见于天空，人人咸为引领。惟慈禧之眼光，则为嫉妒心所蔽，乃视光绪之举动，大不以为然。甚且目之为痴人或狂夫，谓宜幽之冷宫，加以严酷之约束。平心论之，光绪实非痴，尤非狂。后人之读清史者，必将许其为爱国之君，且为爱国之维新党。其聪明睿智，洞悉治理，实为中国自古迄今未有之贤主也。天之诞生光绪于中国，殆特命之为中国革新之先导，故其举措迥异常人，洵伟人也。

中国政治上当存亡危急之秋，适维新潮流澎湃而来，侵入北京。光绪帝受此奇异势力之激动，遂奋起提倡维新之事业。全世界人见此，莫不惊奇，以为得未曾有。予睹此状，乃决意留居北京，以觇其究竟。予之寓所，一时几变为维新党领袖之会议场。迨1898年秋，遂有政变之事。因此变局，光绪被废，多数维新党之领袖，皆被清廷捕杀。予以素表同情于维新党，寓所又有会议场之目，故亦犯隐匿党人之嫌，不得不迁徙以逃生。乃出北京，赴上海，托迹租界中。即在上海组织一会，名曰中国强学会，以讨论关于维新事业及一切重要问题为宗旨，予竟被选为第一任会长。1899年，有人劝予，谓上海租界亦非乐土，不如迁地为良。予乃再迁至香港，请英人保护。居香港者二年，后遂归美国。归时幼子觐槐正毕业于耶路大学，予适见其行毕业礼也。

1901年春，予至台湾游历，谒见台湾总督儿玉[①]子爵。子爵盖于

① 儿玉：儿玉源太郎（1852—1906），幼名百合若，后称健，出生于日本周防国德山藩（今山口县），是武士儿玉半九郎长子。1868年初次上阵参加戊辰战争，后任兵部省御雇，大阪兵学寮毕业；1871年任陆军准少尉，佐贺之乱时，作为大阪镇台大尉副官从军，神风连之乱时，他是熊本镇台的副参谋长；1874年随军侵略台湾；1877年参加西南战争，历任近卫参谋副长、步兵第2联队长兼佐仓营所司令官、参谋本部管东局长；陪同陆军大臣大山岩到欧洲进行军事视察后，日本陆军的学习对象由法国改为德国，其被任命为陆军次官、参谋本部第一局长兼陆军大学校干事、监军部参谋长兼陆军大学校校长，协助德国教官梅克尔少校训练军队；1889年8月24日，儿玉源太郎晋升陆军少将，任监军部参谋长，后改任陆军次官兼军务局长兼陆军省法官部长；1895年甲午战争期间，任大本营留守参谋长兼临时检疫部长，战后擢任第3师团长、内务大臣；1898年2月26日，兼任台湾总督；1904年日俄战争爆发，就任日本参谋本部次长，后调往中国东北，充日本满洲军总参谋长，晋升大将，战后复还台湾原任。1906年3月卸任回国，专任参谋总长，兼任中国东北“南满铁道株式会社创立委员长”，制定了对中国东北移民50万的计划，以日本化东三省，任职10天后在家因脑出血逝世。

儿玉源太郎（1852—1906）

日俄战争时，曾为大山大将之参谋长者也。予晤子爵时，因子爵不谙英语，而予又未习日文，乃倩舌人以翻译。子爵曰：“久仰大名，又数闻时人盛道君之事业，深以不得把晤为憾。今日识荆，异常欣幸。第惜初次晤面，即有一极恶之消息报君，滋抱歉也。”予闻而大异，急欲知彼所谓恶消息者，究为何事。子爵答曰：“中国闽浙总督方有公文来，嘱予留意，谓君设来此者，即倩予捕君送之中政府也。”子爵言时，意颇镇定，无仓皇状，面且有笑容。此恶消息虽出予意料之外，然予初不以是之故惊惶失措，亦以从容镇定之态，答子爵曰：“予今在阁下完全治权之下，故无论何时，阁下可从心所欲，捕予送之中政府。予亦甚愿为中国而死，死固得其所也。”子爵闻言，庄重而对曰：“容先生幸毋以予为中国之警吏。君今请安居于此，慎无过虑。予决不能听君往中国就戮也。第尚有他事，欲求教于君，不识君肯指示否？”予询以何事，子爵即出一中国报纸，指示予曰：“此条陈果为何人所献者？”予见此亦不加思索，立应曰：“是予所为也。”且语且以右手拍胸，自示承认之坚。在旁诸人，睹予此状，咸极注意。并有日本军官数人在侧，颇为予言所动。予又续言曰：“报纸所载，尚略有错误。君若见允者，予请得为更正之。报纸所云之数目为八万万，予当日所提议则四万万也。”（按四万万美金，约合墨银八万万元。报纸所载之数，或照墨银计算耳。）子爵见予慷慨自承，且更正数目之误，转笑容可掬，异常愉快。盖子爵示予报中所载，乃1894、1895两年间，予所上于张之洞之条陈，请张转奏清廷者也。时在李文忠于对马岛签和约之前半年，予上此条陈，请政府将台湾全岛为抵押品，向欧洲与中国通商之国，借款四万万金元，以九十九年为期。用此借款，中国仍可招练海陆新军，以与日人继续争战。此议虽未实行，而一经报纸揭载，几于举国皆知，子爵亦不知于何处得此报纸。予甫至台湾，即遇此质问，亦可异也。予以有道德上威武不屈之气，故敢于子爵前直承不讳，并更正报纸之误点，更告之曰："设将来中国再有类似于此之事实发生，予仍当抱定此宗旨，上类似于此之条陈于中政府，以与日本抵抗也。"

1910年6月21日容闳与美国女孩在康涅狄格州孟松（Monson）合影

此次予与日本台湾总督之谈话，实为予一生最可纪念之事。予初闻子爵告予恶消息，以为此日本台湾总督者，必将予交付中政府；予之生命，且丧于其手。迨见其满面笑容，予已知此身所处之地位，安如泰山。于是胆乃益壮，即对日人而谈日本之事，亦毫无顾忌。以予之心地光明，胸无宿物，乃极荷子爵之激赏。子爵自谓不久将升迁归日，欲邀予偕行，谓将介绍予以觐明治天皇，并结识彼国中重要人物。予此时适患气喘之疾甚剧，不宜于旅行，因掬诚谢之。谓得此宠招，深为荣幸，惜病躯不堪旅行之苦，致力与愿违，辜负盛意也。言毕，遂兴辞而出。出时子爵复告予曰"君之身命，今甚危险。惟若居台湾，在予治权之下，予必极力保护，当派护兵为君防卫，不致有意外之变”云。明日果有护兵四人来，夜间在予寓之四围巡逻。日间逢予外出，无论何时，此四护兵必随行。二居予前，二居予后，加意防护。予居台湾数日，承日人如是待遇，意良可感。迨后予自台湾首途赴香港，乃亲往子爵处，面谢其隆情焉。

（三）评析

长期以来，容闳研究的史料，主要是容闳用英文所作的自传*My life in China and America*，记录了他自1828年出生至1902年离开中国，将近70年的人生经历。在20世纪，该书几乎是研究容闳和留美幼童的唯一可见史料，因此颇受学界重视，出版和翻译的次数比较多。按语言划分，容闳自传有英、中、日三个版本。容闳自传的中文译本主要有四种：徐凤石和恽铁樵译本、王蓁译本、石霓译本、王志通和左滕慧子译本。各版本的具体情况见下表：

序号	语言	名称	著/译者	时间	出版社
1	英文	*My life in China and America*	容闳　著	1909年	纽约：亨利·霍尔特公司
2	中文	西学东渐记	徐凤石、恽铁樵　译	1915年	上海：商务印书馆
3	日文	西学东渐记——容闳自传	百濑弘　译，阪野正高　解说	1969年	东京：平凡社
4	中文	我在美国和在中国生活的追忆	王蓁　译	1991年	北京：中华书局

（续上表）

序号	语言	名称	著/译者	时间	出版社
5	中文	容闳自传——我在中国和美国的生活	石霓　译	2003年	上海：百家出版社
6	中文	耶鲁中国人——容闳自传	王志通、左滕慧子　译	2018年	南京：江苏凤凰文艺出版社

由上表可知，徐凤石和恽铁樵译本、王蓁译本、石霓译本与王志通和左滕慧子译本间隔时间为76年、12年和15年。容闳自传的翻译和重印次数如此之多，足见容闳自传的重要性，同时也反映出容闳研究史料的匮乏，未有新的容闳著述的发现和出版。

在四种译本中，徐凤石和恽铁樵译本是最早的版本，有着非常强烈的时代气息和浓厚的文学风格，也是容闳自传中最经典的译本。该译本受严复和林纾译书风格的影响较大，采用“新民体”，文字简洁流畅，流传最广，影响深远。徐凤石和恽铁樵译本首先在1915年《小说月报》第六卷第1—8号上连载，同年由上海商务印书馆首印成书。该译本总计出版23次之多，具体情况如下：

序号	名称	出版社	时间
1	西学东渐记——容纯甫先生自述	上海：商务印书馆	1915年
2	西学东渐记	上海：商务印书馆	1934年
3	西学东渐记	台北：广文书局	1961年
4	西学东渐记	台北：学人月刊杂志社	1971年
5	西学东渐记——容闳自传	台北：文海出版社	1973年
6	西学东渐记	台北：广文书局	1977年
7	西学东渐记	台北：广文书局	1981年
8	西学东渐记——容纯甫先生自述	武汉：华中师院历史系资料室	不详

（续上表）

序号	名称	出版社	时间
9	西学东渐记	长沙：湖南人民出版社	1981年
10	西学东渐记	长沙：岳麓书社	1985年
11	西学东渐记——容纯甫先生自述	上海：上海书店	1992年
12	西学东渐记	北京：美国联合技术公司	1997年
13	中国留学生之父的足迹与心迹——西学东渐记	郑州：中州古籍出版社	1998年
14	容闳自传：我在中国和美国的生活	北京：团结出版社	2005年
15	西学东渐记	珠海：珠海出版社	2006年
16	我在中国和美国的生活——容闳回忆录	北京：东方出版社	2006年
17	西学东渐记	长沙：岳麓书社	2008年
18	西学东渐记	北京：生活·读书·新知三联书店	2011年
19	西学东渐记——容纯甫先生自叙	广州：新世纪出版社	2011年
20	容闳回忆录	北京：东方出版社	2012年
21	容闳自述	合肥：安徽文艺出版社	2014年
22	西学东渐记	长沙：岳麓书社	2015年
23	西学东渐记	北京：朝华出版社	2017年

徐凤石和恽铁樵译本虽然经典，然而受时代和史料的限制，也存在不少遗漏和错译等问题。袁鸿林在《容闳述论》中提及“其中文旧译本《西学东渐记》漏误甚多，故本文引文除特别注出外，均译自英文原版”。[①]美籍华人学者梁伯华亦认为，“容闳的自传虽然是第一手

① 袁鸿林：《容闳述论》，《近代史研究》1983年第3期。

史料，参考价值很高，但引用时却要十分小心，一因容闳写这书时离他去世的时间不远，晚年的记忆力衰退，因此自传中的错误很多；此外，容闳的自传中经常夸大他自己在历史中扮演的角色，叙事亦流于主观，因此引用该书时要小心及客观地求证及旁证史实。但毋庸置疑的是，容闳在中国现代化及中西文化交流史上占有重要的地位”。[①]也许为了保持1915年译版的原汁原味，《西学东渐记》版本翻印虽多，对于原文大多未动，只是改头换面，或在篇首序言详述容闳事迹和史实，或在文中添加一些晚清民国时期的图片，或在文末附录容闳的信函和条陈，缺少了对文中史实的考证和错谬的纠正。值得一提的是1981年“走向世界丛书”版本中，编者和校注者对《西学东渐记》中存在的问题大多进行了考证和纠正，如补入容闳自序和推切尔演讲词作跋，对书中20余处进行注释，书末《〈西学东渐记〉译文正误表》列举19处错误或漏译。

除此之外，徐凤石和恽铁樵译本还有一些较为明显的翻译错误，如：“容云甫”当为“容元甫（字增祥，广东新会人）”，“曾来顺”误译作“曾兰生”；“1871年冬间，曾文正公薨于南京，寿七十有一。”曾国藩（1811—1872），逝世时应该是六十一岁；“He said that he remembered me well，having met me in the Yale Library in New Haven，in 1853，on a visit to his son，William Barners，who was in the college at the time I was，and who afterwards became a prominent lawyer in San Francisco”译作“总兵有子曰嘁林（William），为香港著名律师，曾与予同时肄业于耶路大学者也。1863年，彭总兵至纽海纹探视其子时，予于耶路大学图书馆中，与有一面之素”，其中的“香港”，应

① 梁伯华：《中外学者对“留美幼童”研究的成果》，载梁伯华《近代中国在世界的崛起：文化、外交与历史的新探索》，武汉大学出版社，2006，第51页。

该是“旧金山”，“1863年”，应该是“1853年”。[1]诸如此类，不一一列举。

由于容闳回忆上的误差，加之徐凤石和恽铁樵译本存在的错漏，王蓁译本、石霓译本、王志通和左滕慧子译本先后应运而生，三个译本分别出现于1991年、2003年和2018年，分别相隔十余年，正好说明对容闳的研究一直受到学界关注，容闳自传是近代留学史研究的重点史料。

容闳主张通过留学的方式，全面地向西方学习。1850年左右他在耶鲁求学期间，已经萌发“予意以为予之一身，既受此文明之教育，则当使后予之人，亦享此同等之利益。以西方之学术，灌输于中国，使中国日趋于文明富强之境”的想法。“借西方文明之学术以改良东方之文化”，使“老大帝国，一变而为少年新中国”。容闳推动和组织的留美幼童，就是“教育救国”的现实策略，为近代中国培育了一大批人才，容闳也因此被誉为“中国留学生之父”。容闳接受了系统的西式教育，对中国传统文化的优缺点缺乏足够的认识，因此他对于中西方文化的态度，几乎是“全盘西化”的留学理念，对于留美幼童的“美国化”比较包容和开放，以致留学教育日渐偏离了清政府规定的方向，出现“剪辫”、“信教”、与美国女子恋爱、冲撞留学官员、不重视汉文等问题，导致留美幼童被提前撤回，这是读者必须加以注意的。

① 容闳：《西学东渐记》，徐凤石、恽铁樵原译，张叔方补译，杨坚、钟叔河校点，湖南人民出版社，1981。

奇幻之旅（An Imaginary Voyage）

（一）导言

容闳的奇幻之旅（*An Imaginary Voyage*）分为三个部分，单词1500个左右。第一部分描述从澳门途经海南岛、马六甲海峡，遭遇风暴，在安达曼群岛停船休整，然后抵达加尔各答。第二部分描述印度概况，主要涉及殖民、地理、商贸、民族特性、种姓制度、殉葬、弃婴、 宗教冲突、人口、领土、河流、气候、种植等基本情况。第三部分是简述海上旅行情况。第四部分描述自印度抵达纽约，踏上美国新大陆，略述了纽约地理位置、哈得逊河源流和入海、伊利运河连接的城市、美国疆域情况、社会状况、国家形式和政府形式等内容。作为一篇相当于中学水平的作文，不仅词汇丰富，而且行文流畅。最关键是作文的思路和结构，完全是西式行文风格，足见容闳在马礼逊学校接受西式教育较为成功。

马礼逊学校香港校址（左上山顶建筑，现为香港摩理臣山）

（二）原文

An Imaginary Voyage

On the 28th of September, 1824, I was called to leave the scenes of home and to go abroad to sea. On the same day accompanied by a gentleman for India, I went on board the ship Bounty. Accordingly taking advantage of the fair wind, we set sail from Macao at 8 o'clock that evening. After five days sailing we saw the island of Hainan, which is between Cochinchina and China in the gulf of Tonquin. There we lay because the wind was against us until the 2nd of October, on which day we set sail with a monsoon. On the 15th we had passed through the Straits of Malacca, twenty-four days after we were in full expectation to see land，but the following day, a tempest blew, and obliged us to retreat from the land at some distance. The next day, the storm redoubled its fury and raised the seas mountain high. In this unfortunate time I was greatly in fear; for one wave of the sea might cover us in the depths of the ocean and sink us to rise no more. When morning appeared, I looked through the cabin window to state the weather with my eyes in full confidence of it, the wind gradually subsided. So we steered towards the largest of the Adaman islands, for repairing the vessel. Accordingly evening drew on when we just had time to step on shore. Not far from the beach, we fortunately found a mat house, situated on a commanding place. Here we remained till she was fit for sea again. During our leisure time we had the opportunity of writing our journal. On the 15th of Nov, we were summoned to embark again. At the time we were called the wind was blowing favorably; so we set sail in the forenoon and bid adieu to the island.

Having sailed through the whole course of the said time, we were quite out of sight, for the wind had been blowing for three days. But not long after we were driven back a few miles from land, till the 18th of November, we had the city in view. So we took a pilot in ascending the river and before we drew anchor we were examined. At 7 o'clock in the evening we all assembled to return our thanks to God for his good providence through the perils of the late passage. The next morning, after feasting our eyes for some time on the town, we went down to dress to go ashore, and to take our residence in Calcutta. Thus, this passage for India ended.

Having spent many days in writing to our friends I was very desirous to see the city and to know the customs and affairs of the natives. This city, the residence of the British governor-general of India, is situated on the Hoogly, a branch of the Ganges, which begins its source near the foot of the Himmalayas. In relating of its commerce, for which the city was built, great facilities have been derived from its situation. Such advancement in this circumstance was by no means by the natives, for in general they are indolent, superstitious and cruel. These three qualities to form their character.

These people are under the influence of the priests and under the yoke of their castes. The latter are however to be divided into four principal parts. The first Bramins or priests; the second, soldiers; third, merchants; fourth, laborers; and the pereas are those who have lost their castes. These were forbidden to intermarry, or even to eat or drink from the same vessel with each other. In relation to their characters as I have mentioned, cruelty and superstition lead the people to exercise the most horrible acts. One of these is to have the women burnt on funeral piles after the death of their husbands. This is done in order to expiate their sins, but recently the English have abolished this practice. However in some parts of the country they keep up this inhuman custom. Worst of all, even the children are offered to the crocodiles by their mothers for the sake of pleasing their gods. With reference to their castes they have a peculiar mode of punishing those who join to some other religion than their own. If any one for instance, is converted to the Christian religion, he is obliged to leave his parents, relations, castes and forfeit his property. Such is the manner in which they guard the people from other religious. Although this country has been occupied by the English many years, yet as far as we know, there has little or no alteration been made in many circumstances of their mode of life. However in regard to their military affairs they have advanced in some degree. India is an extensive country, the most populous if we except China. It extends from the river Indus, from which the name India is derived, on the west, to the Burman empire on the east; from the Himmalayas on the north to the Indian ocean on the south. So vast a country as that must of course have a varied surface. In the northern portion the greater part is a plain, watered by the spreading branches of the Ganges with the Indus. Between the sources of the two great rivers, lies an immense sandy desert the principles of which resemble those of Arabia and Africa. The climate of this country is within the Torrid Zone, but by nature, it has at the same time perpetual snow, lying in beds on the summits of the noble range which supplies the river with water. With regard to soil in many cases it is as various as the climate and temperature. The natives in planting the rice, gather two crops annually; still, many parts are left destitute of culture, but if we make an exception of this, India in all her looks is very delightful. So far as the scenery of this country has passed under my eyes. But considering myself too long in this country I designed to go to the United States.

On the evening of August 8th, 1826, we set sail. The weather was clear and the moon, was rising from the eastern horizon. The favorable monsoon was sweeping over the rolling waves, which reflected and light of the moon and the whole hemisphere was studded with bright sparks, while in the waters beneath fishes of various size were sporting. Such were the scenes around us and yet they were not seldom observed during this passage. When we approached near the Cape of Good Hope, the wind blew sidewise on the vessel, and two months had elapsed before we saw the United States.

So our object was accomplished, and in the morning I stepped on a new land, at the city of New York. This city has a commercial situation, and is built on the New York island, formerly called Manhattan at the head of New York bay. The island on which it is situated is 15 miles long from north to south, and has an average breadth of a mile and a half. On the west side of this flourishing city, borders the river Hudson, which takes its source in the mountains west of lake Champlain and flows into the New York bay. Near the junction of the river Mohawk commences the Erie canal, which extends from east to west, connecting the towns, Utica, Rochester, Buffalo, and others, so as to have constant intercourse with one another in trade. Consequently having both the river and canal, the state has greatly flourished in commerce. Its boundary in the north is a part of the southeastern corner of Canada. On the south, Pensylvania, New Jersey, and New York bay. Lake Champlain, Vermont, Massachusetts, Connecticut on the east, and the northwestern part, border the lakes Ontario and Erie. So there is water on both the northwest and southeast sides. Such a state as this, must be rich in wealth, as well as extensive in commerce. Besides this, there are many more that are worth noticing. The whole of the United States extends from the Atlantic ocean to the Rocky Mountains on the west. Its northern boundary is British America, on the south are Mexico and the gulf of Mexico, the Atlantic washes its coast in the east; and the Rocky Mountains are its western wall. But this country is not absolutely settled. In the western portion from the margin of the Mississippi and Missouri, wide forests are to be seen and those that live in them are savages and wild beasts, but in the opposite region, on the east of the rivers, the country is comfortably settled by a civilized nation. The Americans divide their country into states and govern themselves. The form of government which they hold is called the republican.

附译文:

奇幻之旅

1824年9月28日，我被告知要离家出国。这一天，我登上了“邦蒂号”（Bounty）轮船，同行的还有一个印度绅士。根据有利的风向，那天晚上8点，“邦蒂号”顺着风从澳门起航。经过五天的航行，我们看到了海南岛，它位于交趾支那①和中国东京湾②。由于逆风，轮船不得不停下来，一直到10月2日才乘风起航。15日，“邦蒂号”通过了马六甲海峡。24天后，我们满心期待能看见大陆。但是，第二天，暴风雨降临，拉开了轮船与大陆的距离。第二天，暴风加倍，海浪如山般高。在这个不幸的时候，我感到万分恐惧。海中随便卷起的一个大波浪，都有可能让我们沉入深渊，毫无机会再浮现海面。当清晨来临时，风渐渐平息了，透过船舱窗口，我看着天空，眼里充满了信心。

---

① 交趾支那：越南南圻，在今越南南部地区。

② 中国东京湾：现称北部湾。

此时，我们朝着这里最大的安达曼群岛[①]驶去，修理轮船。由于我们是晚上抵达，正好有时间上岸走走。在海滩不远处，我们幸运地发现了一间坐落在险要位置的草屋。我们在这里一直要待到船修好，才能起航，所以正好有闲暇写写我们的旅程。11月15日，我们被告知重新上船。此时和风阵阵，吹拂着我们，所以我们上午就告别了安达曼群岛，再次起航。因为风刮了三天，在这航行途中，我们都迷失了方向。可是，没过多久，我们驶出大陆几英里后，直到11月18日，城市才出现在我们的视野里。在下锚检查前，我们派了一个领航员下到涨潮的河流。在傍晚7点，我们聚集一起做祈祷，答谢上帝，希望他保护我们通过最后的危险时期。第二天早上，在观察了镇上一段时间后，我们盛装上岸，并且寓在加尔各答。因此，在印度的旅程结束了。

在给朋友们写了几天信后，我非常渴望看到城市，以及了解当地人的风俗和逸事。这座城市是英国印度总督府的所在地，位于一条源自喜马拉雅山脚的恒河的支流胡格里（Hoogly）河畔[②]。由于此地商业繁荣，该城一流设施的建造，都源于这个情况。在这种情况下，这样的进步决不是由于当地人，因为他们一般是懒惰的、迷信的、残忍的，而这三个特质构成了当地人的性格。

这些人处在祭司的影响下和种姓的枷锁下。种姓分为四个等级：第一是婆罗门或牧师，第二是士兵，第三是商人，第四是劳动者。而贱民甚至连阶级都没有。[③]不同种姓之间禁止通婚，禁止使用其他种姓的吃喝用具。有关他们的性格，我前面提到过，残忍和迷信主导着

① 安达曼群岛：孟加拉湾与安达曼海之间的岛群，属印度。

② 胡格里（Hoogly）：现位于孟加拉国。

③ 印度种姓制度分为四级：第一级婆罗门（Brahmins）祭司（priests），第二级刹帝利（Kshatriyas）勇士（warriors），第三级吠舍（Vaisyas）牧民、农民、商人、工匠（herders，farmers，merchants，craftspeople），第四级首陀罗（Sudras）农场工人、仆人、劳工（farm workers，servants，laborers）。最底层的贱民达利特、贱民（Untouchable），不入等级。

人民去进行最恐怖的行为。其中之一就是让妇女在丈夫的葬礼上被烧死。这样做是为了补偿自己的罪恶，但最近英国已经废除这一做法。然而在这个国家的一些地区，仍然保持着这种不人道的风俗。最糟糕的是，为了取悦他们的神，连孩子都会被自己母亲拿去喂鳄鱼。参照他们的种姓，那些放弃了自己的宗教而改信其他宗教的人，他们有一个特有的惩罚机制。假如任何一个人皈依了基督教，他将不得不离开自己的父母、亲戚和种姓，并被没收财产。这是他们防止人们改信其他宗教的方式。尽管这个国家已经被英国占领了许多年，但据我们所知，他们的生活方式在许多情况下很少或者没有改变。虽然如此，他们在军事方面，还是有一定程度的先进性。印度是一个大国，是除中国之外人口最多的国家。印度这个名字来源于印度河。它的领土面积，西从印度河延伸，东至缅甸帝国，从北方的喜马拉雅山到南方的印度洋。如此庞大的国家，当然必须有不同的地貌。在北部地区，大部分是被印度河水系和恒河水系灌溉的平原，这两大河流的源头之间，是一个类似于阿拉伯和非洲的巨大沙漠。这个国家处于热带地区，但从本质上说，它同时还有积雪在高峰范围的雪床上，为河流提供水源。有关土壤的各种情况，正是因为气候和温度的多样性。当地人种植水稻，每年收集两次。很多地方直至今日文化仍是贫瘠的，但如果我们把这个当作例外，印度看起来还是很可爱的。到目前为止，这个国家的风景就尽览眼底了。考虑到我的计划是前往美国，我在这个国家待的时间太长了。

1826年8月8日的晚上，我们起航了。此时，天气晴朗，月亮从东方地平线缓缓升起。和煦的季风掀起光彩起伏的海浪，船上的灯闪着耀眼的亮光，与月光相映衬，水下游动着大大小小的鱼儿。这样的场景就在我们的周围，但这期间我们并没有减少观察。当我们接近好望角，风侧向吹在船上。在我们看到了美国前，两个月就这样过去了。

清晨，我们到达纽约市，踏上了新的大陆，所以我们的目标终于完成了。这个城市有一个商业区，是建立在纽约岛上，原名曼哈顿，在纽约湾的顶端。其所坐落的岛屿从北到南有15英里长，有一英里半的平均宽度。这个繁华都市的西边，毗邻哈得逊河。哈得逊河源于尚普兰湖西边的山脉，流入纽约湾。在莫霍克河的交界处，是伊利运河的源头，从东到西，连接的城镇有尤蒂卡、罗彻斯特、布法罗等，从而使得各城镇之间的贸易往来不断。因为有了这些河流和运河，该国的商业得到了蓬勃发展。这个国家的北部边界，是加拿大东南角的一部分。南部是宾夕法尼亚、新泽西和纽约湾，东部是尚普兰湖、佛蒙特、马萨诸塞和康涅狄格，西北部是边境的安大略湖和伊利湖。可见，这个国家的西北和东南都是水。当然，这样的一个国家，肯定拥有非常丰富的财富，以及广泛的商业。除此之外，还有很多值得注意的地方。美国整个国家从大西洋延伸到西边的落基山脉。它的北部边界是英国在美洲的殖民地，南面是墨西哥和墨西哥湾，大西洋冲洗着它的东部海岸，落基山脉变成它的西部长城。但是，这个国家也不是绝对安定的。这个国家的西部，在密西西比河和密苏里河的边缘，到处都是广阔的原始森林，那里生活着野人和野兽。但在相反的区域，在河流的东部，一个文明的国度在这里扎根。美国人把他们的国家分成联邦政府和自治政府。其政府形式，他们称之为共和制。

（三）评析

据容闳的回忆录*My Life in China and America*记载，其少年就读于马礼逊学校时，于1845年曾撰写了一篇文章，大意为想象旅行至纽约和溯源哈德逊河。根据此项线索，在1845年11月出版的《中国丛报》（*Chinese Repository*）第14卷第11期找到容闳作文的原版An Imaginary Voyage。

容闳作文载于“Remarks on specimens of literary composition written by pupils in the school of the Morrison Education Society and exhibited at its annual examination September 24th, *1845*”一文中，里面包含了1845年9月24日，马礼逊学校首届学生的六篇作文，题目依次为“The Life of Man a Building, and Youth the Foundation”“Chinese Government”“Labour”“An Imaginary Voyage”“Scriptures”“Notions of the Chinese in Regard to a Future State”经过翻译、解读和考证，其中“An Imaginary Voyage”主要是关于从澳门途经东南亚到纽约的旅行和描述美国概况，与容闳自传所提及的“An Imaginary Voyage to New York and up the Hudson”颇符，当是容闳作品无疑。

中山大学吴义雄教授在《马礼逊学校与容闳留美前所受的教育》一文中亦曾提及：“六篇作文中总有一篇必定是容闳所作，但没有什么线索可以判断他所写的是哪一篇。……其中，写得比较好的是两封信中的第一封和谈论‘中国政府’和‘幻想之旅’的两篇作文。”[1]但是，吴教授并未指明哪篇为容作。

① 吴义雄：《马礼逊学校与容闳留美前所受的教育》，载吴文莱主编《容闳与中国近代化》，珠海出版社，1999，第597—598页。

在《容闳评传》一书中，陈汉才教授描述："1845年9月24日，马礼逊学校校长勃朗和教育会秘书裨治文，邀请教育会其他成员和各界人士，到马礼逊学校参观公开考试。勃朗校长听取教育会成员的意见，当即在众人面前举行一次英文写作考试，要求1班全部6个学生自选题目，用英文作文，写完当场交卷。结果，容闳所在的这个班6个学生，每人都自己定出了作文题目，6篇题目分别是《意想之纽约游》《中国政府》《劳动》《人生是一座建筑，青年时代是基石》《圣经》和《中国人关于来世的观念》。内容广泛，知识广博，涉及政治、经济、文化、教育、人生观、地理、历史、宗教等方面的问题，每个人都能用英文作文，自定题目，各有千秋，在英语词汇、文法、章句结构、段落安排等方面，都达到了相当高的水平。而容闳在这篇《意想之纽约游》的英文作文中，结合勃朗校长和其他洋教习平时所宣讲的有关部分摩天楼的传闻，融入自己崇拜西方文明的思想感情，大胆展开想象的翅膀，运用英文优美的文字和句子，描绘了纽约这个世界大都会'危楼摩天，华屋林立，教堂塔尖高耸云表'的繁华景象，赞扬了所谓'天堂'般的生活。当时写英文作文时，纯粹是一种想象，后来在1847年踏足纽约时，就把幻想变成现实，使美梦成真了。这篇英文作文写得很好，受到勃朗先生的多次赞扬。后来这6篇作文都刊登在《中国丛报》上。"[①]该书提及了容闳撰写了作文的背景，但是有关作文内容的引用，在容闳原文并无踪迹。另外，该书没有注明容闳文章刊载在《中国丛报》的具体期数，应该没有见到容闳原文，所以描述容闳作文内容与容闳作文原版差距较大。

1847年，在完成这篇作文两年后，容闳跟随校长鲍留云（S. R. Brown）留学美国，后毕业于耶鲁大学，接受了完整的西式教育。容闳

① 陈汉才：《容闳评传》，广东高等教育出版社，2008，第31—32页。

的英语能力从他在耶鲁大学期间曾获得英语竞赛一等奖而可见一斑。1854年，容闳留学归来，却已经忘记了母语怎么说，然后用了很长一段时间恢复中文能力。[①]据现存的容闳回忆录、日记、案牍和信函等文字史料主要是用英文写成的，至少可以证明容闳的英语熟练度超过了汉语。而与容闳有交集的同时代人物亦记载了容闳身上的西味十足，如李鸿章曾在光绪三年七月十八日（1877年8月26日）给郭嵩焘的信函中提到："（容闳）汉文未深，又不甚知大体，亦是一病。"[②]翁同龢在光绪二十二年四月初三日（1896年5月15日）的日记中写道："江苏候补容闳，号纯甫，久居美国，居然洋人矣！"[③]康有为在光绪二十七年五月二十日（1901年7月5日）《致谭张孝书》中有"孔马哩及容纯甫辈，皆纯乎西风"之说。[④]因此种种，可以看出容闳自幼接受的西式教育是非常成功的，他也是一个非常西化的中国人。当然，容闳其后赴美国采购西器、组织120名幼童分四批赴美国留学十年（1872—1881）、担任首届驻美副使（1878—1881）、建议修筑铁路和创办银行等重要事件，都倚仗了他的西学背景和留美经历。

容闳在马礼逊学校的英文习作——《奇幻之旅》（An Imaginary Voyage），是容闳在马礼逊学校求学留下的重要记录，也是容闳著作有记录可查的第一篇，意义非同寻常。

---

① 容闳：《西学东渐记》，徐凤石、恽铁樵译，湖南人民出版社，1981，第27—29页。

② 李鸿章：《复郭筠仙星使》，载《李鸿章全集》第32册信函四，安徽教育出版社，2008，第105页。

③ 翁万戈编：《翁同龢日记》第六卷，翁以钧校订，中西书局，2012，第2946页。

④ 方志钦主编，蔡惠尧助编：《康梁与保皇会——谭良在美国所藏资料汇编》，天津古籍出版社，1997，第32页。

联设新轮船公司章程

（一）导言

西方新式轮船驾驶灵活，动力充足，运输快捷，客货两宜，运载量大，极大地冲击了中国传统的木帆船，传统运输业日益凋敝衰败。一些有资本、有眼光的中国商人，看到了新式航运业的丰厚利润，纷纷入股外国轮船公司，或者购买船只交给洋行经营，借以避开各种捐税，因而获利不少。但是，航运业的大部分经济利益都被外国轮船公司赚走了。清政府被各种不平等条约束缚住，很难管控住这些外国轮船公司在中国的野蛮发展。这些外国轮船在几乎不受中国政府监管的情况下，横行于各通商口岸之间，严重侵蚀中国的主权和利益。

面对中国商人购买外国船只交给洋行代理的状况，清政府总理衙门在1864年向各通商口岸征询办法。江海关道丁日昌认为这样的状况"日久弊生"，不如"弃我之短，以就彼之长"，建议政府设厂造船，同时准许中国商人购买轮船，在官方登记后经营。两项建议，只有设厂造船成为现实，即后来的江南制造总局。1865年，闽浙总督左宗棠和广州将军瑞麟各自呈报的《华商购买洋船章程》，出发点还是在监管，不是鼓励，未获批准。海关总税务司赫德也呈送了一份章程，但是却想将华商购置的船只纳入海关和外国税务司的监管之下，肯定不会被批准。1866年，江苏巡抚李鸿章向曾国藩呈交《华商买用洋商火轮夹板等项船只章程》。

1867年，容闳看到了近代轮船运输业被外国人掌控带来的危机以及轮船运输业的强大发展潜力，于是与上海熟悉航运业的广东商人拟定《联设新轮船公司章程》，上呈两江总督曾国藩，建议筹划中国商人集资创办轮船公司，未获批准。1868年，沙船商人赵立诚向曾国藩呈请兴办轮船，也未获批准。曾国藩出于各种考虑，比如冲击漕运业导致赖以为生的百姓失业而引发动乱，以及担心中国航运业会落入外国公司手中以致漕粮运输受制于人，而做此决定。1872年曾国藩去世后，李鸿章再次向总理衙门提出中国人自办轮船公司的建议。总理衙门批复：轮船必须为华人所有。经过李鸿章一番努力，最终促成轮船招商局的诞生。轮船招商局打破了洋行在中国航运业的垄断，在一定程度上保护了中国的权利。

留美幼童在轮船招商局前合影

（二）原文

联设新轮船公司章程十六条

同治六年五月二十六日（1867年6月27日）

窃自长江开口通商以来，凡设轮船搭载客商货物者，本非一家，如宝顺、怡和、琼记、旗昌等行，皆有长江轮船装运客货者也。夫轮船行驶迅速，本国商船殊不可及，因其捷于往还，易于转接，故客商货物，亦均乐于附搭，不意同治五年春夏间，宝顺、琼记所载，往汉口之轮船俱为旗昌一家所得，自此垄断独登，操纵由己，盖生意出于众则分，归于己则合。而出于众，则定有常规，乐从其便，其于事也公，归于己，则出于私意，强人所难，其于事也霸。即其现议规条，凡系洋商货物装运，往来载脚，不得添减毫厘，而于中国商货，并无议及。现在已将搭客载脚，每位加收银三两，货物每担加收银一钱半，则公司之归诸一家，于我中国商货，大为无益，已可概见。倘将来该行利其独得，随时将载脚任意加昂，则我中国商人，舍此无可他适，必得勉力从事。想近来贸易，既已获利艰难，而往来更浪费多资，转接又为其所限，不诚于我中国商人大有窒碍乎。此又轮船公司之断不可归诸一家者也。

今议设一新轮船公司，俱用中国人合股而成，拟装坚固快驶轮船四只，专走长江及走各埠，倘有同志乐为联股，借以玉成，则不仅目前中国商货，大有便益，而因中国之有轮船公司，则中国置用轮船者有人，驾驶轮船者亦有人矣，引伸触类，其利益可胜言者哉。

兹将拟立规条列左：

一，议设此公司本银必须四十万两。此项分为四千股，每股百两，分四期交清。临派股时，每股先交出银二十五两，余项听执事者议定何期，如期交出。如公司众人中有大半议欲加本过四十万两之上者，即再照开新股。其所加必须为加购轮船或添设栈房等用，不得作别用。

一，议先设轮船二只，专走长江，专载中外商人货物。如生意畅旺，随时酌加轮船二只，一走天津、烟台、牛庄等处，一走福州、香港等处。

一，议公司轮船必须往花旗装购前来，抑或写信只购轮船机器，至中国装船身。其船舱位至小须容二千吨，或有合宜现成之轮船者，随时酌量。

一，议船上所用之人，一船主、大车一，大火一，系外国人，余俱用中国人。

一，议岸上坐庄伙伴，只一写字用外国人，余俱用中国人。

一，议办理公司事务，拟请一主事、一副主事，并两司帐，共四人。每年于十二月中，公司众人会集，抽签公举四人办事。所公举者，主事及副主事二人，必于公司内有百股之份者，方可准当。

一，议公司内所用司事人等，必均系有股分者，仍由众人抽签公举，每股著一签。或因事在外，未暇来沪，任其托友代抽亦可。

一，议主事每年薪水银三千两，副主事每年二千五百两，司帐每位每年二千两。

一，议外国人在岸上办事者，每月薪水一百五十两，多至二百两。

一，议在公司办事者，倘有不周，或账目糊涂，查出确据，立即辞退，如有亏挪，勒限赔补。

一，议所有公司生意进款，一经收到，即就地拨存妥当银行，无论多寡，务用公司名记支拨，不得出入别人名下，亦必因公司正用，方可支取，不得支作别用。

一，议往汉口轮船设有二只，往来转接甚易，凡公司内有股分而在上海、汉口贸易者，货客往来，如不赶市，必由本公司轮船搭装，不得滥搭别行轮船，以重联股之谊。

一，议每年十二月十五日，公司众人宜会集，听主事人报明本年公司生意如何，即会议来年公司事务。主事人并将本年各项账簿呈出众人阅验，如有利息，立即照股摊派，限以五日内派清。

一，议寻常有事须议，公司众人未能齐集，即由主事与公司内股本多至一半者会议。其所议章程，仍听公司众人，俱各允洽，方可准行。

一，议年终核算，倘是年生意亏本至二分五，即将所剩之本，照股摊还散局。如公司众人均欲再做，即再妥议续行，所亏之本，议须补足，再行照股派补。

（三）评析

1873年，轮船招商局在上海创办，这虽然不是容闳的功劳，但是容闳在1867年提出的方案已经比较成熟，具有可行性，李鸿章在创办轮船招商局时，也有借鉴容闳的方案。据曾国藩致总理衙门函提及："究竟其议是否起自容丞，……是否华商集事，保无洋人及买办在内，殊难究悉。若无慈悲，未必能仿照外国公司颁发。"[①]另据曾国藩《批华商吴南记等禀集资购办轮船试行漕运请示由（同治七年）》记载："去年上海道转呈容丞所拟章程。"[②]又据李鸿章《致总署　试办轮船招商（同治十一年十一月二十三日）》："同治

李鸿章（1823—1901）

① 《同治六年六月初六日总署收上海通商大臣曾国藩函》，载台湾"中央研究院"近代史研究所编《海防档》（甲），购买船炮（三），台湾"中央研究院"近代史所，1957，第876页。

② 曾国藩：《批华商吴南记等禀集资购办轮船试行漕运请示由》，载《曾国藩全集》第13册，岳麓书社，2011，第571页。

六年以后，曾文正、丁雨生迭据同知容闳、道员许道身等各有建议，筹有成规。曾文正当将容闳所拟章程刊本寄送贵衙门查阅，并以核定华商置造洋船章程，饬由江海关道出示，通颁各口晓谕试办。迄今又六七年。此局因循未成，实由筑室道谋主持无人，商情惶惑。若徒议章程，而不即试行，仍属无济于事。”[①]因此，从这个角度来说，容闳也是轮船招商局的早期倡议者和计划者。

轮船招商总局（上海英租界三马路）

① 李鸿章：《致总署 试办轮船招商（同治十一年十一月二十三日）》，载顾廷龙、戴逸主编《李鸿章全集》第30册，信函（二），安徽教育出版社，2008，第484页。

出洋肄业局函稿

（一）导言

容闳是留美幼童的倡议者和组织者。容闳求学耶鲁期间，萌发组织青年留学美国以改造中国的想法，“予意以为予之一身，既受此文明之教育，则当使后予之人，亦享此同等之利益，以西方之学术灌输于中国，使中国日趋于文明富强之境”[①]。容闳学成回国后，坚持不懈地倡议和推动留学计划，于1872年促成清政府挑选120名幼童派遣至美国求学10年（1872—1881）。这是近代中国首次官派留学，曾国藩和李鸿章赞道：“挑选幼童出洋肄业，固属中华创始之举，抑亦古来未有之事！”[②]容闳也由此被后人誉为“中国留学生之父”。[③]

同治九年（1870）九月，曾国藩和李鸿章的留学奏折获准后，委任陈兰彬为总办，容闳出任帮办，在上海筹备留学事宜。同治十一年七月初九日（1872年8月12日），陈兰彬与汉文教习容增祥、英文翻译曾兰生等出洋肄业局人员偕第一批留美幼童，在上海乘船赴美。容闳已经提前一月赴美，安排留美幼童的食宿和入学事宜。第一批留美幼童30名，广东就占了24名，其中香山县占13名。同治十二年五月

---

① 容闳：《西学东渐记》，徐凤石、恽铁樵译，湖南人民出版社，1981，第23页。

② 李鸿章：《幼童出洋肄业事宜折（同治十一年正月十九日）》，载顾廷龙、戴逸主编《李鸿章全集》第5册，安徽教育出版社，2008，第13—15页。

③ 李喜所：《容闳——中国留学生之父》，河北教育出版社，1990。容闳：《西学东渐记——中国留学生之父的足迹与心迹》，沈潜、杨增麒评注，中州古籍出版社，1998。刘中国、黄晓东：《近代中国留学生之父——容闳》，广东人民出版社，2005。

二十八日（1873年6月12日）容闳的马礼逊学校同学黄胜和容增祥偕带第二批留美幼童在上海乘坐“科罗拉多号”（Colorado）赴美，同行的还有七名上海和香港的自费生。同治十三年七月二十二日（1874年9月2日）祁兆熙和邝其照偕带第三批留美幼童从上海出发。光绪元年九月十六日（1875年10月14日）新任肄业局总办区谔良和新任肄业局翻译邝其照偕带第四批留美幼童在上海搭乘万员公司轮船赴美，另有三名自费生同行。

1872年出洋肄业局官员在旧金山合影（从右至左：容增祥、陈兰彬、曾兰生）

本部分挑选容闳著述中涉及留美幼童的公私文件五篇，包括禀稿两件、信函一封和咨文两件，展现了容闳与留美幼童的关系。

0	县份	一批	二批	三批	四批	各县总数	全省总数	占比/%
广东	香山	13	13	6	8	40	85	71
	南海	1	4	3	6	14		
	顺德	2	0	3	0	5		
	番禺	1	2	2	1	6		
	新会	2	1	2	0	5		
	台山	1	1	0	2	4		
	四会	1	2	0	0	3		
	海阳	1	1	0	0	2		
	开平	0	1	0	0	1		

（续上表）

0	县份	一批	二批	三批	四批	各县总数	全省总数	占比/%
广东	鹤山	0	0	0	1	1	84	70
	新安	0	0	1	0	1		
	博罗	1	0	0	0	1		
	潮阳	0	1	0	0	1		
	镇平	1	0	0	0	1		
江苏	上海	1	1	4	0	6	22	18.33
	宝山	0	0	2	2	4		
	嘉定	1	0	0	3	4		
	川沙	1	0	0	1	2		
	吴县	0	0	0	1	2		
	华亭	0	1	0	1	1		
	武进	0	0	0	1	1		
	丹徒	0	0	1	0	1		
	阳湖	0	0	1	0	1		
浙江	慈溪	0	0	0	2	2	7	5.83
	鄞县	0	1	0	0	1		
	镇海	0	1	0	0	1		
	定海	0	1	0	0	1		
	钱塘	0	0	1	0	1		
	绍兴	0	0	1	0	1		
安徽	怀远	0	0	0	1	1	4	3.33
	婺源	1	0	0	0	1		
	休宁	0	0	1	0	1		
	黟县	0	0	1	0	1		
福建	漳浦	0	0	1	0	1	2	1.67
	同安	1	0	0	0	1		
山东	济宁	1	0	0	0	1	1	0.83

（二）选读

刑部主事陈兰彬候补同知容闳禀两江总督曾国藩咨北洋大臣李

同治十年十月（1871年11—12月间）

敬禀者：

窃司员等于同治十年七月十三日奉到宪台札开："拟选聪颖子弟前赴泰西各国肄业习技艺以培人才缘由，经会同李爵大臣恭折具奏，抄录折单行知，又于八月二十九日奉到札开前奏一折，奉该衙门议奏单，并发，钦此。札饬钦遵。""又于九月十一日奉到札开准总理衙门咨开议复挑选聪颖子弟赴西洋书院肄习技艺一折，奉旨依议，钦此。抄单转饬钦遵。"各等因。奉此，司员等伏读前后札发折单各件，于设局挑选出洋肄习事宜均经胪举昨在镇江途次进谒行辕，复蒙宪台指示一切，敬聆之下，钦佩莫名，除俟办理沪局委员奉派到日开局遵办外，理合将现拟各条缮清具清折禀请钧览，仰祈宫太保侯中堂俯赐裁核，实为公便，肃具寸禀云云。

两江总督曾、北洋大臣李批：

据呈清折均悉，查挑选幼童带赴美国肄业，事属创始，应准刊发关防，其关防字样，用"奏派选带幼童出洋肄业委员关防"，沪局关防字样用"总理幼童出洋肄业沪局事宜关防"，仰即知会机器局冯道在沪一并刊刻开用，具报正副二员职名，候专案具奏后，分别咨行各处，并咨请总理衙门照会美国公使知照该国。每年需用经费，同颁发时宪书两事，候札饬上海道遵照其沪局挑选幼童出洋肄业章程七条，同结式，候抄发总理沪局委员刘道办理。又幼童在外国肄业章程四条，亦尚妥协，应即照办。又沪局帮办委员董事，除本堂部已札派运使衔补用道刘翰清外，帮办之员即派候选知县吴宗瑛；董事三员即派陆宗云、徐润、唐廷枢，均候发给委札。吴宗瑛并每月酌给薪水银二十四两，以资办公。又出洋翻译之曾恒忠、初年出洋教习叶源濬，亦准先行给札。其第二年出洋之容增祥，仰即知照刘道存记，届时请札可也。缴。

附录一：沪局挑选幼童章程

一，凡肄业学生须身家清白品貌端正、禀赋厚实、资质明敏者，方可入选。其身体孱弱及废疾者，概不收录。进局时，取具年貌、籍贯暨亲属甘结、收局注册、到局日期，一并注明。

一，凡挑选以年在十岁至二十岁为率。凡十二岁至十四岁者，择其文理略通即可入选；其十五岁至二十岁，必须中国文理通顺，及粗通洋文，略解翻译，方可入选。十五岁以上，仅读四书或习一经者，概不滥收，以示限制。

一，案奉总署复奏查照上海、广东开设同文馆成案，如有愿往泰西各国之人，不分满汉子弟，择其质地端谨、文理优长者，一律送往，以广人才等因，查幼童学习以年在十二岁至二十岁为率，如有质地端谨、中西文理优长，其年二十岁以内者，不分满汉，一律认真遴选送往学习。

一，幼童选定入局，以六个月为限，课以中西各学，再行甄别出洋，鲁钝不堪者，仍发回原籍。

一，新来幼童，先留读书，察看数日方准住局，以免往返赍送之劳。

一，幼童名字不雅驯者，父兄亲属先期改正，一经注册，不许更名。

一，幼童取结，除现居本地可届时取具外，从远方来此，须将结先行送局，如不入选，连结发还。结式由本局刊印空白预给。

一，幼童自本籍来沪学习，其行装衣服俱自行备办。至出洋启行时，官始备给。

附录二：沪局肄业章程

一，幼童选到入局，由总办及教习等查考中学浅深，分班课读。

一，幼童在局，夏令时，五六点钟起，上生书一首；八点钟，用点心，写字一纸，请先生讲书；十二点钟，午饭；一点钟至三点钟，温理熟书，文义不明者质疑问难；四、五、六点钟，习学外国语言文字；九点钟，寝息。冬令时，七点钟起身，十点钟寝息。课中外书，时刻与夏季同。秋冬日，晚七点钟至九点钟，课中国书籍，或课古文一篇，讲先哲格言数则。

一，在局肄业无事不准出门游荡。设有要事，须禀明总办及教习，因何事请假，何事回局。如有不遵，或擅行私出，三次者，即除名撤退，不准复行报名请选。

一，生徒中有争斗喧哗、不受学规、慢视教令、屡戒不悛者，即行出局。

一，放学日期腊月二十五日解馆，正月初六日开学，其余令节照常课读。

一，入馆之始，务将忠孝大节立身行己之道，勤加训诲，俾得心领神会，勉为端人正士。学成之后，庶几体用兼资，不至恃才妄作。

附录三：幼童在外国肄业章程

一，第一届幼童出洋，即由驻洋之员暨翻译、教习各员亲自带往，仍于驻洋两员中先期酌量一员驰赴美国，沿途部署一切，以便到日即行肄业。

一，自同治十一年起至十四年止，每年选送三十名前赴美国书院肄业。先课文字语言，习熟后，分送算数、步天、测海、制造、军政、船政、律学等院。肄习以十五年为率，中间艺成后，复游历两年，以验所学，然后回华，听候委用，此系官生选定出洋，不准半途而返，及入籍外洋。学成后，不准私在华洋遽谋别业。

一，肄业中学，先课以《孝经》《小学》。至经史及国朝典例各书，当随资质高下，循序渐进。课文以作论为主，凡制义、诗赋从缓。

一，每遇房虚昴星日，正副二员督率教习，集各童于公寓，宣讲圣谕，广训示以尊君亲上之义，务必随时随事剀切开导，以期实力体认，庶免入异学。

一，驻洋中西课程四个月考验一次，分别等第禀报。

一，幼童出洋所有束脩、膏火、衣服费用，川资皆官为经理。

附录四：结式

具甘结__________今于______________________________与甘结事，结得侄/子/弟〇〇请愿送赴宪局，听候带往西国肄业，习洋文、一切艺术，业成后回华差遣，不得私在华洋各处另谋生理，其在洋在途如有天灾疾病不测等事，各安天命，合具甘结是实。

附录五：计粘呈年貌籍贯一纸

同治________年_____月_____日，具甘结_________州/县人

幼童_________年_________岁，身_________面_________，系_________省_________府/州_________州/县_________籍

曾祖_________祖_________父_________

系蒙古/满洲/汉军_________旗_________佐领下人

同治十一年六月初五日，总理衙门咨北洋大臣李：

为咨复事：同治十一年六月初一日，准贵大臣来咨内称：据总理幼童出洋肄业事宜分发候补知府刘翰清等禀称：出洋幼童以十二岁计算，原奏不过约举大数而言，并无十二岁以下不准挑选明文。查幼童邝荣光、容尚谦等系容闳从广东带来，经过鲤鱼门、福州头等洋面，饮食行动，一切如常，毫无眩吐，心性亦甚灵巧。该幼童等转瞬即可及岁，请准出洋肄业等因前来。查清册内开邝荣光、容尚谦等，现年十岁，转瞬即可及岁，既据该委员等声称人才难得，访选不易，自应准其携带出洋肄业。相应咨行贵大臣查照办理可也。

致北洋大臣李鸿章禀报留美幼童事宜

光绪二年五月二十一日（1876年7月12日）收

选带幼童出洋肄业主事区谔良、候补道容闳禀北洋大臣李

敬禀者：

窃司员等自上年到美后，分派幼童就馆肄艺，调局课读，均已料理周妥。

其有孱弱多病者，有毫无长进者，有不遵约束者，亦经司员、职道分别察核，前后备文撤回，禀明在案。

惟是淘汰，固当核实，而经费尤须预筹。美国自南北战争以来，税务烦增，百物因而昂贵，价值有十倍至数十倍者，固已久在宪台洞鉴之中，即前局员陈京堂谅亦一一缕陈矣。

现查二、三、四批幼童，多在小馆，每年经费库平银四百两，截长补短，目下尚可敷支。惟头批各童，循次考进中大书院。一切馆费、书籍、膏火，无不比小馆加增，断非四百两所能敷衍。

伏查原奏定章程，每名按年通给四百两，立法本极撙节，但以事属创办，筹算多有未周，而美国今昔殊情，亦非当日所及料。除司员、职道统将十五年经费逐款清查，容俟妥筹，开列清折，禀恳奏请施行外，其目下头批幼童经费已形不敷，亟须弥补。

相应禀请，在于前后撤回幼童四名、病故幼童一名，每年每名四百两，又邝翻译每年减去薪水六百两，又江海关道于兑汇第五年经费项下少汇翻译薪水减项六百两，计共库平银三千二百两，合恳宪恩，先提此款，仍归第六年经费内一并给领，暂资弥补，一俟后来并案核实报销。是否有当，伏乞批示祇遵。

如蒙俯允，并请饬知江海关道，将前开各款共库平银三千三百两，统归今年六月以前汇寄第六年经费内搭解，实为德便。

至通筹十五年经费，亦属刻不容缓。统俟妥筹后，再行缕禀。合并陈明。

北洋大臣李鸿章批复该文："据禀，头批肄业幼童现已循次考进中大书院，一切费用较巨，兼值近来美国税增物贵，原定每名每年经费银四百两，不敷支用，自系实情。准将撤回及病故幼童五名领款，又邝翻译核减薪水共银三千二百两，饬知江海关道暂行照旧汇寄给领，以资弥补。至嗣后经费应如何酌议加增，仰即逐款核实妥筹，禀候察夺。惟饷源竭蹶，且系从前奏定之案，即稍有加多，必须格外撙节，勿得丝毫浪费为要。缴。"

致美国康涅狄格州教育部长讷（Dr. B. G. Northrop）函

1872年10月8日

Springfield, Mass, 8th October 1872.

DEAR SIR：

The deep interest you felt towards the young students recently sent by the Chinese Government to be educated in this country, as shown by your energetic and prompt action in securing suitable homes for them, calls for some public acknowledgment of your incalculable, to tender to you, as we now do, our united thanks, hoping the young students also, when they come to years of discretion, will be able to appreciate your efforts for them in their comparatively helpless condition in a strange land.

We must not fail to mention in this connection, the great pleasure we experienced from the cordial welcome the public has shown towards this educational mission, and we felt especially grateful responded to the call for homes for those young students, where they are care for, protected and instructed. It will give us the greatest pleasure to report to the Chinese Government this cordial welcome and this generous treatment which we have received of American people.

We remain, dear sir, your obedient servants,

Chin Lan Pin

Yung Wing

Tsang Hang Chung

Yeh Shu Tung

Dr. B. G. Northrop, Secretary of the Board of Education, New Haven, Conn.

中文译文[①]

大清钦命督率华生司员叶陈容曾[②]为函致大美国甘尼学政大员讷径复者：

现承贵学政优待我国学生，寻觅妥处，安置教养，克竭心力，历历在人耳目。弟等四人深为感戴，尚冀该生成人后，均当铭心致谢。惟该生现值幼稚、远离乡土，阁下看视十分优异，将来必有图报。目今尚有一言奉达，弟等诚心欣忭，只因贵国众户咸愿收育华生、教授学业，弟等寅感各众户君子，佥承重寄，供给屋室，教养兼施，刻将一切情状咨回我国大臣，代为入奏。

咨北洋大臣李鸿章留美幼童经费事光绪四年

（1878）

北洋大臣李鸿章咨出使美国大臣宗人府丞陈兰彬、补用道容闳：

肄业各童费用，前已筹添巨款，未便再求设法，惟有力求撙节，冀无支绌。现因前赴华盛顿，应行交卸局务，所有肄业功课一切，由区主事谔良、容主事增祥管理。如有裁减各员，节省薪水，仍祈照常拨寄存储，以补经费之不足，计至肄业年满，庶无缺乏。

① 《华生游学美国》，长秀等译，载《中西闻见录》1873年4月第9号，第28—30页。

② 陈容曾叶：陈兰彬（Chin Lan Pin）、容闳（Yung Wing）、曾恒忠（Tsang Hang Chung）叶绪东（Yeh Shu Tung）。

咨北洋大臣李鸿章

光绪七年七月十四日（1881年8月8日）

出使美日秘三国补用道容闳、暂理驻美肄业局翰林院编修吴嘉善咨北洋大臣李

为咨呈事：

六月二十三日接奉四月二十四照会内开“据天津电报总局详称‘窃照职局前奉宪台奏准设立电线，自天津至上海以通军报，并另设学堂教习学生以备各局派用，各在案。兹查学堂所招之学生向多未习外国语、文言、文字，以是教习打电诸法，断非一蹴可几，而职局安设电报，议由津沪分头接做，约计六个月当可竣工，亟须熟悉学生分司电报，以免贻误。伏思中国派赴美国肄业之学生，原备储才之选，职道等公同酌议，拟请宪台赐即咨行钦差出使美国大臣陈暨管理出洋幼童局吴编修、容副使于未经挑入大学堂之学生内挑选熟谙洋文洋语、质地安静者二十名，迅即派员附搭轮船送回上海，发交职局赶紧分派学习电报各务，以资得力。该学生到上海即时由伴送委员交与上海分局郑道官应听候天津去信分派。是否有当，理合具文详请宪台察核训示祗遵’等情，到本大臣。据此，除批准分咨并于四月十九日先由电报达知华盛顿使署转致照办外，相应照会，烦请查照会商，妥办，迅即照数挑选派员伴送回华”等因。

奉此，并先于四月二十五日接准华盛顿使署转来电报，当即遵电挑集学生二十名，以两月为期，赶行学习传电等事。惟电馆中以生意为重，不肯多收学徒，随即熟商于电馆中，专延名手一人来局教习，并各购给传电器具，派令专心勤习，并额外多派学生一名，示以如有怠惰，易于取弃足额，俾各厂儆奋。现已期逾两月，虽未能深造，咸

领略大概，寻常传报亦颇有手耳，相应用亟遵照，定于七月十四日起程，即迅派居中教习容丞思济管带回华，赴上海交代听用。各学生姓名、籍贯、年貌、履历、名数，另具清册附呈。

除照章移知上海关道查验，转交上海分局郑道官应并另咨呈南洋大臣外，理合备具咨呈清册，谨请察核施行。

第一批留美肄业学生

序号	姓名	字别	籍贯	生卒年
1	蔡锦章	云松	广东香山县	1859—1939
2	蔡绍基	述堂	广东香山县	1860—1941
3	欧阳庚	少白	广东香山县	1858—1941
4	史锦镛	瑞臣	广东香山县	1859—1926
5	张康仁	—	广东香山县	1861—1945
6	钟进（俊）成	勉之	广东香山县	1863—1854
7	钟文耀	紫垣	广东香山县	1861—1883
8	容尚谦	辉珊	广东香山县	1863—1954
9	谭耀勋	慕陶	广东香山县	1861—1883
10	程大器	汝湖	广东香山县	1858—1929
11	刘家照	月初	广东香山县	1863—1964
12	陆永泉	盈科	广东香山县	1857—1916
13	邓士聪	达卢	广东香山县	1862—1879
14	梁敦彦	崧生	广东顺德县	1860—1906
15	何廷梁	桂臣	广东顺德县	1862—1917
16	陈荣贵	辅朝	广东新会县	1859—?
17	陈钜镛（溶）	—	广东新会县	1860—?
18	吴仰曾	述三	广东四会县	1861—1919

（续上表）

序号	姓名	字别	籍贯	生卒年
19	罗国瑞	岳生	广东博罗县	1861—?
20	黄仲良	赞廷	广东番禺县	1858—1929
21	邝荣光	镜河	广东台山县	1863—1964
22	曾恭笃	子安	广东海阳县	1857—1916
23	潘铭钟	—	广东南海县	1862—1879
24	黄开甲	子元	广东镇平县	1860—1906
25	牛尚周	文卿	江苏嘉定县	1862—1917
26	钱文魁	—	江苏上海县	1859—1892
27	曹吉福	俊德	江苏川沙厅	1860—1915
28	詹天佑	眷诚	安徽婺源县	1861—1919
29	黄锡宝	—	福建同安县	1860—?
30	石锦堂	—	山东济宁州	1859—?

第二批留美肄业学生

序号	姓名	字别	籍贯	生卒年
1	梁金荣	—	广东香山县	1860—?
2	李恩富	少弼	广东香山县	1861—1938
3	黄有章	—	广东香山县	1858—1942
4	蔡廷干	耀堂	广东香山县	1861—1936
5	吴应科	盈之	广东四会县	1860—1949
6	吴仲贤	伟卿	广东四会县	1860—1839前
7	容揆	赞如	广东新会县	1861—1943
8	苏锐钊	剑侯	广东南海县	1860—?
9	温秉忠	荩臣	广东台山县	1862—1938

（续上表）

序号	姓名	字别	籍贯	生卒年
10	丁崇吉	艋仙	浙江定海厅	1861—1942
11	陆锡贵	显臣	江苏上海县	1860—1927
12	曾溥	子穆	广东香山县	1854—1889
13	容尚勤	临佑	广东香山县	1850—1904
14	李桂攀	步云	广东香山县	1860—1898
15	唐国安	介臣	广东香山县	1858—1913
16	宋文翙	叔仪	广东香山县	1860—1913
17	张有恭	—	广东香山县	1862—?
18	邓桂庭	香屏	广东香山县	1860—1897
19	唐元湛	露园	广东香山县	1861—1921
20	卓仁志	—	广东香山县	1862—1882
21	王凤喈	仪廷	广东海阳县	1860—1894
22	陈佩瑚	碧珊	广东南海县	1863—1906
23	邝景垣	—	广东南海县	1861—1880
24	邝咏钟	—	广东南海县	1861—1884
25	梁普时	子丰	广东番禺县	1861—?
26	梁普照	子临	广东番禺县	1860—1902
27	方伯梁	柱臣	广东开平县	1859—1927
28	陈乾生	—	浙江鄞县	1860—1900
29	王良登	辅臣	浙江镇海厅	1861—?
30	张祥和	—	江苏吴县	1863—1908

第三批留美肄业学生

序号	姓名	字别	籍贯	生卒年
1	唐绍仪	少川	广东香山县	1862—1938
2	梁如浩	孟亭	广东香山县	1863—1941
3	容耀垣	星桥	广东香山县	1865—1963
4	徐振鹏	季程	广东香山县	1863—1926
5	唐致尧	—	广东香山县	1862—?
6	郑廷襄	兰生	广东香山县	1864—1909
7	邝景扬	星池	广东南海县	1863—1925
8	邝贤俦	吕才	广东南海县	1864—1929
9	杨兆南	—	广东南海县	1862—1884
10	曹嘉爵	—	广东顺德县	1863—1875
11	曹嘉祥	希麟	广东顺德县	1864—1926
12	杨昌龄	寿南	广东顺德县	1863—?
13	卢祖华	怡堂	广东新会县	1864—?
14	徐之煊	—	广东新会县	1863—?
15	林沛泉	雨亭	广东番禺县	1863—?
16	黄季良	佐廷	广东番禺县	1862—1884
17	周长龄	寿臣	广东新安县	1861—1959
18	曹茂祥	—	江苏上海县	1865—?
19	朱锡绶	—	江苏上海县	1865—?
20	祁祖彝	听轩	江苏上海县	1863—?
21	康庚龄	—	江苏上海县	1863—1876
22	周万鹏	翼云	江苏宝山县	1864—1928
23	沈嘉树	—	江苏宝山县	1864—1933
24	宦维城	—	江苏丹徒县	1865—?

（续上表）

序号	姓名	字别	籍贯	生卒年
25	朱宝奎	子文	江苏阳湖县	1862—1925
26	吴敬荣	健甫	安徽休宁县	1864—1932
27	程大业	—	安徽黟县	1863—?
28	孙广明	新甫	浙江钱塘县	1861—?
29	袁长坤	静生	浙江绍兴	1863—1915
30	薛有福	—	福建漳浦县	1863—1884

第四批留美肄业学生

序号	姓名	字别	籍贯	生卒年
1	刘玉麟	宝森	广东香山县	1862—1942
2	黄耀昌	文南	广东香山县	1860—?
3	陆德章	厚庵	江苏川沙厅	1863—?
4	陶廷赓	协华	广东南海县	1864—1939
5	吴其藻	敏斋	广东香山县	1864—1932
6	谭耀芳	—	广东香山县	1866—?
7	盛文扬	葆臣	广东香山县	1865—1904
8	陈绍昌	—	广东香山县	1864—?
9	唐荣浩	芝田	广东香山县	1863—1906
10	唐荣俊	杰臣	广东香山县	1862—1904
11	梁鳌登	秀山	广东南海县	1865—?
12	陈福增	—	广东南海县	1862—?
13	林联辉	丽堂	广东南海县	1861—1900
14	林联盛	仪廷	广东南海县	1862—?
15	潘斯炽	剑云	广东南海县	1865—?

（续上表）

序号	姓名	字别	籍贯	生卒年
16	邝国光	观廷	广东台山县	1863—?
17	邝炳光	元亮	广东台山县	1863—
18	冯炳钟	序东	广东鹤山县	1864—?
19	梁丕旭	镇东	广东番禺县	1864—1917
20	陈金揆	度臣	江苏宝山县	1864—1894
21	金大廷	臣卿	江苏宝山县	1863—1900
22	沈寿昌	—	江苏嘉定县	1865—1894
23	周传谏	正卿	江苏嘉定县	1865—1939
24	周传谔	—	江苏嘉定县	1863—?
25	李汝金	润田	江苏华亭县	1865—?
26	吴焕荣	维青	江苏武进县	1863—?
27	王仁彬	—	江苏吴县	1864—?
28	沈德耀	祖勋	浙江慈溪县	1862—?
29	沈德辉	祖荫	浙江慈溪县	1864—?
30	黄祖莲	—	安徽怀远县	1863—1894

（三）评析

留美幼童120名，年纪最大的16岁，最小的仅10岁。其中，广东84人、江苏22人、浙江7人、安徽4人、福建2人、山东1人。广东占70%，其中香山县有41人，约占49%，这是因为当时仍是科举取士的时代，普通家庭大多不愿送孩子漂洋过海去未知的世界求学，而广东，特别是临近澳门的香山县，风气开放较早，人们思想比较开明，敢为人先，愿意送孩子出去留学，认为孩子以后可以做买办或者译员。由于各种原因，清政府提前将原计划留美十五年的留学生，于光绪七年（1881）分三批撤回。除因事故或因病已经提前回国的26人外，还有94人，其中仅有曾溥、詹天佑、欧阳庚三人大学毕业，其余59人正在大学或者专科学校肄业，32人尚在中学。

留美幼童回国后，经历了从晚清到民国初年的所有重大事件。留美幼童中，有7人在光绪十年（1884）中法海战、光绪二十年（1894）中日海战中阵亡。到20世纪初，留美幼童都取得了相当可观的成就。据初步统计，这批留美幼童中从事工矿、铁路、电报者30人，其中工矿负责人9人，工程师6人，铁路局长3人；从事教育事业者5人，其中清华大学校长1人、北洋大学校长1人；从事行政者24人，其中领事、代办以上者12人，外交部部长1人，副部长1人，驻外大使1人，国务院总理1人；从事商业者7人；进入海军者20人，其中14人为海军将领。其中如著名铁路工程师詹天佑、内阁总理唐绍仪、外交总长梁敦彦、驻美公使梁诚（原名梁丕旭）、外交总长梁如浩、驻英公使刘玉麟、舰队司令吴应科、海军次长徐振鹏、北洋大学校长蔡绍基、上海华商银行行长钟文耀、上海商储银行常务董事长唐元湛、山海关监督吴仲贤等。留美幼童能有如此出色的成就，容闳功不可没。

如此看来，容闳在港澳以及美国接受了新式教育，是中西方文化交流的受益者，同时又推动留学教育并担任驻外使官，成为推动中西方文化交流的先驱，后人称其为“中国留学生之父”也是比较中肯的。

调查秘鲁华工案牍

（一）导言

秘鲁位于南美洲太平洋西岸，在16世纪被西班牙殖民者占领。1824年，秘鲁获得独立后，经济逐渐恢复，对劳动力的需求激增。秘鲁的种植园、铁路和矿山的工作艰辛，工资太低，且劳动制度近似奴隶制，对印第安人和欧洲移民都没有吸引力，致使秘鲁劳动力奇缺。1849年，秘鲁议会通过法案鼓励中国人到秘鲁工作。鸦片战争后，中国门户大开，加之社会动荡，一些沿海百姓漂洋过海到南洋或者北美谋生。1860年《北京条约》中有“允华民外洋别地承工”条款，使18世纪以来在中国沿海出现的将契约华工作为贩卖对象的活动合法化，英国、葡萄牙、西班牙等国开设移民公司，招募华工。然而清政府规

南美种植园受虐华工（疑为容闳拍摄）

定“凡无约之国，一概不准设局招工”，秘鲁与清政府未签约，只能通过非法手段获取中国劳工。

为了掩人耳目，人口贩子精心炮制了一份契约，诱骗或胁迫华工签署，因而这些被称为“契约华工”，俗称“猪仔”。根据契约，华工不用缴付路途上的船费和饮食费，但是必须在种植园劳动八年，园主有权将华工转让或交换，八年期满，如不再续约，华工才能获得人身自由。

运输华工的轮船基本都是超载的，华工被关押在船舱中，空间狭小，卫生条件极差，食品和饮用水也非常糟糕，120天左右的航行，华工死亡率10%～33%。幸存的华工则被运到秘鲁的苦力市场，像牛马一样被公开拍卖，转至种植园、铁路、矿山或鸟粪岛工作。华工住在棚户中，每天工作12小时以上，一年只有3天假期，每月薪水只有4比索（1比索=25克银），扣除食宿费后所剩无几。

身处困境的华工通过各种渠道向清政府寻求帮助，详述秘鲁华工的惨状，请求清政府保护华工。清政府和秘鲁没有建交，不能直接交涉，也不能设立领事馆进行保护，只能请求美国居中传达，宣布禁止华人通过澳门前往秘鲁，但是效果不佳。1872年5月，发生了举世闻名的“玛也西（María Luz）号” 事件，秘鲁船长虐待华工情形被曝光，国际舆论哗然，秘鲁成为众矢之的，声名狼藉。秘鲁遂派出特使前往中国，谋求建交和缔结条约。清政府借此积极与秘鲁交涉，维护华工利益。1874年6月26日，清政府和秘鲁正式签订了《中秘查办华工专条》和《中秘友好通商条约》。条约为华工争取到了相当大的权益，极大改善了华工的处境。

由于秘鲁方面断然否认虐待华工一事，李鸿章派遣容闳前往秘鲁实地考察。1874年9月1日，容闳邀请未婚妻的兄长祁洛医生、美国好友杜渣牧师同往秘鲁，调查华工遭受迫害情况，历时三个月，记录了大量华工口供、呈状和陈情书及许多美国人和当地证人的证词，还拍摄了24张有关华工的照片，展示了华工背部受笞和被烙的斑斑伤痕，成为秘鲁华工受到残酷虐待的第一手材料。容闳有关秘鲁华工所受非人待遇的报告，揭露了“虐待华工甚于犬马，受虐者自尽者不知凡几”的真相，清政府官员大为震惊。

1875年7月，秘鲁驻华公使爱勒谟尔（Juan Frederico Elmore）[①]就换约问题与清政府新任全权代表丁日昌会谈时，中方宣布如果秘方不以书面形式保证废止所有虐待行为并做出补救办法，中方就不批准条约。8月，两国使臣正式换文，条约生效，秘鲁成为拉美第一个同清政府建交的国家。秘方在给中国的照会中应允：“在本国雇工者，本国志在实力保护，不容稍受委屈情事。”[②]

1875年，清政府委派陈兰彬和容闳为出使美国、西班牙、秘鲁的首任公使。1878年陈兰彬使团赴美国递交国书，次年赴西班牙马德里递交国书，原计划赴秘鲁利马递交国书，正好遇上秘鲁和智利爆发南美太平洋战争，未能到秘鲁递交国书。1884年6月，第二任出使美日秘三国公使郑藻如到达秘鲁并递交国书后，才正式在秘鲁设立公使馆。郑藻如将了解华工情形作为重要任务，到秘鲁各地视察侨情，并据此与秘鲁政府交涉，强烈要求改善华工待遇。此后，秘鲁苛待华工情形稍微纾缓。

本部分收录致李鸿章禀稿一件、致沈葆桢禀稿一件、致函薛福成

① 爱勒谟尔（Juan Frederico Elmore）：又译安禄茂（见于《申报》），早年担任圣马科斯国立市长大学（Universidad Nacional Mayor de San Marcos）法学教授。1873年10月，以参赞资格随秘鲁特使葛尔西耶来华，在天津与李鸿章协商缔结两国条约。1875年9月7日升任秘鲁驻华公使。1879年12月回国后，秘鲁未再向清政府派遣公使，直至中华民国才恢复遣使。1881年至1882年出任秘鲁驻美公使。

② 李鸿章：《秘鲁换约事竣折（光绪元年七月初八日）》，载顾廷龙、戴逸主编《李鸿章全集》第6册，安徽教育出版社，2008，第342页。

信函三件，记录了容闳受命前往秘鲁考察华工被虐情况的详细结果以及收集到的口供。

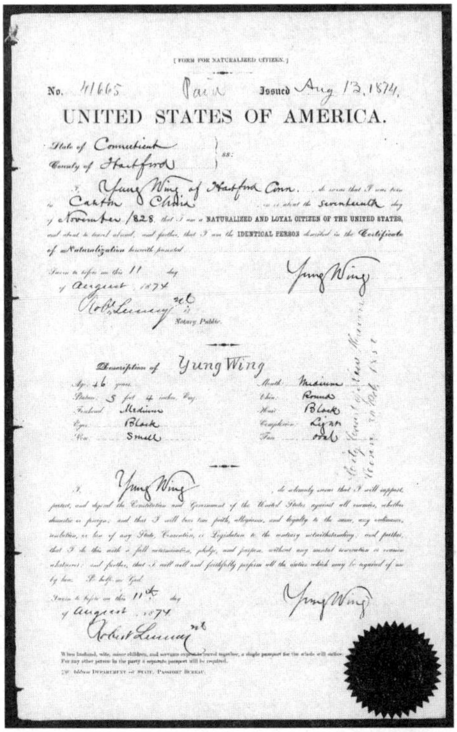

[FORM FOR NATURALIZED CITIZEN.]

No. 41665 Pair Issued Aug 13, 1874.

UNITED STATES OF AMERICA.

State of Connecticut, County of Hartford } ss:

I, Yung Wing of Hartford Conn. do swear that I was born in Canton China on or about the seventeenth day of November 1828, that I am a NATURALIZED AND LOYAL CITIZEN OF THE UNITED STATES, and about to travel abroad; and further, that I am the IDENTICAL PERSON described in the Certificate of Naturalization herewith presented.

Yung Wing

Sworn to before me this 11 day of August 1874

Robt. Lenney Notary Public.

Description of Yung Wing

Age:	46 years.	Mouth:	Medium
Stature:	5 feet 4 inches, Eng.	Chin:	Round
Forehead:	Medium	Hair:	Black
Eyes:	Black	Complexion:	Light
Nose:	Small	Face:	oval

I, Yung Wing, do solemnly swear that I will support, protect, and defend the Constitution and Government of the United States against all enemies, whether domestic or foreign; and that I will bear true faith, allegiance, and loyalty to the same, any ordinance, resolution, or law of any State, Convention, or Legislature to the contrary notwithstanding; and further, that I do this with a full determination, pledge, and purpose, without any mental reservation or evasion whatsoever; and further, that I will well and faithfully perform all the duties which may be required of me by law. So help me God.

Yung Wing

Sworn to before me this 11th day of August 1874

Robert Lenney

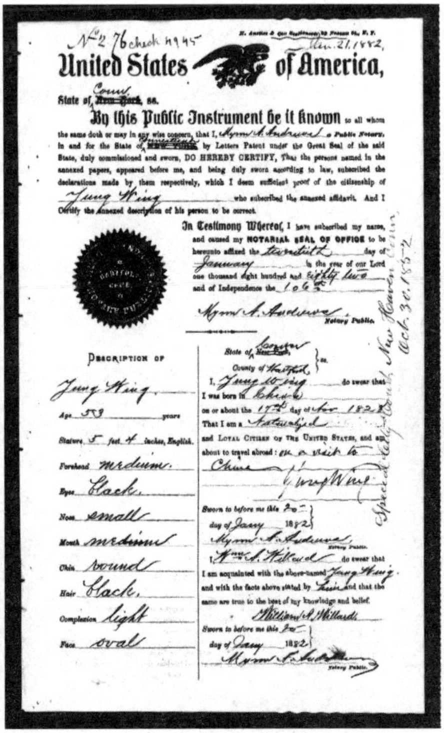

No 276 check 4945 — Nov. 21. 1882.

United States of America,

State of Conn. ss.

By this Public Instrument be it known to all whom the same doth or may in any wise concern, that I, Myron A. Andrews a Public Notary, in and for the State of Connecticut by Letters Patent under the Great Seal of the said State, duly commissioned and sworn, DO HEREBY CERTIFY, That the persons named in the annexed papers, appeared before me, and being duly sworn according to law, subscribed the declarations made by them respectively, which I deem sufficient proof of the citizenship of Yung Wing who subscribed the annexed affidavit. And I Certify the annexed description of his person to be correct.

In Testimony Whereof, I have subscribed my name, and caused my NOTARIAL SEAL OF OFFICE to be hereunto affixed the twentieth day of January in the year of our Lord one thousand eight hundred and eighty two and of Independence the 106th

Myron A. Andrews, Notary Public.

Description of Yung Wing.

Age	53 years
Stature	5 feet 4 inches, English.
Forehead	medium.
Eyes	black.
Nose	small
Mouth	medium
Chin	round
Hair	black.
Complexion	light
Face	oval

State of Conn., County of Hartford, ss.

I, Yung Wing do swear that I was born in China on or about the 17th day of Nov 1828 That I am a Naturalized and Loyal Citizen of the United States, and am about to travel abroad: on a visit to China

Yung Wing

Sworn to before me this 20 day of Jany 1882

Myron A. Andrews, Notary Public.

Wm. A. Willard do swear that I am acquainted with the above-named Yung Wing and with the facts above stated by him and that the same are true to the best of my knowledge and belief.

William A. Willard

Sworn to before me this 20 day of Jany 1882

Myron A. Andrews Notary Public.

容闳1874年护照

（二）原文

致北洋大臣李鸿章禀报核销查访秘鲁华工经费[①]

光绪元年十一月初二日（1875年11月29日）

窃卑职前在津门面奉钧谕，密往秘鲁查访华工情形，业于上年九月，将各华工禀词，及华董事联名公禀，交陈主事兰彬带呈后，于十月又将各华工口供暨诸秘鲁之美国公使面述各情、美公司之信件，逐一译录，开折呈送在案。所有秘鲁往返川费等项，前经商知陈主事，在驻洋经费项下暂行借支。

本年正月二十日，接得陈主事函称“面奉中堂钧谕，‘往秘鲁费用或将来禀请筹补，或俟派员秘鲁，并作一案办理’”等因。复于六月初五日接陈主事三月二十九日函，称“奉中堂谕，‘容丞去年往秘鲁费用，此时先造册报销亦可’”各等因。

奉此，伏查上年往秘鲁，水陆路程约计二万余里，舟车用度浩繁。卑职因不能通晓秘鲁语言，兼之该处天气炎蒸，易致疾病，曾约带美国人杜渣，及医士祁洛同往，共计川费及美国人薪水等项，实支销库平银三千三十二两五钱九分四厘，暂行在驻洋经费项下借支应用。

兹准陈主事转奉前因，谨将各细数，逐一造册，呈报鉴核，筹拨归款，计呈清册一本。

---

① 该禀摘自李鸿章致总理衙门函，其原文为：“十一月初七日，北洋通商大臣李鸿章文称：本年十一月初二日，据江苏候补同知容闳禀称……等情，到本大臣。据此，除札江海关道于四成洋税内照数拨兑归款外，相应咨会贵衙门，请烦查照施行。”

附录：照录清册

三品衔江苏候补同知容闳呈：

今将查访秘鲁国华工事件，往回川费及洋人薪水等项支销各细数造册，呈送宪核施行，须至册者。

计开：

一借支驻洋经费项下库平银三千三十二两五钱九分四厘。

由哈富启行，至纽约海口，车费库平银十二两七钱七分七厘。

请领护照费，库平银十两四钱一分一厘。

纽约客寓房饭，库平银五十二两。

行李车费，库平银六两九钱四分四厘。

赏客寓伺应人等，库平银四两一钱六分。

纽约至把勒马[①]轮船费，库平银二百二十三两二钱一分四厘二毫。

把勒马客寓房饭，库平银二十五两。

赏轮船及客寓伺应人等，库平银十两四钱一分六厘。

到海口下船火车，库平银六两二钱五分。

把勒马至秘鲁海口轮船费，库平银三百十二两四钱九分九厘八毫。

由海口到秘鲁京城火车，库平银四两一钱六分一厘。

客寓房饭等项，库平银二百四十八两三钱三分九厘。

验护照费，库平银三两四钱七分二厘。

搬行李，舢板，共库平银四两九钱一分七厘。

赏给船上及客寓伺应人等，库平银二十七两七钱七分一厘。

寄山内信资，库平银一两二分。

进山内各处查华工各情形口供，美国人薪水，库平银八十三两三钱三分。

---

① 把勒马：今译巴拿马（Panama）。

又川费等项，库平银九十两二钱七分一厘。

秘鲁地图及文法书，库平银八两一钱八分。

回把勒马轮船费，库平银三百五两六钱四分。

把勒马客寓房饭，库平银十六两七钱。

赏给轮船及客寓伺应人等，库平银十两一钱四分。

到海口火车，库平银六两二钱五分。

把勒马至纽约轮船费，库平银二百十四两七银一分。

行李车费，库平银六两九钱四分四厘。

客寓房饭，库平银二十四两三钱。

纽约回哈富火车费，库平银十二两七钱七分七厘。

美国医士祁洛薪水，库平银八百两。

美国人杜渣薪水，库平银五百两。

以上共实支销库平银三千三十二两五钱九分四厘。

致两江总督沈葆桢禀报查访秘鲁华工事宜[①]

光绪元年六月十六日（1875年7月18日）

敬禀者：

窃卑职前奉北洋通商大臣直隶爵阁督宪李面谕，密往秘鲁查访华工情形，遵于同治十三年七月约同美人杜渣及医士祁洛等启程，行抵

① 该禀摘自沈葆桢致总理衙门函，其原文为："十一月十一日，两江总督沈葆桢函称：十月十三日，接容丞闳六月十六日所发禀函，据称：'前奉李中堂面谕，密往秘鲁查访华工，已于同治十三年七月前往该国利马京城查访。'该丞所禀秘鲁历年勾结葡萄牙国人拐卖华工，任意凌虐，其各华工供禀亦与上年咕吧等处华工供禀所诉被虐情形，并无二致。兹将原禀华工供禀各处信函各一册一并照录寄上察核。"利马：秘鲁首都利马（Lima，Peru）。咕吧：古巴（Cuba）。

该国，寓居利马京城。

伏查秘鲁为民主之国，多沿西班牙旧俗，上下欺蒙，以营私为急务，规模狭小，百务废弛。该国原有土人约二百余万。绅富人等俱不肯雇用做工，因其工价太昂，又不能任意欺凌，所以勾结葡萄牙国人拐卖华工以逞所欲。自咸丰初年拐贩起，至今计存华工约十二万有奇。此二十年中受虐以及病亡，难以数计。又有已经作满八年仍勒令再做三五年及十余年不放者。卑职面见该总理外务大臣谈及，亦以此等情形为非是。无如官定章程只能行之附近利马京城，若远隔山岛，每多阳奉阴违。且彼中官经民举，必须要结人心以固利禄，揆之事势，焉能秉公办理。华工之受苦受虐何由伸雪。

卑职本拟亲赴各处查访，经递禀各华工苦劝，勿再深入，恐被陷害。因思此次系奉密查，并无文凭，未敢冒险前进。当觅得美国人曾在该处管理机器十余年，山内路径熟悉，嘱其代为访察，已将情形查确。又接得铁路医士等复书，及面询美国公使，所云均属众口一词，代为不平。

美公使又云，中国若准令招工，须派公使驻扎利马京城，妥议保护华工章程，遇有不遵条约之处，随时与之理论，并应仿照印度新章，招工之国必须先出现银若干为质，设有凌虐情事，一经发觉，即以此银作为罚款，仍请各国公使为中证，以免狡赖。若能如此办理，秘国之人以利为重，或可禁止将来不致凌虐等语。美公使驻扎秘鲁最久，熟悉该国情形，所言似属近理。

兹将华工供禀及各处来信函，分别录呈。伏乞察核，实为公便，谨肃芜禀，叩请钧安，伏惟垂鉴。

卑职容闳谨禀。

谨将询访客居秘鲁各官民人等目睹华工各情录呈钧览，计开：

驻扎秘鲁京城美国公使多马斯[1]云：

秘鲁人待华工残暴至极，衣食从来未有给与充足者，每月工银内必扣除衣服、药饵等项，华工实在所得无几。若工人专指工钱有余以为川费，则一百人不得有一人能回。八年工满，一千人不得一人能活。合同原定是有满期送回一节，此语全无把握，我见工满之人，他都不送回，有何人向彼理论，并有何人作保能着令送回。我之意见，中国总当派使臣来此京城，保护华工方不致受该国人欺负。又查秘鲁本可毋须招别国人作工，因该国土人有二百万之多，各色人等亦有五十万。该各富商不用土人之意，皆因工价太大，又不能受彼驱使，日夜作工，以及鞭打等事。只有华人到此，一切惟命是听，又不敢要多钱，所以专要华工。我看中国若与之立约，可仿照印度章程，先以巨款现银为质，遇有违约之处，可立与之辩白，即将此项现银作罚，秘鲁人重利，该当略好等语。

秘鲁火车路总管美国人锡呢来函：所询华人在秘鲁各山寮情形，刻因事冗，未能将眼见一切逐细奉复。惟华人在此受苦，即或著书成部，尚不能言其一半，我随后必将要紧各山寮情形布知。兹将大略言之。凡华人在山寮，每日发给八两或十二两米，肉食甚少。我知有山寮每礼拜每人给六两猪肉，以为优待之极，所给之米，大概俱极粗恶，惟种稻田者为尤坏，因拣好米出卖，以霉变者给工人充食。如底果比山寮，主人名瓦叠司，我曾亲见中国人所食米给八两一天，霉烂不堪，若以之喂猪，猪亦不能食。种田华人，计一百八十六人，六礼拜死去三十七人，皆因所食及相待不好之故。我亲与主人说及工人食

① 多马斯：弗兰西斯·托马斯（Francis Thomas，1799—1876），出生在马里兰州弗雷德里克县，毕业于马里兰州圣约翰学院，是律师出身的美国政治家，先后当选马里兰州众议院代表和美国国会众议员，1842年至1845年担任马里兰州第26任州长，1872年7月10日至1875年7月5日任美国驻秘鲁大使。

米太坏，指明与他看，如此待法，自己无益后，主人除八两米以外，加给四两面包。仍有未尽各情，随后再行写明寄上。或者此事能在秘鲁相助料理，固所愿也。以后若须查各事，请指明后，我即可照办。

美国人盖夜侈向在秘鲁管榨糖机器十三年，兹托进山密访各山寮情形，据复云：

一，山寮三：一名把拉猛格阿，一名智尔格阿尔，一名乌阿把格阿，系同一主人，名格阿那挖尔。内有五百华人，有三十名生病，重链锁四十名。工钱分三等，每礼拜四角、六角、八角银票不等。中国人云，总要做八年半，方肯放出，衣食不足。在一千八百七十一、二年，有黑人管工，常常拿两三中国人，带至山脚下打死，或用枪洞胸死，或用火枪打死，或用鞭打死。现在有五十人逃去。

一，山寮名拉司猛鸦司，主人名卡司代尔那拉司。寮内有六十中国人，俱衣食不足，生病都要作工，如不能作，即鞭打。工钱每礼拜四角、六角银票居多，八角银票者甚少。逃走八人。每逢礼拜日歇半天。

一，山寮名鸦尔板恩，主人名苏尔瓦格阿。寮内四百中国人，食的够，工钱每礼拜六角至八角银票。作工辛苦，寅初即起身作工，有时工钱四礼拜尚未发。每年衣服一套。一年只三天放假。现在有十八人逃走。

一，山寮名卡尔里也代亚，主人名尔我米荠阿思。寮内有三百中国人，待人尚可过得。

一，山寮名乌阿一多，主人名撒亚阿。寮内有三百五十中国人，作工极重，工钱每礼拜六角至八角银票，一年两套衣服，放假三天。常鞭打，有二十名锁重链，各人俱生病，眼肿痛。

一，山寮二：一名爱司把征，一名哀尔挨爱司，主人名泰尔奈司。此二山寮极坏，内有六十中国人，房屋与监相等，相待极坏。天热时，夜间蚊咬，又无衣服穿，与露体相等。现在天凉，俱穿旧口袋。工钱每礼拜二角票至六角票不等。凡向讨取满身纸，俱被鞭打链锁，我眼见诸人，俱困苦至极。

一，山寮名阿鲁格阿，又一名只以格阿，又一名婀尔以阿尔那司，主人名爱尔法阿尔那隋，内有中国人十名，每天作工辛苦，衣食不足，每礼拜工钱六角银票。

一，山寮名阿鲁格阿葛即底，主人名西二法阿。内有一百二十五名中国人，看待不好，衣食不足，作工苦极，任意鞭打。工钱每礼拜六角至八角银票。有生病十人，又逃走八人。

一，山寮名炳多，主人名格阿马尔阿。寮内有一百五十中国人，衣食不好，作工早，五点钟起，到晚歇。有二十名锁重链，常鞭打，形容瘦削，已经作满期有一年或半年者，工钱每礼拜或六角或八角银票。

一，山寮名阿拐也此，寮内从前有二百人，现只一百四十名，内有三十人生病，都被鞭打，衣不蔽体。六礼拜前已作满期，不放。

一，山寮名节别，主人名三力葛乃思哥老司。内有六百六十七中国人，作工辛苦，派米少。每年放假三天，给两套衣服，带重链作工。每礼拜给六角银票者，计有二十八名。又有三十名生病，俱无床睡，二十名逃走。

一，山寮名播打婀，主人名塞阿恩。寮内有二百中国人，衣食极坏，常鞭打。每礼拜工钱六角至八角银票。

一，山寮名马梭，主人名阿西若阿。寮内先有五百人，现在只有四百人，内有五十名逃走，三十名生病，二十名已满期，仍扣留作工。俱鞭打，看待极坏。每早天亮起工，到晚歇。每礼拜工钱六角至八角银票。

一，山寮名攸格阿罢，本年九月初五日有七十名中国人，因苦不过，杀死四人。

美国人爱宁遮云：已在秘鲁居住五年，看见中国人在秘鲁作工情形，苦不能尽。我在本国孟打拉[①]时，见中国人挖金及作别项工者甚多，又在泥瓦打邦[②]筑火车路，曾见其作工，以及中国商人，俱朴实勤俭，能守本分者，与之往来交共，皆与朋友相待，亦颇相得。五年前到秘鲁，又见中国人比从前在美国各处情形不同，看待与奴一类。我所说奴字，较秘鲁所待尤轻，此中为奴之苦，一言难尽。我初见中国人在廉嘛[③]，多见跛脚、断手、瞽目，以及生病，俱在廉嘛街市乞食。从来未见过中国人狼狈如此，我甚为希奇，情殊可悯。查其原故，皆系管工等残虐逼勒、作工过于辛苦之所致。既经残废，即行逐出，乞食而死者甚多。秘鲁规矩，每逢礼拜六准乞丐上街乞食，彼时见中国人乞食，实在可惨。若言华工所受之苦，即著书一本，亦难尽述。我问许多人，如何一至于此，俱云："限内尽力作工，满期逐出，不得乞食。"后我对秘鲁及西班牙人说，又问他："中国人在山寮如何相待？"据该国土人说，与华工所言俱同。我亲身到过各山寮，眼见所有睡觉地方，与煮食之处，以及衣服一切，俱非人所能受者，直与猪狗一般，以致各种病症，不一而足，多因此而死，令人闻之惨然。所住之处，四壁俱墙，只一门出入，凡出入，俱一一点名，然后开门上锁。山寮内俱有军火，待中国工人如同监犯，各人面俱黄瘦，可见不能饱食。据稍有天良之秘鲁人说，山主给米粮与中国人，俱不够食，衣服一层，俱破不堪，是我亲见，五年之间，未看见过中国人在山寮有鞋帽穿者。有一次在车路阿虏亚经过，见有一班中国人作工，有一

① 孟打拉：美国蒙大拿州（Montana）。1862年发现金矿。1864年从爱达荷州（Idaho）分出。1889年11月8日成为美国第41个州。

② 泥瓦打邦：美国内华达州（Nevada）。

③ 廉嘛：秘鲁首都利马（Lima），本书中亦写作"喱嘛""喱麻""廉麻"。

管工的拿鞭打跌了一人，此等行为，山寮乃其常事。所有管工，俱是挑选极残忍的人充当，天良早已丧尽。又有黑奴以残虐中国人为体面。我见有许多秘鲁管工人说，中国人总须残虐，方肯作工。此等人可称恶鬼，无良至极。所有中国人在秘鲁与别国人不同者，皆是待之以奴。秘鲁人不论视中国何等人，俱与奴一般，稍不合式，即手脚乱打，不以为怪。我看中国人见识，一切俱在他们之上，此间山寮之主人，不读书者居多，所以不能明理，致怀此等虐待人之见。至在廉嘛京城，应当看待中国人好些，凡有庆贺大典礼，街上行路之中国人，常被人打，或即将搭棚之竹拆下乱打，官亦不问。我曾看见过，亦曾阻拦过，不准如此，吃过大亏。又有一件事，是亲见的，两个月以前，在种棉花山寮出到廉嘛京城，此山寮名洒瓦拉。我见有十二名中国人收工回去，真不像人样，所穿之衣服褴褛又龌龊，黄瘦。以理而论，此十二人应当去医馆医治，不当作工的。形容全无人色，大约愿死不愿生。我见此即向友人说，若我是中国人，我情愿将主人及管工打死，然后自愿抵命。比如此十二人，当作死人一样，若在中国街上走过，有人看见，断不肯来。我此番看看，亦断不能忘记了，实在痛心。我写此略节，若能将秘鲁残暴情形，稍为除去，我就欣悦。此后秘鲁雇工一事，中国断不可依从。今我所说尚无百分之一。惟现在凡喜庆日，官出示不准土人打中国人，如违即查办。不知能遵行否等语。

即利[①]人挨渣瓦里亚云：我前在渣加加山寮，作了三年管工，主人名撒拉撒。我作管工时，即想见官代中国人伸冤，不顾利害。三年前，有几个中国人已作满期，求主人写给满身纸，主人不给，要我鞭打他们，我不依从，他就辞我不要。到今年七月十六日，我亲眼见主

① 即利：智利（Chile）。

人将许多满期合同撕毁，惟时我是去打猎，听见吵闹，所以看见的。中国人认得我，共有十九张合同，交给与我。主人知我有意将合同带到廉嘛交会馆头人，主人即通知乌阿佐县官，名他尔聂掳，是主人亲戚拿我，将我身上验过，未查出合同，即送我入监一天，说我叫中国人闹事，官说放后，如再去山寮探问中国人，是必再拿下监。后我到廉嘛，将满期不放缘由，告诉会馆头人。又有八十人已满期后仍逼作两三年，现在仍未放，已有禀带出。

以上系我自己亲见的。仍有山寮名萨我那里阿，内有一百一人，合同已满未放者。及作过二十年已满期多日未放者，此山寮名摆尔罢，主人名爱尔故以拉。若有人经过，不问有无凭据，一律拿去作工，永远不放。有乌阿早县邻近有二十个山寮，看待中国人规矩，俱系一样。

此系洋八月初十日卑职面询挨渣瓦里亚所云，后又同去见秘鲁外务大臣，将八十人满期不放情形，三面缕述。公道自在人心，于此亦可概见。

美国医士乌阿尔特[①]向在铁路看病云：一，在北打梭、都里庇两处山寮，此地距赤道南数度，雇有二千华人种蔗榨糖，上工是卯正至酉正，酉正又至卯，日夜不停。又有一帮是白日作工者，每天寅初即打钟，所有工人便出来应名，或点号数，即照号答应。该处天时正午过热，晚甚寒冷，人在暖处叫起，立在潮冷处听候点名，须一时半之久，方能点完。到卯正即开工，或内有要打者，即在此时当众人鞭打，除此外，日中鞭打，乃其常事。糖榨是日夜不停，是以有一帮人是昼夜作工，稍不遵规条，即痛打。每天一人银票一角，每礼拜发给。在糖寮机器房昼夜作工，工钱稍多，但总不得过四元一礼拜。派

---

① 乌阿尔特：Walter。

粮食不过三磅半米，我未看见过派牛肉除在医馆内即可有派给，馒头向来不发，鸡猪俱是华人自己养的。至工人在病房医馆，俱无限制，总欲将病医好。我想若平日作工衣食充足，断无病痛。现医馆内药极多，惟此等人作工过于劳苦，衣食不足，得病总难望好，虽有此等好药，有何用处。从前黑奴在美国曾有名人将苦况写出，令各国皆知，惜此时无人动笔写华人作工可怜之状，且俱被人拐骗而来，到此反受黑奴凌虐。前西国造兵船派兵到亚非利加，禁止贩卖黑人，美国三千万之众打仗，亦为黑奴起见。惟华人作工受虐，各国俱垂手而观，殊不知华工所受之苦，较之黑奴更甚千万倍，直有霄壤之别。不过华人来时，皆有合同，非贩卖名色，是以各国俱不过问。窃叹华人何以知秘鲁如此设计诱人，如此虐待，俱听拐骗之人一面甘言，以为到外洋赚钱养家。岂知到此以后，被其牢笼鞭打，受尽肤裂肉飞之苦，此时虽知，亦无如何，所诱之发财等事，尽属乌有。每有受虐不堪，投火炉烧死者，揆度其意，烧死较受鞭打尚觉好过。此等情形，皆我眼见。曾有打到将死，抬入医馆，在地下睡困数月，头不能抬者。惟各国被合同两字所欺，不知是如此情节，此亚非利加之黑人为奴，较之华人在秘鲁作工尚好万倍。且黑人虽称为奴，尚属人类，待华人则真同畜类矣。我见华人灵敏者多，如有好主人令其作各样技艺，必能工巧。

一，华人在蔗寮榨糖，每天限工车数已满，常作到夜十点钟，都不准停工。彼时必定鞭打，不至肉飞不已，用鞭之人极残忍，第一鞭将皮揭去，第二鞭即血流，我亲眼见中国人情愿投入火炉烧死，都不愿受他鞭打凌辱，可见得鞭打之人，残酷极矣。我有一次看见五十中国人，都是强壮者，入糖寮，所穿衣服洁净，俱蓝布衫裤，钮尚挂牙刷。惜乎愚蠢之人，不晓得是来到地狱，初来在十二时内，即有六人受伤，抬入医馆，因所做工夫未曾做过，一礼拜内又有六人自尽，十天内有五十人受鞭打，皆因生手未做过此等工夫，又无人领带。如此情形，秘鲁山寮，大概一律，又皆衣食不足，打的极虐，并在地下睡困。我所说俱系的确，不独是我一人目睹，若须一百人见证都有。惟有此时山寮，逢各节，较之从前略好。

一，华人在婀尔那呀火轮车路，此铁路即连太平洋及额伦得相通之路，是美国人名墨格思承领造办者。所有中国人在此路作工者，衣食居住一切均好，初到时每人派给草席一床，洋毯一张，衣服及马口铁盆、杯、调羹都有。所食系至好食物，是中国人作厨，牛肉、馒首、米薯，均与管工等人所食一样。早上未起工之前，先给茶与馒首，倘或赴远处作工，另外设一厨房，以系饭食不致冷冻。至在医馆内冷处，褥子是羊毛做的，洋毯亦足用。药材亦上品，并不短缺，医生不惜费用，总期医治痊可。又不准人看待不好，如查出立即罚办。有如此多人，在铁路作工，势须号令严叫，不得不用脚链与鞭，以示警戒。至打伤不能作工者绝无。内有管工能管自己的人，令其管中国人，或有虐打者，却不多见。此等情形，不独在此，即在美国亦所不免。至自尽之人亦有，皆因赌钱输去不得了之故。至衣服常时给发，并不拘合同之例。若地过干或灰土大之处，即发给眼镜，以防伤目，即不向讨取，都给的。冷暖衣服俱有。

一，华人初在婀尔那呀火车路作工，在一千八百七十一年十月时，地名三巴打那乜，有暖房居住，每人草褥一张，洋毯一合，马口铁盆、碟、杯、调羹。天热时，凡有用一张洋毯。在该处设有医馆一所，请有好医生料理。三巴打那乜，该处离海面高五尺，早晚凉，中午过热。该处有八百中国人作工，自一千八百七十一年十月至一千八百七十二年七月，共死有九十五人，多因初到时在船上受惊，多病蛊胀，盖由船上食用不好所致，到医馆时有许多在二十四点钟之内即死。又有发烧、肝病、肿胀、疟病、腹泻、痢疾、眼肿、头晕、呕吐、疮癣，及作工受伤、痔疮、肝坏、生疮等症，及因开山受山气发烧者。该处下雨时乃二月至三月。

一，三住安撒格那必雨，离海面六千尺，水极好，天时亦好，住居甚宜。所有在该处作工者俱强壮，此处共死若干人，尚未查出。疾病是疟疾，及各种烧病、腹泻痢病、作工受伤、疮疥，头晕，凡食烟者更重，腹泻因食烟者多。此二处作工俱是掘泥。该处下雨乃十二月至四月，每日俱午后雨多。

一，李格思查格阿马阿那，两处在一千八百七十二年设立，离海面约高七千尺。所做系轻工，大半来时俱是病弱的，多有不能走路者，发他去三波多罗乜医馆调理，此等人来时已死了许多。所设医馆是一千八百七十二年七月开，一千八百七十三年四月关闭，总共中国人三百至六百不等，死了一百二十二名。该处下雨乃十二月至四月，下午落雨。疾病是肚泻、痢疾、咳嗽、各种发烧、身体弱等症。

一，坦波叠未司婀，离海面约八千五百尺。十月至五月下雨，有雷响在八月。此处医馆系一千八百七十二年七月设立，七十四年五月关闭。作工约八十至五百人，扯有四百人常作工，早晚冷，中午暖。所做工凿石，极辛苦。疾病是各种发烧头晕，作工受伤、腹泻、痢疾、跌死、肿胀，共死一百五十人。

一，把尔拉离海面九千尺。所作工半泥半石。下雨十一月至四月。此处一千八百七十二年十二月设立，七十三年七月关闭。作工二百至四百人，死七十七名，疾病是疮及各种受伤、发烧、腹泻、咳嗽。

一，三攸阿抵婀，离海面约一万零三百尺，至一万一千尺高。下雨乃十月至五月。一点起至夜晚止。有三百人作工，死了一百十八，疾病是受伤身肿、发烧、下痢、水胀，食烟自尽者少。

一，按治以尔伊阿不朗过克阿克列，离海面高一万二千尺至一万三千尺。作工系开石与挖泥。下雨周年不定，在十月至五月雨甚多。一千人作工，疾病是发烧、受伤、食烟身弱、腹泻。

谨将秘鲁京城内面讯各华工供词录呈钧览，计开：

麦锦泉供：广东鹤山县人。同治七年被拐到澳门押逼下船到秘鲁，卖入种棉花山寮，每天寅正二刻打钟齐人点名，每人派给米一磅，菜蔬自备，每一礼拜派牛肉或猪肉一次，每日携锅下田自行煮食。卯初二刻上工，至午正停工，煮饭食饭，计歇半时，未初又上工，做到酉正二刻歇工。逢礼拜日停工半日，新年三日，大节一日。作工时受苦异常，督工有总管工两人，帮管工数人，并专派黑人一名持鞭毒打。凡上工行走稍后，以及力弱者无不受黑人毒打，眼见受虐难堪，寻死者约有十数人，病死者约八十人，凡生病皆因衣食不足，兼之受虐所致。我生来力弱，有一次派我做的工太多，我作不完，黑人行凶乱打，我将近被他打死。我又见有六十人已作满八年，仍勒遏作工不放，后来中国头人在廉嘛京城告状，才放出。我是自己用去洋钱一百五十圆赎身，主人收票上只写收我七十二圆，大概总是任意欺凌，工人都不敢与之较量。我是在乌阿卑县所属冷达山寮作工，主人名萨里拿司。所供是实。

林虎狮供：福建厦门人。我是咸丰二年来的，合同是七年为满。到秘鲁时先做面包铺工。期满后，各样事俱做过。现在廉嘛西北作生意，约有一百五十余里远，地名占该，附近山寮极多，我知道有一名把洒买约，内有一百五十华人，待得极坏，我见有四十人是在四年内打死的。又有一名摆二罢，系种蔗的，主人名爱尔故以拉。该处现在有八百中国人，每日寅初起身作到戌初歇，日发煮熟米豆约一磅。如人有病，即用牛皮鞭打，说是假病。我见多人因此自尽，数年之内已死了约有一千人，带锁作工者常有三五十人，主人全不爱惜，俱是重打。该寮内每年俱要添买人作工，又收买别处山寮不合式的人。又有一蔗寮名拉乌阿加，主人名散忌以。内有二百华人，三十人已作满工，仍留不放。又有蔗寮内名孤阿啰，主人名格阿拿。共作工华人二百，不常鞭打，工亦极苦。此都是我知道的，并无虚言。

赵尤平供：广东揭阳县人。我是同治五年到秘鲁的，到即卖入山寮作工。每天寅正起身上工，作到午正煮饭食饭，只准暂歇二刻，有时饭未食完，即押逐上工，戌初歇工。每人每日派米一磅，如不够，必须自己买米添食。每年派一套衣服，是用装麦口袋改做的。作工的人无处住宿，必得自己筑茅蓬住，用竹铺地，潮湿不堪，各人俱睡在地下。工钱不是一定，每发工钱时，必生许多枝节扣除，计一礼拜，只给银票二角五分。做工时一帮人如或一人作不完限工，大众都要受鞭打，或带链。做满八年期，主人又要我再立合同做八年，我不肯，他就赶逐我出来了。

叶香供：广东惠州府人。余供与赵尤平同。

刘茂供：广东惠州府人。余供与赵尤平同。

金阿卓供：广东新会县人。我是同治二年到秘鲁的，卖在把把糖寮作工。寮内约有一千华人。寅正起身点名，卯初开工，作到午正暂歇煮食，未初开工，戌初歇。每口派米半磅，余俱自备。又用米口袋，中间剪开为衣，仍要在工钱内扣去价值。凡有力作工者，每礼拜给八角银票，无力者一角至二角五分银票。早上起身稍迟，或走时稍慢即鞭打。所住是茅蓬，三面不通，一面有一小门出入，食睡俱在内。每逢上工时拥挤应名，力弱者挤倒在地，每每踏死，主人亦不过问。如有逃走，拿回鞭打，至少五十鞭，多则五百鞭，鞭后上脚镣，重链锁脚。或上脚枷倒吊，向太阳蒸晒，又锁颈在铁圈内，任意凌虐。我知道只有一人逃走脱身的，是夜里倒退走出，日出后即伏在山凹用石与草及树叶遮盖，不使人见，必须倒退，是恐寻脚迹追赶之故。近来寮内专养一种恶狗，能知人走到何处，追踪前去，有一次有人被狗拖出掷死。又凡中国人在人家作工，若遇主人不合式者，即转卖到此处。所以通国皆知是极恶的，主人又称之为地狱。我已作满工，现在出到廉嘛京城，仍系做工度日。

陈阿梅供：广东东莞县人。我在故衣治山寮作工已作满八年，每日寅正起身，作到午正暂歇煮食，未初又上工，作到酉正二刻歇。初到三年内无米派给，每日发煮熟粟米、红豆、番薯，后五年每天每人派米一磅半，蔬菜自备。每年派衣服一件，是米袋改做的。每礼拜给工钱银票八角，病日照扣。若有稍不合该处规条之处，即用鞭打，或重链锁，及上脚枷、颈枷等刑具，我被锁打多次，尚有伤痕请验。凡在糖寮及种葡萄等寮的人，被管工鞭打日夜不停，每天早上俱有一二人死，或自尽，或是受打过重因伤致死。

黎阿日供：江西金溪县人。余与陈阿梅供同。

郑阿联供：广东顺德县人。余与陈阿梅供同。

彭见福供：广东永安县人。我在澳门，是同治二年被拐到秘鲁，卖到托拉必治山寮种棉花，主人名依罗丝。寅正作工到酉正，或戌正歇，午正歇至未初煮食。凡礼拜作工半天，每天派一磅米，无衣服及皮鞋。歇宿地方极坏，不能避风雨。每礼拜只得四角银票，生病时扣除工钱，不给食米。我因受不来凌虐，只得逃走，不料被拿回。鞭打一时半之久后，用重链锁脚。我受此残毒，秘鲁官已知道，将我转卖到别处。主人比从前稍好，仍有两年即满期了。

陈阿福供：广东惠州府人。我被拐来时，与彭见福卖在一处山寮，我现已满期，被他打过多次，余与彭见福供同。

李阿华供：广东惠州府人。我是同治三年来的，我在山寮种粟、种薯，与彭见福同一主人。每天寅正起工，到戌初歇。每人派米一磅，别样俱无，衣服亦无。一礼拜工钱是七角五分银票，除扣去五角银票，只余二角五分。如此者四年，我受鞭打、带重链俱多次。我作了十年，满期已两年，主人不肯放我，不给满身纸，我就逃走出来了。

张贵供：广东香山县人。我是道光三十年由金星门上船到秘鲁，是第三只船，船上三百人，头一只装七十人，死一人，第二只装四百二十五人，死剩一百八十五人，第三只是三百人，死了四十八人，后来均是由澳门开船。我初到时是在鸟粪山，名真渣岛。作工有定限，每天装满两大车，如不完即将两手两脚指用绳扎吊打，每日不准多饮水，若在饮水处停三秒时，即要鞭打。每天寅正常有两三人自缢的，又有许多在鸟粪岛高处投海死，又有挖鸟粪自埋死。大凡投海俱系约定一百余人，同时尽命。他们见人死的多，就用兵把守山边。现在真渣岛鸟粪已完，又有新岛寻出，仍有中国人在彼处作工，规矩皆是一样。听见说现在衣食比从前略好，仍足八年为满，满期后百无一生的，我在真渣作了两年，后对管工说，我可作木匠，我又送他礼物后，就派到廉嘛作木匠，满期后自作买卖度日。

叶炳供：广东惠州府人。我是同治五年被拐到秘鲁的，到后卖作种田工的。每天寅正上工，作到午正暂歇二刻煮饭食饭。每每饭不能食完，管工就逐押上工，做到戌初才歇。每日派米一磅，余俱自备。每年衣服一套，是麦口袋改做的。所住茅篷，也是自己用钱筑的，夜间各人俱睡在地下，潮湿不堪。工钱每礼拜只得二角五分银票。我作田工三年，后来叫我做厨子，更辛苦，有时要做到丑正才歇，工钱亦是每礼拜二角五分银票。我见作工的人，将近满期，若生大病，主人就不料理。我作满期，他又叫我立八年合同，我不肯，就将我逐出。现在廉嘛作小生意度日，想回中国无川资，不能回去。

谨将秘鲁华工禀词录呈钧览，计开：

具诉人国嗱噜[1]国喱嘛埠粤东会馆阖省众等，为异类凶残，任性害人事。

窃蚁等自道光二十六年在澳门被番人拐骗，由帆船而来，直到嗱噜国喱嘛埠发卖后，至咸丰年间接踵而至者，不可胜数，约计通国远近十万有余。有卖在埠中为服役者，有卖入山里开耕者，有卖往坭山挖坭者。其工不一，其苦皆同。

若论服役于埠中，虽少鞭挞之楚，然自天明至夜半方得停手完工。而且唐番语言不通，安能话头晓尾，番人大呼小喝，肆其狼虎之威，动辄以拳脚相加，或送往官府监锁，此尤未为已甚也。

若论开耕于山里，天未明即要开工，日沉西尚未得返。又有督工者身带炮刀，手执皮鞭，紧押相随，如牧羊于旷野，若有稍迟，挥鞭乱打。倘遇身中患病，不独无医调理，且以鞭棍相加，逼工田亩。甚至病难行动，反言懒惰，田土赖以为躲避，即将铁链锁脚以示借一警百之威。私立刑具于其家中，开言便以畜类相骂，凶如梼杌，残忍不胜，故有私逃入山林荒野暂避苦楚者。若被番人看见捉回，定将皮鞭重打，或数十，或数百，打至皮肉浑然，筋骨俱见，兼以两脚齐锁，举动不安，欲免其刑，死而后已。因此受刑不过，情愿自寻短见者，亦属不少。而番人竟将其尸骨焚毁，冤惨冲入云霄，奈何天眼超超，竟无菩提之念。及至满了八年工期，例应不能强留，给回原纸，俾得脱身自寻工食。而狠毒番人，欺天朝之远隔，视中国之无人，既于八年期内纵其虎欲，复于八年期外肆其狼贪，不愿给回满身纸，故有十余年下得脱身者，而尤未为大甚者。

如落在坭山挖坭，真为苦况难堪。四海茫茫，孤山独立，无人所到，烟雾迷途，风霜入骨，番人狠毒鞭锁，任其施为。垢面蓬头，手

① 嗱噜：秘鲁，本书亦写作“嗱鲁”“卑鲁”。

伤脚折，总总苦情，难以尽说。是以成痨成疾，与自刎自缢及投海而死者，不可胜数。八年期满，所存不过五分之三。如此凶残，谁能保命以为八年之期哉。

今幸宪台驾到，不啻枯木逢春，足见皇上清哲文明，恩加群庶，无分远近，播厥敷施。故此合立诉词，尽述当躬之所受，伏乞宪台怜悯，除却致害根源，详审其弊端之所由来。无论澳门远近，不许其招集黎民载往外国。切勿信其诬骗，陷溺生灵。不独蚁等感恩，即国家亦为幸甚也。据实诉呈，仰求鉴察作主施行。蚁等不胜待命之至。

具诉词人�加则嘜工人陈德等八十名，为诉求生反得死，恶东家恃强扯毁合同，勒令永当苦工，恳求拯救事。

窃德等八十余众，皆华国人民身陷此地者，列位乡先生谅必洞悉，无须赘及。缘德等初受雇工时，即接东家合同，立约八年，限满例得请换满期纸，以另谋生计。

德等自到此则嘜十有余年来，只得日受苦工，并无得领关分银米衣服等事，以至同伴兄弟既无米以供炊，复无衣以蔽体。向隅饮泣，抱膝嘘嗟。至若稍延供役，苦打随来甚至体无完肤，伤烂虫出，种种受苦，莫名其状。合同伴共役屈指皆有十年之外，更有十六七年之久者，众商齐向东家求写换满限纸，俾得各谋生路。忆数年前，曾有迭将限满缘由求其写纸者，皆被鞭挞至死，仍要照常供役，不准写纸等因。今众兄弟挨苦不胜，迫得冒死再求写纸满工，哀求生路。岂料东家甜言应诺，骗我等将合同先递出，共有数十张，当众扯烂，恶言痛骂后，将每人痛鞭数十，死而后生者有之，受伤身死者有之。幸得英吉利人在此管工者，眼见我中华人如此受苦，自极心酸，因代我辈求情免打，反遭恶东就手鞭笞，更将此英吉利人监禁两个礼拜，限满释放，犹仗义嘱我辈各签名字，并将扯存合同十九张登即赴喱嘛代求我中华同乡兄弟列位先生仗义设法拯救。

德等在水火之中者，或施财而协同同告，或助势而情托周全，总总大开天地深恩，俾羁旅穹氓，得以借超生路，还望早施善策，无至变生，不测异日，匍叩台阶，伸鸣谢悃，特此哀哀实诉以闻。

具诉禀广东肇庆府高明县石奇乡人何广培、候补训导何思训之子，为狡骗害人诉冤无路事。

窃晚小随父任，往返于高廉之间，家严于道光十八年在高州候委。次年署理电白县学。后凡该府候补人员云集，改委廉州。二十八年署理府学，即年兼理合浦县学。咸丰六年又复回委高州，蒙文府宪委管高文书院监院。是年委署电白县教谕。九年调署信宜县学。因信宜寇乱，告假回家，指办资斧，适过广西平靖，意欲加捐知县分发广西未果。其事于同治三年携晚及家属到梧州，由藤县沿江而上，直抵北流县城，幸得各乡梓之为商于该处者，极其欢待，公举晚父为粤东会馆出官，办理东商事务。晚亦蒙该处绅士过爱，延入宾兴局，当为书禀之席。斯时年少无知，因与庶母不睦，即私逃返广东省城，不料路遇棍徒，被他骗诱，卖至秘鲁国中。险阻艰难，备尝得试。今幸身离苦海，工期已满，于八秋即欲故国之还，奈其行囊困乏，迫得暂栖戎地，徐图后会之机。兹闻宪台到此，喜如雀跃，将谓涸鱼得水，不日定济西江矣。追思我国自咸丰以来，蛮夷滑夏，非仅一秋，百姓之落在番郡，不可胜数，计嘁鲁一国十万有余。而凄凉苦楚者居其大半。如落在埠中邻近尚可容身。若落在山里开耕，无余地鞭挞杖锁任番人之意，而为桀纣之刑，未有过此。未晓宪台所见亦如是乎。据晚之所见，非尽如是，但不被其害者少，而被其害者多。夫不被其害者，捐躯竭力，昼夜辛勤，通达方言，方免于难。而被其害者，焦头烂额，衣履不全，日则耕锄，夜来监锁，更有惨刑难受，以至死于自尽者，或将尸而以火炙烧，或毁骨而弃诸道左，无辜受此生死不安。无知愚民误信番人拐骗，入其圈套，纵插翅亦难高飞。釜里游鱼，存亡唯其所命。天涯无路，凭谁附诉冤词，虽曰孽在自为，不能逃适，而招工之所，此实致害根原，自古靖盗者尤靖其原，正人此先正乎己。伏乞宪台以万民为心，同忧同乐。察民之冤，救民之苦，先毁其招工之所。捕究其行事之人，去草连根，严加禁办。苟徒以巡察为心，终不能除其后患，无异隔靴扪痒，究非调病良方。愿宪台威震诸蛮，功居黄阁，挥七寸之管，遐迩咸钦，拯亿万之民，慈悲莫大。普天之下，望若甘霖。四海之遥，仰同再造。恳勿视民如草芥，以失众士之心专。大禹之下车，泣罪之风著。国家贞明，洋溢之典。

晚虽不能附骥，亦得以拜下风而镂骨铭心于靡既也。言多孟浪，有失官仪，求为宽鸿，恕其荒谬。伏祈俯念，感激不胜。谨此叩禀。

具诉词流寓哤噜国喱麻埠中华商人等，诉为羁氓枉屈恳乞超生事。

窃商等自同治七八年间由美国旧金山正埠贩运洋广什货至此贸易。而此国之风土人情，生意买卖到无他异，货税出入，征收公允，盖此国王与大小官员体念中华远商，悉皆敬脱处事，平反得当。俾商等安居贸易。

维向闻哤噜国商人惯至我中华地面，骗招愚民到此国贩卖为奴为役。今到此国，悉据远年被卖在各埠及山寮当工役人等，咸相诉告，众口同词，皆云哤噜国二十余年来，共贩我中国人来受苦工者，十万有余。盖船抵埠日，即将华人远近发卖。近则卖在埠中番人店中为奴为仆，远则卖各处山寮当苦工，此等极难脱身也。我辈沿途受苦，惨不胜言。其船自澳门开行，至抵埠者必经三四五个月之久，其在船上久屈生病者十有二三，已死固属抛江，将死亦即弃海，同舡掩面，惨不堪观。到埠卖身，悉以八年为定例。合同所立，尽属空谈，身到山寮，分授苦工。垦无人迹之荒山，服非人之衣服，牧人如牧马，无分人畜，尽为奴。垢面蓬头，带星而出役，忘形枵腹，荷月而回栏。诸般凄楚，寒暑无间。若此苦工，更有狠东家恶管工，心多不足，苟不如意，即随手鞭挞，甚如奴畜。间有水土不服，偶尔生病，未能力作，直指为懒惰。莫问病由，任性拷打后，锁脚带链，仍当苦役。夜房监困如牛马之在圈围。其打也，无惧皮鞭棍棒，动辄一打数十，而至数百。哀哭之声远振山谷。皮鞭落背，血肉交流，甚至体无完肤，伤烂虫出。总总刑法，以示威望之恐栗焉。敢偷安遂至带伤带病而苦挨，足踵俱裂，蹶地死亡，指不胜屈。其中挨苦不过，即寻自尽及挖地自葬，其身总总难名其状。又合同所立每月日关分定额银米之数，多是虚名无实，即使关足，尚不敷其口给，良由物贵之累也。何况东家苛刻，管工短发，竟有茹藜服荄，无衣无食，难于度日者，近大埠之山寮，官法可及，尚遵国法些须，而不敢过于苛刻，苦挨八年期满，尚要补足告病日期，非十分哀托人情难得，东家准为满役，总是枝节狼贪，立意强留。若照合同定式期满日能即脱身者，十仅二三耳。眼见得脱而来大埠，多是身沾卑湿，面目黄肿，屈打伤身，遂至半身残废，手足不仁，暂至盲目，总总不一。间有身子子强壮抵埠之日，或作番厨，或小员贩，勤俭发奋，因而小康者百无。是所谓喧传香港、澳门皆云喱噜国作工之人鲜衣美食者，此也。更有离大埠数日路程之各山寮东家，恶多善少，愈远而愈难知，即如新旧坭山等处，永不准满身者，迄今尚有十四五年已来，未能脱役，尚要苦挨。此工所为王化之永不到，而得以擅作威福，私行刑具，私设监禁，总总苛刻情形，难于缕述矣。商等目睹心酸，欲救无力，只得据其切实真情，代诉吁恳宪台秋毫明察，仰体皇上拯民水火，无辞热海之洪波，轻身拔苦，素悉恫瘝而在抱，亟切超生失于前，犹冀普施仁术，脱其微躯，招徕于后者，切宜严加禁约，断彼念头，以中国之赤子，反为夷狄之奴才。况中土君国相承，向无以贩人为通商贸易者，用是恳乞杜绝夷人奸狡，明招暗卖，勿为外夷万国所笑，庶几国有裕民，民无羁氓，生还有日，罔极沾恩。肃此据情伏乞宪台恩准施行。

具诉词周观光等，现番居秘鲁国喱嘛埠，为狡猾狼凶、屈陷苍生，乞恩明严禁拘，鉴前警后，以安邦保民事。

窃思男子志在四方谋生，希期高远，本是人情。不谓棍徒奸滑，机局百般。蚁等有为家穷思活，中其计，有为妄想贪图，入其局，更有强逼硬押至密处，而呼吁无门者，遂卖到岷噜国喱嘛等处雇工栖身。本有合约可据，理该遵行不爽，果使均平处待，土客无欺，尚求生活，计望后有归期，岂知幸逢仁厚者百之一，落在苛刻者十之九也。类多殴约行凶，恃强作恶，衣食不计，有无工要作，迟即拳脚到身，力不拘厚薄，工要多，少则皮鞭贴肉，工夫逐日加重，米粮经年缺空。东家虎视狼威，只知觅利，雇工当人如粪土，管事倚势刻酷，每见无辜屈打，陷命作草芥，或有历工不过，畏刑躲避，总要捉回勒扣花红银两，捏以逃走罪辜，日日鞭挞无赦。重责数十，夜夜拘挛颈足，一链两人，而且推衣行刑，忍看皮腐肉烂，拖链当工，那顾挨病抵饥。噫，禽兽虽微，冻馁亦难活；牛马虽贱，乱鞭实难禁。可怜挨日得日，并无一日做生计，年作年来，曷知何年为工满。自思八年定例，加倍年数亦足意，孰知不准满身，又不准银赎。有此丧良，一日难过，是以打死、饿死者有人，自缢自刎者有人，更有欲死不能，欲走不得，竟屈勒终老而含冤饮泣复多人也。目击者不止几千百，不见者曷计几亿万。幸而难满脱身，如同再造，虽有载宝旋里，俨若登天。曾亦思别后十余二十载，父母如何痛楚，而无子终世者，不知几何人矣。妻子生为拆难，而家散人亡者，不知几何年矣。况枉屈少壮误过岁月，至斩宗绝嗣者，不知几何世矣。其遗害于伊胡底。

蚁等本穷民，业经亲尝此苦，岂忍缄心弗传，溯自少读儒书，屡试不售，继而遭乱破家，为贫初出，惨被棍徒骗至此处，酸苦略尝，灾磨阅尽，侥从险中还在，迄今十有六年，思归不得，食力不能，仅招煮字撑肠，拨墨糊口，所惜者西窗空苦，十年书遭浪涌。最痛者，北堂年将八十，望眼泪浸。念及此中，心悬局外，苦援一已。猛醒同人，但愿贵梓既有前车可鉴，慎毋后踵其辙。虽各处工商见可作，城埠不堪难为，只可买舟而来，岂宜卖身受络，但恐骗局惑人，一旦误入其手，竟成苦海茫亡，一往而难返矣。

蚁等今诉苦无缘，呼救无处，未逢时雨之降，空切云霓之望，兹可幸保赤诚，求不惮风波远涉，遍察蛮方，亲临异域，书所谓后来我苏者，正此时也。爰是悲切陈词，伏乞仁台镜鉴，救困危，如拯水火哀煢，独若解倒悬，拘狡滑，以锄祸根，毋使滋蔓，止愚氓而安邦国，树厥风声，不独蚁等沾恩刻骨。众等亦感德铭心，势著沥情，匍匐泣诉上。因人多僻处，远难通达，且身受禁制，不能擅出，故自具一纸，同为赴诉。

具诉词人吡嚕国喱嘛埠南海会馆阖邑众等为残忍害人无辜被骗乞为究办事。

窃蚁等本中国黎民，无知无识，因为家贫无倚，欲觅生涯，以为度日之资，不料被番人装成骗局，声言招蚁等在吡嚕国雇工，每月给回工银四大元，并无发卖为奴，及刑辱伤残等语。蚁等思家计之无靠，迫得从往佣工，谁知到吡嚕国之后，便将蚁等当明发卖为仆为奴。若卖在埠中铺屋之内，亦非十分凄楚。如卖往别埠及各山寮等处，若实难堪，出作入息，理宜竭力身勤，何故时加鞭挞，狐假虎威，或锁或枷，私立刑具，将人比畜生，王法何存。更有难受苦刑，不得已而自尽者，又将死骨焚毁，残忍何如。至满八年之期，理当给回原纸，俾其脱身，因何故意强留，多生枝节，日复一日，时总不愿给回原纸，何欺人之太甚也。因思蚁等生自天朝，为奴番地，并非自投罗网，实为狡骗害人，且身体发肤受之父母，虽无临深履薄之心，今已落在笼中，正呼天之无应，呼地之无闻，狼暴逼人，生死永无安日，天朝上国竟为夷虏所欺，如此所为，未免有失国体，请查别国安有卖身为仆之风，以此观之，华夏反不如夷狄也。

蚁等既在圈套之中，已难为力，而未入其局者，尚可挽回。特此合立诉词，恳为洞鉴，怜惜黎民之苦，断其后路之来，一则以救群生，二则以存国体，切莫信其狡骗，庶几国有威而民免害矣。

据实禀呈，叩乞作主施行。

具诉词，蚁民杨景来系广东广州府顺德县民籍，为狡蛮苛刻惨陷苍生乞恩鉴察，严惩警后，以除民害事。

窃思男儿志在四方，经商觅利，贤愚之故，自道光二十六年澳门街有等棍徒串埋番行，拐骗卖人口为生，自始迄今，卖来秘鲁埠者十万有余，诸般机局，总总诱人。蚁等为家贫思活，至误中其计，遂卖至秘鲁国中当役，苦工八年，照依合同已满，幸离苦海，果使依例，则主客无欺，可求活计，归期有望，岂知幸逢仁厚者，百中无一，落在苛刻者十居有九。卖与附城店铺居家者，颇照合同无违。倘遇卖入远隔城埠，开僻山寮耕役凄惨异常，所有合同事款，概不遵依，计其惨者，披月而出，带月而归，午后始得炊爨，不管野有饿莩，求其雇工觅利。其管工之人，狐借虎威，手执皮鞭，随从左右，不管你挨饿抱病，不许稍停一息，倘谓工重难当，瞬息停手，则皮鞭到肉，量你少壮者，限工日增，老弱者定例无减有等。日则旷野开耕，夜则入寮榨蔗，日夜相迫，无时惰慢，视如驴马尚有安息之日，何况于人乎。是故苦劳受害致命者，指之不胜。遭挞者莫可言宣。闻者伤心，见者流泪。又至满了八年工期，例应不能强留，给回原纸，俾其脱身者寻工食，惟狠毒番人，欺我天朝远涉，国中无人，既于八年之内纵其虎欲，复于八年之外，肆其狼贪，不愿给回满期原纸。故多有十余年不得脱身者，而尤为太甚也。概计挨八年之久，十仅存其半耳。

蚁经备尝八载，劳苦历尽，倖由险中逃出，如同再造。然身居局外而心仍悬切于局里受苦者，久怀恼热之心，恨无诉冤之日。今幸保赤诚，求不惮风波远涉，亲临异域，遍察蛮方，故只将苦切陈词沥情呈告，伏乞宪台洞察，俯恤穷民，竭提携之力，释网除罗，恩施善法，以警后来，免众愚氓再陷苦海，受此惨伤，不独蚁等沾恩赴切，众等亦铭感大德于靡既矣。肃此具呈，作主施行。

具诉苦情，恳救残生事。切广东各府州县客籍人等，由咸丰元年自澳门骗招来嘛鲁国者，约有数万人，总共民籍有十万余人，而其来历非拐而来，即被招而至拐骗而来者，诱至澳门监禁鬼楼后，驱巨舶，消息难通，求死无术，姑存残躯，欲白冤于万一。被招而至者，只因家贫，本欲雇工，图赡家计，谁料到埠贩作为奴。落在埠中庶可栖身，百无一二。卖入山寮开荒辟土，辛苦异常，苛求备责，体污面垢，不暇浴洗，衣服不完，肤任霜侵，且又言语不通，难明指使。少不如意，鞭挞交加，有种狼恶管工，欲要誉于东家，每苛刻于众等。伤痕未愈，殴打齐来，遍体无完肤。痦痳难转侧，又背合同给衣粮之不继。故此精神困倦，责惰懒而任意行刑，挞愈多而力愈竭，神疲竭，奚能任此苦工。但思八年期满，虽命数未终，而终遭毒手，是以甘归泉路，投河者有之，自缢者有之，倘遇沈疴，只与泻药一樽，或药症不符，因此而殒命者，不知几何。又恶东主十数年尚不准满身，永充苦工，总无了期之日。幸逢八年苦满，罄身出埠，糊口难支，归程莫辨忆。欲向冤而冤仇更枉，欲赡家而家破人离。众等患同蹈火，苦若倒悬，总总苦情，难以枚举。惟计由澳门而至埠者，十存六七八；期满十仅三四；幸归故里者，百无一二。伶仃孤苦，切实陈情。适蒙台宪现临斯境，伏乞垂怜，悯众等之残生，冀拯水火之中，解倒悬之上，千家戴德，万众沾恩。衔结上呈。

具诉词，广东广州府香山县人张贵为残忍逼人，无辜致命事。

窃贵自同治年间由香港伙伴到嘛噜国喱嘛埠内为商，今经十有余

约之处，随时理论，并应仿印度新章，招工之国必须先出现银若干为质。设有凌虐，一经发觉，即以此银为罚款，仍请公使为中证，以免狡赖；秘人重利，或可禁止凌虐等语。

（三）评析

容闳对猪仔贸易深恶痛绝。他说："当1855年，予初次归国时，甫抵澳门，第一遇见之事，即为无数华工，以辫相连，结成一串，牵往囚室。其一种奴隶牛马之惨状，及今思之，犹为酸鼻。"1873年春，容闳护送一批新式军械回国后，因为熟知外洋事务被李鸿章派去与秘鲁专使谈判。秘鲁订约专使葛尔西耶巧舌如簧，声称华工在秘鲁并无虐待之事，容闳以在澳门以及古巴、秘鲁收集的大量实证资料，严词驳斥秘鲁专使曰：

"贩卖华工，在澳门为一极寻常之事，予已数见不鲜。此多数同胞之受人凌虐，予固常目击其惨状。当其被人拐诱，即被禁囚室中不令出。及运奴之船至，乃释出驱之登船。登船后即迫其签字，订作工之约，或赴古巴，或赴秘鲁。抵埠登岸后，列华工于市场，若货物之拍卖，出价高者得之。既被卖去，则当对其新主人，再签字另立一合同，订明作工年限。表面上虽曰订年限，实则此限乃永无满期。盖每届年限将满时，主人必强迫其重签新约，直欲令华工终身为其奴隶而后已。以故行时，每于中途演出可骇之惨剧。华工被诱后，既悟受人之愚，复受虐待之苦，不胜悲愤，辄于船至大洋四无涯际时，群起暴动以反抗。力即不足，宁全体投海以自尽。设或竟以人多而战胜，则尽杀贩猪仔之人及船主水手等，一一投尸海中以泄忿。纵船中无把舵之人，亦不复顾，听天由命，任其飘流。凡此可惊可怖之事，皆予所亲闻亲见者。予今明白告君，君幸毋希望予能助君订此野蛮之条约。不惟不能助君，且当力阻总督，劝其毋与秘鲁订约，而为此大背人道之贸易也。”[①]

据容闳回忆录：“秘鲁专使闻予言，大为失望，初时和颜悦色之假面具，猝然收去，代以满面怒容。即予亦自觉悻悻之色，不可遏止。盖述此惨无人理之往事，不期而发指也。因亦不顾秘使之喜怒若何，语毕，遽兴辞而出。”[②]足见容闳所言属实，让秘鲁特使无言以对。

容闳在中秘交涉和华工保护问题上做出了很大的贡献。1873年10月23日，秘鲁订约专使葛尔西耶由沪抵津，拜会直隶总督李鸿章，欲与李鸿章直接谈判订约。当时，由于秘鲁国内虐待华工之情状广为流布，又因“玛也西号”事件，朝野上下纷纷反对与秘鲁签订友好通商条约。于是，李鸿章委托容闳回美洲后，即赴秘鲁密访华工真实状况。“汝此次返国大佳，否则予亦将电召汝归矣。今予即命汝至秘鲁一行，以调查彼中华工实在之情形。汝其速返哈特福德，部署一切，以备启行。”[③]容闳回美国后，邀请杜渣牧师和祁洛医生作为中间人赴秘。他们用了三个月左右的时间完成了调查。固在容闳、陈兰彬调查期间，李鸿章与葛尔西耶进行过多次谈判，未取得任何进展。李鸿章致总理衙门函说道：“钧函以秘鲁议约一节，难遽应允，……鸿章前迭晤葛使，探其来意甚坚，虽多方辩驳，犹不稍诎，故须先允派员

① 容闳：《西学东渐记》，徐凤石、恽铁樵译，张叔方补译，杨坚、钟叔河校点，湖南人民出版社，1981，第97页。

② 容闳：《西学东渐记》，徐凤石、恽铁樵译，张叔方补译，杨坚、钟叔河校点，湖南人民出版社，1981，第98页。

③ 同上。

往查。”[1]葛尔西耶在谈判中态度极为强硬，矢口否认华工在秘鲁遭遇惨烈，声称：“华民公禀所称，全是空话，未经讯问口供，不足为凭。”同时保证在签订友好通商条约以后，着手调查华工在秘鲁受迫害一事，可谓软硬兼施。然而李鸿章一直延宕不允。总理衙门在得知李鸿章派人赴秘鲁和古巴调查后，也采取迁延之术，等待容闳、陈兰彬等人的调查结果。

容闳不负李鸿章所托，办事缜密、历练，亲赴秘鲁各地，真实揭露了华工在秘鲁等地的悲惨遭遇。容闳在报告中“另附有二十四张摄影。凡华工背部受笞、被烙斑斑之伤痕，令人不忍目睹者，予乃借此摄影，一一呈现于世人之目中……秘鲁华工之工场，直一牲畜场。场中种种野蛮之举动，残暴无复人理，摄影特其一斑耳。有此确凿证据，无论口若悬河，当亦无辩护之余地”[2]。正是容闳搜集的实证资料，如铁证一样使秘鲁公使哑口无言，“秘使出不意睹此真确可据之摄影，乃噤不能声，垂头丧气而去”[3]。

两国在换约时，秘鲁代表爱勒谟尔允诺：“查华民在本国佣工者，本国志在实力保护，不容稍受委屈情事。俟贵国选派钦差大臣前往本国商办一切，本国当必实力会商华民事宜，以期为华工尽除一切弊端，使其皆得安居，身家资财，无不获全，以符条约及专条所规定章程，并遵信守。现准贵大臣送来华工见证供词一件，本大臣自当译出转送回国查照办理可也。”由此可见，容闳在中秘建交、签订条约的过程中起了重要作用，更为有意义的事则是容闳为海外华工取得了

---

① 李鸿章：《致总署　论秘鲁立约（同治十二年九月二十四日）》，载顾廷龙、戴逸主编《李鸿章全集》第30册，安徽教育出版社，2008，第590—591页。

② 容闳：《西学东渐记》，徐凤石、恽铁樵译，张叔方补译，杨坚、钟叔河校点，湖南人民出版社，1981，第99页。

③ 同上。

两国政府的保护。

容闳总结道："自予报告秘鲁调查情形，政府遂以华工出洋著为禁令。'猪仔'之祸，乃不如前此甚矣。"[①]话当非自饰之词。中秘建交后，容闳擢任中国驻美国、日斯巴尼亚国、秘鲁三国副公使。

在调查处理华工在秘鲁等地实际之情况时，容闳以其强烈的爱国心和责任心，使华工受苦受虐的真相得以公之于世人。他通过亲自暗访，详尽收集华工在当地受虐的情形，使清政府在建交谈判中牢牢掌握主动权。因为有理有据，清政府要求秘方彻查华工在秘的真实情况并着手保护、改善华工的生存状态就显得合情合理。

① 容闳：《西学东渐记》，徐凤石、恽铁樵译，张叔方补译，杨坚、钟叔河校点，湖南人民出版社，1981，第99页。

首任驻美公使馆案牍

（一）导言

光绪元年（1875），清政府委任陈兰彬和容闳为出使美国、日斯巴尼亚、秘鲁三国钦差大臣。[①]陈兰彬和容闳能够成为清政府派出的首批外交官，主要是因为陈兰彬和容闳担任出洋肄业局总办和帮办，组织幼童赴美留学，驻扎美国数年，并且分别赴古巴和秘鲁调查华工受虐情况，积累了丰富的外交经验，在当时的清政府官员中，属于思想开明、眼界开放、敢为人先、勇于担当的极少数人，所以也是出使美国、秘鲁和西班牙的最佳人选。陈兰彬和容闳出使的三个国家，一个在北美，一个在南美，一个在南欧，相隔重洋，距离遥远，却由陈兰彬和容闳同时驻扎，这几乎是不可能完成的任务。两人驻扎三国，主要有两个原因：第一，当时的外交人才少之又少，只能身兼数职；第二，当时古巴是西班牙的殖民地，因而古巴虐待华工问题，必须跟西班牙打交道；秘鲁虐待华工，容闳曾前往调查；美国西部的排华恶潮

① 《德宗实录》卷二十二载："（光绪元年十一月十四日）赏四品衔郎中陈兰彬以三四品京堂候补，三品衔同知容闳道员用，并加二品顶戴，充出使美国、日国、秘国钦差大臣。现月。……戊申（十五日）。谕军机大臣等。昨派陈兰彬、容闳充出使大臣，着该衙门查照出使英国成案，照会各国，嗣后均照此办理。现月。"《清德宗实录》第1册，载《清实录》第52册，中华书局，1987，第334页。

《光绪宣统两朝上谕档》载："光绪元年十一月十四日，奉上谕：二品顶戴候补三四品京堂陈兰彬、三品衔同知容闳，着充使美国、日国、秘鲁钦差大臣。容闳并以道员用，赏给二品顶戴。"《光绪朝上谕档》第1册，广西师范大学出版社，1996，第345页。

涌动，已然影响华人之生存；因而陈兰彬和容闳同时担任三国公使，其实都是在处理美洲华人问题。

清政府虽然已经在光绪元年（1875）任命陈兰彬和容闳为出使美日（西）秘三国钦差大臣，然而由于各种原因，直至光绪四年（1878）清政府才派出陈兰彬使团赴美国递交国书、驻扎履任。容闳当时在美国担任出洋肄业局帮办，协助管理出洋肄业局事宜，参与筹备驻华盛顿公使馆的租借和当地翻译等工作人员的招募等工作。驻美使馆设立后，容闳常驻华盛顿，协助陈兰彬办理中美外交事宜。光绪五年（1879），陈兰彬偕带随员前往西班牙马德里递交国书、设馆履任，容闳暂代公使职责，办理中美外交事宜，直至陈兰彬返回美国。陈兰彬原计划赴秘鲁递交国书、设馆履任，由于秘鲁和智利两国爆发南美太平洋战争，只能作罢，直至光绪七年（1881）陈兰彬和容闳任满，仍未能前往秘鲁履任。容闳担任驻美副公使期间，主要是协助陈兰彬办理与美国联邦政府的外交事务，主要涉及华工、华商、领事任命、国际会议、两国文书往来等事宜。

本部分收录容闳著述12件，选录了递交国书、委任领事、美侨在华案件、轮船招商局轮船在旧金山被加征关税、美国西部排华案件等事件的照会，以及与当时还是独立王国的檀香山的外交照会，此外还收录了与陈兰彬的函件往来，以及容闳任满

1878年陈兰彬使团成员照片集（最上排中间为陈兰彬，陈氏左手边为吴嘉善、右手边为容增祥）

回国接受新职的谢恩折，完整展现了容闳在美处理外交事务的梗概。

（二）原文

关于请定觐见之期呈递国书的照会

光绪四年八月二十五日（1878年9月21日）

大清钦差出使大臣花翎二品顶戴宗人府府丞陈、补用道容

为照会事：

照得本大臣奉本国大皇帝敬赍国书前诣贵国。

兹于光绪四年八月二十三日行抵华盛顿，相应照会贵大臣。恳即据情奏请觐见之期，以凭敬谨呈递国书，并先抄录国书华洋文各一纸，附送察照。

须至照会者。

右照会大亚美利驾合众国总理外务大臣伊。①

光绪四年八月二十五日。

附件：国书原文

大清国大皇帝问大亚美利驾合众国大伯理玺天德好。

---

① 大亚美利驾合众国总理外务大臣伊：威廉·麦克斯韦尔·埃瓦茨（William Maxwell Evarts，1818—1901），出生于美国马萨诸塞州（Massachusetts）波士顿（Boston）查尔斯顿（Charlestown）。1833年入读美国耶鲁大学（Yale University）。1839年入读哈佛大学法学院（Harvard Law School）。1868—1869年出任美国第17任总统安德鲁·约翰逊（Andrew Johnson）内阁司法部长。1877—1881年出任美国第十九任总统拉瑟福德·伯查德·海斯（Rutherford Birchard Hayes）内阁国务卿。1885—1891年选入国会参议院。大亚美利驾合众国即美国（America），本书亦写作“合众国”“大亚美里驾合众国”“大亚美理驾合众国”。

贵国与中国换约以来，睦谊攸关，夙敦和好。

兹特简赏戴花翎二品顶戴太常寺卿陈兰彬，出使为驻劄贵国都城钦差大臣，以二品顶戴道员容闳副之，并准其随时往来。

朕稔陈兰彬等忠诚笃实、沉毅有为，办理交涉事件，必能悉臻妥协。

朕恭膺天命，寅绍丕基，中外一家，罔有歧视。

嗣后愿与贵国益敦友睦，长享升平，朕有厚望焉。

光绪四年正月二十五日。

关于派陈树棠为旧金山总领事请发执照的照会[①]

光绪四年十月十四日（1878年11月8日）

大清钦差出使大臣花翎二品顶戴宗人府府丞陈、补用道容，为照会事：

照得本大臣现派二品衔花翎候选道陈树棠为驻劄贵国金山大埠总领事官。

兹将所给文凭咨送察核，希为转奏贵国大伯理玺天德发给准照，俾该员陈树棠得以莅任视事。为此照会，顺候时祉。

须至照会者。

右照会大亚美利驾合众国总理外务大臣伊。

光绪四年十月十四日。

---

① 《驻美大臣陈兰彬等致美国外务大臣伊照会（光绪四年十月十四日）》，载黄嘉谟主编《中美关系史料》（光绪朝一）下册，台湾“中央研究院”近代史研究所编印，1988，第433页。《中国驻美国公使馆致美国国务院备忘录（1868—1906）》第1册，广西师范大学出版社，2010，第86—87页。

1878年10月19日陈兰彬和容闳率使团在美国白宫向海斯总统递交国书情形

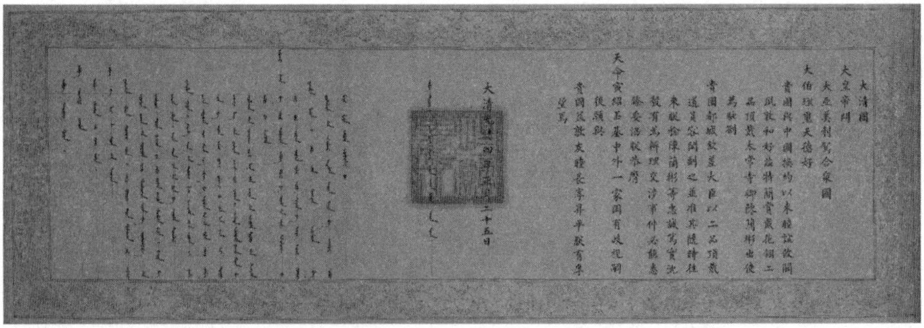

大清國
大皇帝問
大亞美利駕合衆國
大伯理璽天德好
貴國與中國換約以來睦誼攸關
夙敦和好茲特簡賞戴花翎二
品頂戴太常寺卿陳蘭彬出使
為駐劄
貴國都城欽差大臣以二品頂戴
道員容閎副之並准其隨時往
來緘恰陳蘭彬等忠誠篤實沈
毅有爲辦理交涉事件必能悉
臻妥協朕恭膺
天命寅紹丕基中外一家罔有歧視嗣
後願與
貴國益敦友睦長享昇平朕有厚
望焉
大清光緒四年四月二十五日

1878年10月19日陈兰彬和容闳递交国书原件

关于派傅列秘为旧金山领事官请发执照的照会

光绪四年十月十四日（1878年11月8日）

大清钦差出使大臣花翎二品顶戴宗人府府丞陈、补用道容，为照会事：

照得本大臣现派傅列秘为驻劄贵国金山大埠领事官。

兹将所给文凭咨送察核，希为转奏贵国大伯理玺天德发给准照，俾该员傅列秘得以莅任视事。

为此照会，顺候时祉。

须至照会者。

右照会大亚美利驾合众国总理外务大臣伊。

光绪四年十月十四日。

清代驻旧金山领事傅列秘

奏报抵美呈递国书折

光绪四年十一月十五日（1878年12月8日）

出使美国大臣陈兰彬、候补道容闳，奏为恭报微臣行抵美国日期，及呈递国书情形事。

窃臣陈兰彬于五月二十一日在香港途次奏报出洋日期，即于二十二日率领随员人等，附美国公司轮船开行。六月二十八日到美国之金山埠。七月初五日由火车启程。十二日路经哈富，晤副使容闳，探得伯理玺天德避暑外出，回宫需时，未便即赴美都，因在哈富等候。[①]八月二十三日行抵华盛顿，照会其外部大臣伊椷士。[②]二十九日，伯理玺天德回京。据其外部照复，订于九月初三日午刻接见。届时臣等恭赍国书，前赴彼宫呈递。其伯理玺天德免冠握手问劳殷勤，臣等诵致通好之辞。[③]伯理玺天德亦具有复辞，钞呈御览，谨奏闻。谨奏。

光绪四年十一月十五日，奉旨："知道了。"

---

① 陈兰彬《使美纪略》写道："十二点，到中国驻洋肄业总局，局在柯伦士的（'士的'译言'街'也）第四百号，与副使容道（闳），及驻洋委员区主事（谔良）、容中书（增祥）等相见，谈悉美国伯理玺天德及其各官员皆已避暑外出，须中秋后始回署办事因。因偕随员等暂驻该局等候。此后，（兰彬）及各随员火食均按薪水多寡匀算。"《使美纪略》，《近代中国》第17辑，上海社会科学院出版社，2007，第393页。

② 陈兰彬《使美纪略》写道："二十三日，巳刻，乘马车到赫臣河，既渡，为折尔西埠，由火车起行。……四点零十七，到华盛顿，入寓耶夫街公署。由哈富至，此计程三百五十迈。是为美国京都，地在纬北三十八度五十六分，经偏西七十七度二分。"《使美纪略》，《近代中国》第17辑，上海社会科学院出版社，2007，第415页。

③ 陈兰彬《使美纪略》写道："初三日，巳正三刻，（兰彬）与容副使（闳），率同参赞容（增祥）、翻译陈（言善）、蔡（锡勇）俱用行装，并洋员柏立，乘马车先到外部衙门，由正门入。各官旁立点首，行前数十步，由升车上楼，至第一层，入左边官厅，陈设铺垫俱极富丽。伊椷士并其参赞施华陪叙片刻，起偕（兰彬）等出乘马车，前赴伯理玺天德官门外下车，伊椷士前导，（兰彬）先，（闳）后，（增祥）捧国书继之，翻译及洋员随进，至殿右静候。殿长约二丈，阔二丈余，玻璃、窗槅，几帘、垫褥，一切蓝色，译称蔚蓝宫。少顷，伯理玺天德由殿左上，站立左首。随从六员：库务大臣沙文、律政大臣低云士、兵部大臣麦加拉利、驿务大臣胎拿、内部大臣刖而、内务参赞大臣罗乍士，皆在左序立。伯理玺天德略一点首，兰彬等点首答之，伯理玺天德趋近与（兰彬、闳）握手毕，（兰彬）随即朗宣颂词，（增祥）奉上国书，交（兰彬）恭捧，（闳）继用英语宣颂，词讫，（兰彬）敬将国书递与伯理玺天德，接受后，转交伊椷士，即自展答词，诵毕，复与增祥等各员逐一握手示敬。伊椷士又引（兰彬）等与六大臣握手相见，施参赞亦带（增祥）等与各官握手，然后退出。伯理玺天德送至殿前，谕令伊椷士陪过东殿游玩。少顷，乃别各大臣等，登车回寓。是日往返，男女观者夹道，即外部及宫殿门外亦拥挤如市。"《使美纪略》，《近代中国》第17辑，上海社会科学院出版社，2007，第416—417页。

奏应派驻美中国领事以资保护侨民片

光绪四年十一月十五日（1878年12月8日）

陈兰彬等片：

再，臣等查华人侨寓美国各邦，共约十四余万；在金山一带已有六万之多。近年土人积不相能，现未结之案计有二百余起，监禁者二百余人，交涉事几于无日无之。

臣等呈递国书后，即应知照该外部，派设中国领事妥为保护，将来美都使署一切事物亦必纷繁。臣等不日仍须前赴日国、秘国，是以公同商酌，必须在此添用人员常驻料理，庶臻周密。

查有五品衔花翎保升主事容增祥，管理幼童肄业局务已驻美国七年，熟悉情形，结实可靠，堪以就近调派参赞，并用美国人柏立一员帮同照料，合并仰恳天恩，俯准调用，以资襄助，谨附片陈明。

光绪四年十一月十五日，奉旨："依议。"

关于福州稟控串同私征渔税案的照会

光绪五年正月十一日（1879年2月1日）

大清钦差出使大臣花翎二品顶戴宗人府府丞陈、补用道容，为照会事：

本大臣接奉本国总理各国事务衙门来函，有福州稟控串同私征渔税一案，美国人卜打干涉案内情形昭著，显系戴领事为之纵容。[①]

① 戴领事：戴兰俤（Milton M. De Lano），生于美国宾夕法尼亚州阿勒格尼（Allegheny, Pennsylvania）。1869—1881年任美国驻福州领事。1871—1873年兼德国驻福州领事。1874—1880年再兼德国驻福州领事。

此案各情曾经贵国西公使转呈贵大臣察照，惟是贵国何署公使尚未接有复文，今特录原文一本，并配送译文，以便查阅，并敬问贵大臣现在此案贵国已经如何办法，或随后如何办法，希为见复可也。须至照会者。

计咨送汉文案卷一本，译印英文二本，内载福州通商局禀复各犯供词，及此案来往文件，卜打所用之旗及表号式样，又三角旗一面，均卜打征收渔税时所用之物。

右照会：

大亚美理驾合众国总理外务大臣伊。

光绪五年正月十一日。

咨钦差出使大臣陈兰彬

光绪五年三月十六日（1879年4月7日）

钦差出使大臣二品顶戴补用道容咨复事

准贵大臣咨称：“现在前赴日国，所有美国一切事宜，业附片奏明。”留本大臣驻美督率经理，并将木质关防一颗，咨送以备行用等因。准此。所以木质关防一颗，本大臣业经照收讫。相应咨复贵大臣，请烦查照。

须至咨者。

右咨钦差出使大臣陈。

光绪五年三月十六日。

三月十七日到。

陈兰彬使团（1878—1881）所租用的使馆大楼

咨总理衙门札委朱和钧前往檀香山事

光绪六年正月（1880年2—3月间）

出使美日秘国大臣陈、容咨呈：

案照本大臣于光绪五年（1879）四月初三日，奉总理各国事务衙门来文，内开“光绪五年二月二十三日，本衙门具奏出使美日秘国大臣陈，拟发现住山域治埃兰国商董谕帖，约束华民，据情具奏，请旨办理一折，本日奉旨：‘依议，钦此。’相应恭录谕旨，抄录原奏咨行贵大臣钦遵办理”等因到，本大臣当即谕委该处商董、同知衔陈国芬设法试办，并以开办之初，须得委员前往查勘，以期洞悉底蕴而臻周妥。复经劄委随员、兵部候补主事朱和钧前往，会同商董陈国芬细心查察，妥慎办理，各在案。

兹接据该商董并委员朱主事禀报，已于本年正月十一日，接到彼国外部准照，传知商民试行开办。

除分咨外，相应咨请查照。

附录一：檀香山商董与檀香山官员酌议允行事宜六条

光绪六年正月十一日（1880年2月20日）檀香山

一，所有华人在夏威仁国辖内居住者，须按照相待最优之国所得权利，俾华人一体均沾，准其任便往来，购买田产物业，并准入衙门作证。凡一切合法生理应准华人任便营为，及准华人子弟得入义学读书，以广学业。

一，凡待华人，不得有分畛域，并不得侮慢。

一，所有华人在夏威仁国辖内居住者，必时加保护，务使身家切安全。如有告讼等情，准华人到案，任由请讼师代审，以此各国及本国，视同一体。

一，所有华人如有不测，存下家财物产，地方官按律公办，应将所办情节录明，交领事官查阅。若遇有交涉华人案情，应准领事到署听审。

一，华人招工合同，应出于自愿，务与待各国及本国工人同一章程。

一，华人凡有以违法营生者，应由地方官办理。倘颁事官察知，邀请地方官助理，地方官务必相助。

附录二：出使大臣议发檀香山商董章程九条

一，稽查航海通商事务，保护本国商民，调处争讼，代向地方官伸诉冤抑，遇有紧要事件，务须禀报，听候核夺。

一，办理交涉事案，当照前禀与彼国官员酌议允行六条，妥慎办理；其余一切应行事宜，仍查照《万国公法》[1]《星轺指掌》[2]《公法便览》[3]等书，及参酌各国事例而行。

一，遇有华民搭客往来，必须严密访察有无贩卖猪仔情事；倘有各国招工船只附搭华民抵境，或由该岛附搭华民他往，查系何国船只，即与该国驻岛领事商议，查验办理，据实禀报。

一，每月华人出口进口人数，务必在税关确切查明，按季禀报；至华人在彼国犯事监禁者，共有若干，其中所犯何罪，情节轻重，罪名大小，均须确查，按季汇报。

一，办理华民投诉事件，及与彼国交涉各事，除事关紧要，专禀候批遵行外，其余事务，须逐件详查，按季汇报。

一，商董公署不可收留逃犯，致招物议。

一，每逢宴会，切不可谈论公事，及刊刻新闻纸，说自己暨别国所办公事。

一，另有未尽事宜，果于华人有益无损者，该商董务须传集公正华商，和衷妥议，顾全大局，一面将办理情形，禀明察核。

一，印信卷宗暨收支册簿，均须妥存，或遇有新旧交替，移交接收，收取其回文具报。

---

① 《万国公法》：原名*Elements of International Law*（国际法原理），美国Henry Wheaton著，美国传教士丁韪良译，同治三年（1864）岁在甲子孟冬月镌，京都崇实馆存板。

② 《星轺指掌》：原名*Manuel Diplomatique*，德国Charles de Maetens撰，联芳、庆常译，丁韪良鉴定校核，光绪二年（1876）中秋月，同文馆聚珍版。

③ 《公法便览》：原名*Introduction to the Study of International Law*，美国吴尔玺（Theodore Dwight Woolsey）著，丁韪良、汪凤藻、凤仪、左秉隆、德明译，光绪三年（1877）孟秋，同文馆聚珍版。陈兰彬为该书作序。

关于旧金山税务司新章照会美国外务大臣伊

光绪五年八月二十五日（1879年10月10日）

大清钦差出使美日秘国副使大臣二品顶戴补用道容为照会事：

照得本大臣于夏季以来，连接金山华商禀称“该埠征收内地税课，二十年来，本有常经，现下税务司新立章程，凡华商作烟叶生理，虽殷富之商，亦不准领照，必有实业之人取保而后可。我华民在此建置田地房屋者绝少。其人势必请洋人代保，于是有美国人包揽，出名保认，索费甚巨，于华商生理大有关碍。未立新章以前，华商未尝负欠税项，收税亦多。自立新章以来，所征日少”各等因，到本大臣。

据此，查该埠税司所立新章，并非例所应为。据华商所禀各节，似系该税司有意禁阻华商生业，实与两国所立条约之旨不符。该新定章程，应由贵国大伯理玺天德核定。

相应备文知照贵大臣，并钞送华商原禀各件，请烦查照秉公办理可也。

为此照会，顺候时祉，须至照会者。

右照会大亚美理驾合众国总理外务大臣伊。

光绪五年八月二十五日。

关于美国华人被侮有违两国续增条约的照会

光绪六年正月二十九日（1880年3月9日）

大清钦差副使大臣花翎二品顶戴补用道容，为照会事：

照得近来金山华人被侮情形，日甚一日，势处危迫，本大臣有不能已于言者，自中美订立续增条约以后，华民遵约前赴太平洋一带各省，为数甚众，当时需工孔亟，利其工价廉省，求之惟恐不得，故华民得安其业以谋生，由是来者愈众，迨后各国工人亦蜂拥而至，人类不齐，猜嫌遂起。十年来，华人被侮之案，殴击凌辱，甚至焚毁残害，层见叠出。沉冤获雪者，能有几何。方患御侮之无方，乃嘉省地方官，复屡立苛例，如“立方天气例”与“剪辫例”之类，无非苛待华人，必欲尽驱出境而后快。吾民何辜罹此残酷。

本大臣抵任以来，见闻明确，原望两国交谊日笃，情谊益孚，久之自可相安于无事，是以向来未尝以前项苛政，置办于公牍，讵意数月来，嘉省竟改立律网，使议例官员立法严禁各公司生意毋得雇用华人。议例人员，恪遵律网，并行定例，曰本省公司生意，敢有雇用华人者，从严罚银监禁，此例实与续增条约第六款之旨不符。该立例官员岂不之知而乃故意为此，其心何居。

查该约第六款有曰中国人至美国，或经历各处，或常行居住美国，必按照相待最优之国所得经历与常住之利益，俾中国人一体均沾。按此条约，贵国之待我华民本不得歧视，乃该省立此苛例，是与条约有背，不特此也。咸丰八年（1858），我两国所立之约，有曰合众国人民在中国安分贸易办事者，当与中国人一体和好友爱，地方官必时加保护，务使身家一切安全，不使受欺辱骚扰等事，美民之在中国者，我国无不按约保护，则华民之在美国者，贵国独不仿以此相待乎。

查续约中所载人民前往各国常住入籍不得禁阻，系属创设之举，其说起自贵国以任便往来，为有益我国，以约中所载友谊殷渥，故然其说特准华民任便来美贸易营生，且遣派幼童来此肄业，方冀彼此遵约办理，友谊日敦，贵国岂可以出乎尔者反乎尔，因一省而任全约废弃乎。

本大臣极知贵国有守约之诚与行约之实，上年大伯理玺天德批驳限制华人之例，都察院批驳此办例，悉本此意，惟是今日之续增条约，嘉省竟视为具文设立苛例，使千百华人栖身无所，谋食无方，流离转徙，填于沟壑。

本大臣奉大皇帝命，驻扎贵都职守攸关，值此非理相加，不得不据实缕陈于贵大臣之前伏，惟明以教我是所盼切。

为此照会，顺候时祉。须至照会者。

右照会：

大亚美理驾合众国总理外务大臣伊。

光绪六年正月二十九日。

关于和众轮船到旧金山征税课船钞的照会

光绪六年七月三十日（1880年9月4日）

大清钦差出使大臣花翎二品顶戴都察院左副都御史陈、补用道容，公文赍至：

大亚美里驾合众国总理外务大臣伊　当台开拆。

大清光绪六年七月三十日。

大清钦差出使大臣花翎二品顶戴都察院左副都御史陈、补用道容，为照复事：

连接贵大臣本月初八日、十八日来文，内开：中国和众轮船到旧金山埠，应征税课船钞各等因。又末次文内所询三事，相应备文照复。

本大臣查：

一，中国通商各口岸征收美船船钞，悉与中外各国船只无异。查咸丰八年（1858），我两国所立条约第十六款，载有合众国船只输纳船钞，凡在一百五十吨以上者，每吨纳银四钱。又中英条约第二十九款，中法条约第二十二款所载皆同。此后与外国立约亦载有此条，可知中国各口岸征收洋船船钞，并无分别多征。

二，中国征收美商入口货税，亦与相待最优之国商民及华民一律办理。查中国入口税则系咸丰八年（1858）与英国使臣议定，贵国法国皆已照行，中美条约第十五款载大合众国人所纳之税，必须照中华至好之国一律办理。第三十款载，两国议定，嗣后中国有何惠政恩典，利益施及他国，或其商民无论关涉船只海面、通商贸易、政事交往等情事，为该国并其商民从来未沾，抑为此条约所无者，亦当立准合众国官民一体均沾。

三，中国各口并无额外多征外国货税之例，美船所载货物，无论系美国制造，抑系别国制造，货物出自何国，由外洋某处而来，在所不问。查中国各口洋关章程，中外各国船只载相同之货入口者，均与美船一律完税，并无分别。如美国船载货入口，即谓美国旗号载来之洋货，并准其由此口将原货运至通商他口。再查增订长江贸易章程内第六条，美商雇中国船插用美国旗号，亦能运货由此通商口岸至彼通商口岸。目前，本大臣咨送贵大臣本国总理衙门通咨出使各国大臣公文，内开洋货纳税各节，洋文第二页、第三页、第五页、第十页，所载华商与洋商贸易事宜，并无歧视。各口征收船钞课税，无不一律办理，假令中国征收美船货税、船钞比华商多索，则贵国领事商民必具报有案，本大臣料无其事，因考诸条约及通商口岸章程通例，均无分别多征之款。

前于本月初二日以合众轮船不日将抵旧金山口岸，本大臣曾经照知贵大臣在案。查该轮船系中国招商局船，由中国广州通商口岸前来，今已抵埠，据称已辖输纳分别额外船钞货税等语。相应据实声复贵大臣察照，尚望大伯理玺天德允准出示，以昭睦谊。

为此照复，顺候日祉。

须至照会者。

右照会：

大亚美里驾合众国总理外务大臣伊。

光绪六年七月三十日。

附录一：照录美国外部十月二十二日来文

为照会事：

照得中国和众轮船前抵旧金山口岸，被征分别税钞一案，前接贵大臣七月三十日来文，内开中国通商口岸，并无分别征收美船税钞各等因，我政府甚为惬心，大伯理玺天德当即遵例降谕照办。

至于贵大臣所问，如中国口岸有分别征收美船税钞，美国领事官应有详报一层，查本部并无收到驻扎中国通商口岸之领事官详报中国通商口岸有分别征收美船之案，合并陈明。

为此照会，顺候日祉。

须至照会者。

附录二：译录美国外部照会

为照会事：

照得本大臣于前二十二日曾将中国和众轮船来旧金山被征分别额外税钞等因，知照贵大臣在案，兹将总统遵例所发谕词钞录数份，备文咨送贵大臣以便转送贵国政府查照。

为此照会，顺候日祉。

须至照会者。

附录三：译录美国总统谕词

为颁谕事：

照得中国现有实据陈明于我，谓美国船只及出产制造货物，前赴中国通商口岸，中国并无征收分别额外税钞，本总统复核无异，为此按照国例所有之权，出谕宣示：

所有中国船只及其所载出产制造货物，无论由中国或由别国前来美国口岸，本国应征分别额外税钞一例，暂止不行。如中国以后有分别征收美船税钞，本国自应照例征收。

为此画押，盖用国玺。

一千八百八十年十一月二十三日。

合众国自主后第一百零五年总统喜士在华盛顿颁发。

外部大臣加押。

附录四：十二月初六日美国外部大臣伊械士复照

为照会事：

中国合众轮船前抵金山埠，被征额外税钞一案，本大臣接准户部大臣初三日来文内称：据金山埠税务司呈报，合众轮船载来之米，已改运出口，前往域多利亚埠，所有该关税收之正税及额外税，均经交还，至于征收额外顿税，容俟另行备文知照等因，准此合行照会贵大臣，请烦查照施行。

为派委陈国芬为驻檀香山商董事照会檀香山驻美公使

照得本大臣与正使陈大臣奉我政府来文，着派檀香山岛华民陈国芬为中国商董，以便保护该岛华民，当经札饬遵照，并派兵部主事朱和钧前往该处会同办理。查本国与贵国向未通使，此次派官伊始，未审贵国允否接，须觐见贵国君主，并请备文发交陈国芬等亲赍觐见。陈国芬未到任以前，应如何办法，方邀接纳之处，务望详明见复。

附录：檀香山驻美公使照会

昨接来文备系，陈国芬奉札派为中国商董，本大臣乐于允从，窃谓檀香山岛华民甚众，理宜派设商董以保护之，于两国均有裨益，陈国芬忠诚任专久著声望，以之充当贵国商董，应有以洽本国君主之意。届时只须由该员呈报外部，便可接见，兹附上致敝外部大臣一函，交朱君亲赍往见。至陈国芬系敝国君主及外部大臣所素识，无须修函引见，所有派设商董一事，见经备文知照本国。嗣后遇有交涉事件由该商董呈报贵报，由我两国派驻美京公使，会同商议，办理甚属妥协。

谢恩折[①]

光绪八年七月十二日（1882年8月25日）

二品顶戴江苏补用道臣容闳跪奏为恭谢天恩仰祈圣鉴事：

本月初十日吏部以臣带赴内阁，经钦派王大臣验放，十一日复奏堪以发往，奉旨依议，钦此。

窃臣粤省庸材，毫无知识，由文童投效军营，洊保同知，蒙恩派充出使大臣，以道员用，涓埃未报，兢惕方深，兹复渥荷温纶，准

① 据申报转载《光绪八年七月二十日京报全录》：“补用道容闳等谢恩。”见《申报》光绪八年七月廿三日（1882年9月5日）第3357号第11页。

予发往，自天闻命，倍切悚惶，伏念江苏为繁要之区，道员有监司之责，如臣梼昧，惧弗克胜，惟有吁求宸训，敬谨遵循，俾到省后，于一切差委事宜，矢慎矢勤，以期仰答高厚鸿慈于万一。

所有微臣感激下忱，谨缮折叩谢天恩，伏乞皇太后、皇上圣鉴，谨奏。

光绪八年七月十二日。

（三）评析

容闳担任驻美副使期间，依靠流利的英语和熟悉美国社会，结交了康涅狄格州著名牧师杜渣、美国文豪马克·吐温，以及诸多耶鲁校友，跟许多美国政界人士建立了密切联系，积极地和美国政府官员讨论两国外交事务，主动维护在美华人权益，并交涉旅华美人案件，是一名合格的外交官。容闳还经常和美国妻子出席各国使节在华盛顿举办的社会活动和社交活动，成为华盛顿外交界一名非常活跃的人物。容闳的美国妻子作为中国首个驻美使团中唯一的外交官夫人，丰富和拓宽了驻美使团的外交活动圈子，有助于提升驻美使团的外交形象。然而在“弱国无外交”的大环境以及美国排华恶潮汹涌的情况下，陈兰彬和容闳的积极作为很难有所突破。

禁鸦片戒鸦片计划

（一）导言

容闳的禁烟策略分为《请禁鸦片禀稿》和《请戒鸦片章程》两文，计有4830字。两文于《申报》光绪十年正月十一日（1884年2月7日）、十三日、十四日至十五日，分四期连续刊载，标题分别为《容纯甫观察请禁鸦片禀稿》《接录容纯甫观察请禁鸦片禀稿》《容纯甫观察请戒鸦片烟章程》《接录容纯甫观察请戒鸦片烟章程》。

《容纯甫观察请禁鸦片禀稿》主要是论述禁烟的原因。《请戒鸦片烟章程》共有30条建议。容闳禁烟，并非一刀切，主要是控制和疏导：一方面，派出官吏，专司鸦片事宜，通过控制鸦片进口、运输和销售的方式，逐渐减少鸦片的进口，直至鸦片完全被禁；同时给以期限，逐渐禁止本国鸦片种植和官民吸食鸦片。另一方面，支持东南亚，主要是印度，逐渐减少罂粟种植，而代以稻棉，以至全面种植为农作物或经济作物。

（二）原文

请禁鸦片禀稿

光绪十年（1884年）

窃以今日之言治者，鲜不以富国强兵为当时急务，而不知国之所以不富，患在有竭吾之财者，而无术以拒之、兵之。所以不强，患在有弱吾之民者，而无术以振之，所谓竭吾财、弱吾民，为天下之大患者，则莫如鸦片烟一物。

数十年前，吸食鸦片者，不过千百中之一二人，今则流毒遍寰宇，几于家设一榻，人置一灯，父兄之嗜好在此，何能禁子弟。官长之嗜好在此，何能禁士民。而各省绿营将领兵卒锢习尤深，家室悉底于困穷，少壮尽流为昏惰，滔滔皆是，积成一贫且弱之天下，尚安望其富强乎。

有心世道者，知中国受害之深，未尝不思有以禁之，而事关通商大局，往往因噎废食，叹空言之无补、后患之方长。良用慨叹。

现今正值有为之机、来可为之时，而又有能为之人，若复含忍养痈害，将伊于胡底，欲惩前而毖后，必拔本而塞源。谨就管见所及拟上数条，为宪台详细陈之。

伏查印度鸦片贩来中土，百五十年以前，每年仅二百箱。今光绪年间，竟增至十万箱之多，加之内地栽种罂粟，不知又增几百万矣。道光年间，黄侍郎漏卮奏议，林文忠焚土章程，皆系深谋远虑。惜其时未悉外洋情形，不无过事迫切，至形掣肘。然其时内地之民尚知顾忌，厥后弛罂粟之禁，民间以其利厚于农桑，争相种植。为牧令者，存以毒攻毒之心，欲使内地罂粟足以敌外来鸦片，听民自艺。遂至种遍海内，而云贵川陕等省，为尤甚。近闻南洋波罗岛，又辟地开种。葡萄牙亦于亚非利加境属，用十五万亩，仿种，已及三年。若再不禁绝，以后尚堪设想乎。

职道窃役外洋十有余年，各国情形靡有不留心体察，每遇英美两国卓越有知之士，与之谈论，悉以鸦片流毒中国为恨，并以中华不能力绝为惜。现在英国设有禁鸦片烟之会，美则于新订续约中，立有不准商民贩运鸦片烟之条。是外洋皆知烟之为毒甚烈，同申禁令，不欲一人沾染，而独贻害于我中国。我若以恕道与之辩论，彼亦无词以对。且收鸦片之厚利者，不过五印度诸小国耳。英国虽征其税，而不必专在鸦片。印度若以种鸦片之地种棉花、种稻粱，向之害人者，一变而为养人之物。

在外洋既无所禁，来中华亦可畅行，日用所必须，更莫过于布帛粟菽，货多税亦多，不税于彼而税于此，其税公诸中外，岂独英国乐从乎。

议者或调鸦片为印度诸国百数十年自然之利，一旦舍旧谋新，咸虑不甚相宜，而不知同一耕种田土，不虑其荒。宽以限期，逐年可以递减，少种一亩之鸦片烟，即多种一亩之稻棉，工作不殊而收成无异。况近年印度所产之棉茶麦，已年多一年，业有明效。倘舍彼取此，十年以后，毒药尽化为良苗，从此净绝根株，彼诸国亦何惮而不为也。

美英已于彼国中，先有禁约，我若迎机而与之通说，不难助我一臂之力。所谓值有为之机者，此也。

曩者四方多故国家安内攘外之不暇，凡交涉外洋通商之事，自未便遽议更张，今则中外相安，上下求治，有利必兴，无害不去，向独于竭吾财、弱吾民之鸦片，听其入口横行，不能禁其不来，并不能禁其少来，其故何也？老成持重，恒虑启海疆之衅，而不肯发端计臣理财。窃幸收关税之权，而惟恐失算，不知物极必反，外洋亦同此天理、同此人情。以彼所恶之物，而口欲施之于我，是岂天理、人情也哉。

至于每年所收税银，视烟价，不及百分之一。是虽名为收外国之税，而其实仍取之民间有尽之财，年年付诸外洋。国欲不贫，胡可得也。举中国之人，大半沉溺于鸦片，受病既深，元气丧尽，立时救药，尚嫌过迟而犹可因循迟疑，一误再误乎。

现在中国已奉谕旨，严禁民间栽种罂粟，各省即未能尽遵功令，而实力奉行者，固已属有劝惩。今若重申内地之禁，严定章程，朝廷责成督抚，督抚责成道府，道府责成州县，除恶务尽，有犯必惩，内地如此认真，远人必知意。一面简派熟悉洋务大员，前往英国商定禁鸦片入口，宽于限期，效不求速，严定条约，志在必行。印度诸君知中朝法令弛张，无非为保卫民生，永杜后患起见，断无虑其阻挠。所谓乘可为之时者，此也。

自古治法，尤贵有治人，我中堂柱石九州岛，经营八表。议增烟税，具见苦心；广发桑秧，无非仁政。推而请禁鸦片，固在中堂意计之中，度亦欲审机待时，以期言之可行耳。今外洋有申禁之先机，在中国为今时之急务，又有中堂总持大计，艰难独任，有志竟成，忠信可孚，无远弗届。如蒙据情入告，仰荷允行，立塞漏卮，可操左券。所谓有能为之人者，此也。

职道驽骀下乘，滥膺出使之选，熟察中外情形，深究治乱得失，每以鸦片流毒满寰区，昼夜彷徨，不安寝食。自回中原以后，于今二年，自知非作吏之才，又乏酬知之具，窃愿勉任一事，借报涓涘。倘蒙不弃庸愚，许以奔走，不惜摩顶捐躯，竭诚效命。谨将平昔见闻所及，并中外攸关确实情形，拟陈数条，是否有当，敬乞钧裁。

肃沥恭请崇安，伏惟垂鉴。

职道容闳谨禀。

请戒鸦片烟章程

谨将拟办禁绝内外烟土各章程开呈钧鉴：

一，内地栽种罂粟，宜先禁绝内地栽种罂粟之处，云贵川陕为最。现虽奉旨申禁，而阳奉阴违种者如故，贩者亦如故。应请奏定章程，重申严禁。限以一年内净绝根株。惟幅员辽阔，穷乡僻壤，未必一律周知。宜先一年预出告示，晓谕乡民，各直省一体示禁，准于第二年起办，第三年即全数禁绝，不准复留此种。如此办法，外洋知我实心除害，则议禁洋烟必无掣肘之虑。中国吸食鸦片之人，亦须先行禁止，但痼疾既深，一时恐难尽绝，宜定以限期，或三年，或五年，均须一律禁绝。已食者依法戒净，未食者不准吸食，其如何严密查禁明定章程，饬令各直省地方官妥为认真办理。

一，禁绝内地罂粟，应如何立定章程，应由总理衙门及各省督抚宪商酌办理以期尽善尽美。一禁内地罂粟及吸食鸦片既定章程后，即照章翻译，颁送各国。一面奏请简放大臣，驰赴英国筹办禁烟土事宜，与前此出使英国之钦差大臣，分驻彼此，公事两不干预，以示专任。庶西人知所郑重。且先有中国禁烟章程颁行各国，使西人共见共闻，示以必信必行之意，即与英国酌定禁烟土章程，一律颁行内外，同时同日举行，以归划一。

一，以前所定之和约内，所载烟土各条作为废纸，以后另定新章，专办禁绝事宜，亦须斟酌妥善，彼此无猜，以示至公。

一，五印度所产烟土系运中国销售者，限以十年，禁绝自某年某月某日起至某年某月某日止，每年减种一成。十年以后，即当禁绝。如十年后有烟土运至中国，即作为犯禁之物，船货拿获，一并充公，即照中国例严办。彼此酌妥善，另立细条。

一，五印度所产烟土，价值若干，由中国简放大臣与英国大臣妥议，俟议定后，由电报先咨明中国总理衙门及南北洋通商大臣核定，倘英国议不能定，即将所拟给之价值，再由钦差大臣在英国京城，请他国驻扎伦敦公使公同议价，仍由钦差大臣发电报咨明中国总理衙门及南北洋通商大臣议定，即将所定之价，咨明钦差大臣方为定准，如此办法，彼此无词以对，至于印度内地出口各税，即在此定价内包尽所有印度售与中国烟土，由彼内地运彼口岸出口时，无论何埠，既经中国售定，即为中国官货，印度不得再收厘税。

一，烟土售与中国既按年减一成，每年照付所定价银亦按年减一成。如本年购其十成之货，即照定价付十成银两。明年购其九成之货，即照定价付九成银两。按年递减，按数照发。

一，五印度向来每年所产烟土若干，运入中国，必须逐一查明数目，照现定新章，每年应售若干与中国者，按年减售一成，每年递减，以十年为度。至于烟土售予中国，即在五印度土厂两相交易。

一，烟土在五印度交中国后，由五印度内地运至出口口岸，印度各关不得阻滞。到口岸后，由中国旗号船只运至香港总屯处所。

一，凡有船只私运烟土，或进口岸，或不进口岸，而在海面驶行，从中串通华船驳货，该船在海面距口岸若干，即行拿充公，必先与英国定章时议明。

一，香港澳门并该处沿海一带地方，由中国设立领事官并立关卡，以便查验走私漏税等弊。

一，除中国旗号船外别国船只不得装运烟土到香港澳门等处，如违此条，该船货由中国拿获充公，船主人等另行究办。

一，云南广西两省西界由旱路通安南、暹罗、缅甸等处，西省全为英属，由此至西，即通五印度。如等处烟土照议开办，时不由海道而由旱路私入中国，务宜在云南广西等省西界，设立关卡，选派廉明大员驻扎，严密查禁，以杜后患。并与英国专定明章，永不准印度烟土由旱路运至中国。

一，与英国定禁绝烟土章程后，钦差大臣仍须亲至各国，与增定禁贩烟土入华专条。倘有不遵续增禁贩烟土条约者，即行照会通知，从某年某月某日起，该国商民不得擅运烟土到中华售卖。即或在香港、澳门等处售卖，均为犯禁，船人一并拿获充公严办。

一，五印度每年所交之烟土，皆按约交兑中国，并按月付银。每月所交之烟土，约在一万箱，应付银五百万之谱。此项无庸动公款，亦不出于公项。拟招商股集成五万股为额，每股一百两，周息一分半。此乃专集资本公司，每年取息而已，与买卖烟土毫无干预。

一，办五印度烟土，分三总局办理：一在五印度，专司购土、付银、转运；一在香港，名为南洋总局；一在上海，名为北洋总局。该三局总办、副办、司事人等，俱归钦差大臣派委，而钦差大臣则于外洋议成之后，常时驻扎香港上海处，以资督理。

一，每年未交烟土以前，并未照定价付银之先，中国所驻五印度帮办大员，必先带同各员，将所交之土，逐细验看花式、数目、银两，一一相符，即按定价付银。然后每包或每个贴中国印花，每百斤装箱后，再用中国所驻五印度大员图书印封口，另用封条贴在箱外，且印花封条如何格式，再行另议刊发。该烟土均由中国旗号船只装运出口至华，别国船只不准转运。有印花有封条则为官土。如并无印花无封条之烟土，贩运到中国各埠，不论何国商船，一例拿获充公核办。

一，五印度所产烟土，向来贩运中国者，此次定章后，全数归中国自行销售，将全数运至香港为总屯之所，不得运至别港口通商码头。所有各通商码头每年所销烟土，地方均由香港上海两处发售，以免走私漏税之弊，庶权于己，方有考核。

一，烟土在五印度出口船主，务各领揽运官土照一张，注明包箱数目，以便到香港凭提货单起货，方免私揽等弊。

一，驻扎五印度大员每月转运烟土至香港，须禀明大土箱数若干、小土箱数若干，系何轮船装运，并将月结经费、烟土价值、银两逐一开具清单，同该烟土至保险单一并附入禀内，均随每月烟土寄至驻扎香港、上海钦差大臣存案。钦差大臣每月亦逐细照数，咨明南北洋通商大臣，并总理衙门，以便查考。至每月所增收烟土之税，应如何安置调度，以后另议。

一，每月所到之烟土，先在香港为总屯，后即将土分运至上海北总局，至南北总局各应领箱数若干，照每年南北等处销路摊派。

一，烟土既按年递减一成，厘税亦每年递加一成。如今年每箱抽一百两正税；第二年即加十两，每箱即抽一百一十两；第三年抽一百二十两。逐年递加仿此。

一，每年所增之烟土税，均由钦差大臣一手经理。至收存之款仍听总理衙门暨南北洋大臣奏咨。调拨何处，不得迟误。

一，每箱烟土初年拟抽五两以作薪水、局费。土则按年递减。而此项则按年递加。如此办法即各埠薪水、局费，一切由始至终，不至短缺。

一，五印度拍卖章程，绝无垄断包揽等弊。其法甚善，已行有十余年，商贾无不称便。今南北局总办收烟土后，亦仿照拍卖，每月定期自上午九下钟起拍至下午四下钟止，每票出卖，不得过五箱，为额价高者即得。

一，拍卖之起价若干，总办务将烟土成本到香港算清，然后加上正税一百五十两，商本职息一分半，薪水、局费每箱五两，水脚、保险、运费、栈租等费若干，即照此数拍卖，方无迟误。此乃第一年之数目，次年烟土减一成，而正税、商息及种种费用，仍应照十成加算，补足以后均仿此。

一，三处总局总办、副办及司事等薪水，全归钦差大臣另行酌议。再附查五印度产烟土地方，并成本、价值、税饷、出息，以及不归英国属所产烟土，经由英国抽税，数目列后。

一，查五印度产烟土之处有二：一名裴暇；一名裴剌，时乃孟加剌所辖，生烟改制熟烟，全数归官揽办。该处农人照合同承种，每两磅生烟合中国司码平一斤，半价约五路毕。每路毕约四角五分，合中国银三钱二分三厘。此为种生烟之成本。

一，查生烟收成时缴到几士巴八拿等等处烟厂，停干制造，成后即行装箱，每箱以一百三十三磅为额，合中国约一百斤，每箱成本合磅银三十五两七个仙令[①]，合英洋一百七十六元四角二分，装就即运至加剌吉打口岸，在该口岸拍卖，每月初旬拍卖一次，买主即运出口，拍卖之价，每箱约一千一百七十路毕，连出口税在内，合英洋五百八十四元。除去成本外，净得利四百零七元五角七分。此在加剌吉打拍卖之价也。英属所产之烟土，名为公班，又名大土。

一，查光绪五年（1879）二月至六年（1880）二月，计十二个月，五印度所产烟土，在加剌吉打口岸拍卖者，竟有五万九千一百箱，约得银六百九十一万零零二十四磅。每磅合英洋五元，合英洋三千四百五十七万一千一百二十九元。除去成本二百零六万五千四百九十磅外，净得利四百八十四万八千七百三十四磅，除去出口入中国者五万九千余箱外，另有烟土在彼处内地销售者，约得银二十六万三千五百九十一磅。

一，查英属之孟加剌所出烟土外，另有印度内地不归英国管辖者，该处所产烟土，每年约得四万四千八百余箱，必由英属之望迷口岸出口。此种烟土名为小土，又名剌土。该烟土运至望迷时，经过英属地界，每箱抽七十磅税银，合英洋约三百五十元。光绪五年二月至六年二月，计十二个月，英属抽得税银三百十四万一千三百四十七磅。每年两项烟土，共计约有十万箱左右。英属共得饷税约在八百二十五万磅，合英洋四千二百二十五万元之数。所有烟土运至中国销售者，十有八九。

以上数条，略就管见妄为，拟议本知当否，但其中实在情形，皆系确有见闻，不敢稍涉含混，至应如何开办、次第举行之处，伏祈钧裁。谨略。

---

① 仙令：先令。

（三）评析

对于中国而言，鸦片是近代史上的一个惨痛教训。鸦片泛滥，不仅毒害了国民的身心健康，造成了白银大量外流，还冲击了中国的传统经济秩序，更腐蚀了早已衰败不堪的清朝政府。对此公害，有良心的国人无不为之痛心疾首。林则徐、黄爵滋、龚自珍等禁烟之时，鸦片流毒范围尚小，因此策略是完全禁绝。鸦片战争之后，鸦片进口和种植合法化，江南学政张芾、江苏苏松太道麟桂、两江总督陆建瀛等忧患之士，奏请严禁鸦片。

与容闳同为外交官的驻英公使郭嵩焘与副使刘锡鸿“于光绪三年（1877）二月和四月连上两折”[①]，请禁鸦片，不过郭刘的禁烟，主要手段是以官吏和士子为主导，督促各级官吏稽查，限期三年戒烟，逾期不能戒者，官吏参革，生员、举人取缔功名，长官知情不报同罪；凡文武应试士子，必须戒烟，由人具保，有隐瞒伪报者一并除名；对于禁止川、滇、甘、陕各省栽种罂粟，对禁烟不力的督抚大员要严加处分；责成各省学政整顿学校，责成各省督抚整顿僚属，责成州县整顿地方，劝谕绅民，逐渐禁绝鸦片。四月初二日（5月14日）清王朝下发谕令，“郭嵩焘等奏鸦片烟为害中国，拟请设法禁止一折。官员、士子、兵丁等吸食鸦片烟，例禁綦严，近来视为具文，吸食日众，为害愈深，该侍郎等请以三年为期，设法禁止，着各该将军、府尹、各直省督抚斟酌情形，妥筹具奏。其各省驻防旗营官兵，着该督抚会同该将军酌度办理”[②]。批准了郭嵩焘等人的禁鸦片烟之法。但是结局却

---

① 郭嵩焘：《请禁止鸦片第一疏（光绪三年二月初八日）》《请禁鸦片烟第二疏（光绪三年六月初十日）》，载梁小进主编《郭嵩焘全集》第4册，岳麓书社，2018，第808—810页、第819—823页。

② 《郭嵩焘刘锡鸿折（光绪三年二月初八日）》，载顾廷龙、戴逸主编《李鸿章全集》第7册，安徽教育出版社，2008，第357页。

是“禁鸦片之大疏，虽奉抄寄各省筹复，寥寥数语，毫不着力，外间习为固然，尚未议及”[①]。郭嵩焘再次上奏，并给出了一个惊人的数据——中国士民吸鸦片者占人口总数的40%。这显然是一个没有经过调查的约数，主要是为了引起朝廷注意。这次提出了严禁栽种、明定章程、革除烟馆等具体做法，要求朝廷宣示决心，“先官而后民，先士子而后及于百姓”。“其大要尤在责成各省绅士自立章程，切实劝导。”[②]对于郭嵩焘的奏请，连李鸿章都认为太脱离实际，中国既然不能禁止外来鸦片，又怎能禁止内地人民吸食与自种。至于要求各省督抚责成各县乡士绅自行劝诫，“此在三代以上时或尚办到，今世之士习民情，非几句空话所能感动”[③]。两广总督刘坤一亦认为郭氏禁烟之举不可行，即以广东而论，海关每年百万之鸦片进口税，哪有宣布禁烟再征收鸦片税之理。海关此项巨额收入要供应京城和地方费用，停止征收此税，又从何设法弥补亏空。况吸食鸦片，烟瘾已成，蔓延已广，“劝惩徒托空言。失此百万税厘，转令贩者益多，吸者益盛，非惟无益，而又害之。顾据实直陈，必触忌讳，不如暂缓置议，想朝廷不再垂询”[④]。郑观应对鸦片的危害深恶痛绝，先后撰写了《拟自禁鸦片烟论》《禁烟上》《禁烟下》等三篇文稿，其禁鸦片方案有上中下三策略：“无论洋药、土药，严定限期，一律申禁，中外之吸食者，

---

① 李鸿章：《复郭筠仙星使（光绪三年六月初一日夜）》，载顾廷龙、戴逸主编《李鸿章全集》第32册，安徽教育出版社，2008，第75页。

② 郭嵩焘：《请禁鸦片烟第二疏（光绪三年六月初十日）》，载梁小进主编《郭嵩焘全集》第4册，岳麓书社，2018，第808—810页、第822—823页。

③ 李鸿章：《复周筱棠京卿（光绪三年八月二十四日）》，载顾廷龙、戴逸主编《李鸿章全集》第32册，安徽教育出版社，2008，第130页。

④ 郑观应：《拟自禁鸦片烟论》，载夏东元编《郑观应集》（上），上海人民出版社，1982，第19—20页。郑观应：《禁烟上》，载夏东元编《郑观应集》（上），上海人民出版社，1982，第395—399页。郑观应：《禁烟下》，载夏东元编《郑观应集》（上），上海人民出版社，1982，第400—404页。

绳以重法，一体戒除，策之上也。广种土药，以杜洋药之来源，目前既塞漏卮，日后徐申厉禁，策之中也。既不能禁洋药之来，又加征土药以自塞销路，吸者、种者，洋药、土药，一任其自生自灭，自去自来，惟图多收税厘，稍济燃眉之急用，是为下策。"[①]各种鸦片方案，虽有缓急之分，但对鸦片之害有着清晰的认识，主张最终禁烟。

作为一个从西方留学归来的华人，容闳对于鸦片之毒，深怀忧患之思。《容闳回忆录》记载，其撤回留美幼童后，在国内的那段时间，曾有禁止鸦片之议："予居京三月，颇欲设法禁止鸦片之输入，灭绝中国境内之罂粟。乃上条陈于政府，请其采择施行。旋总理衙门大臣王文韶告予，谓目前殊乏办理此事之人材，故一时未能实行。于是予此计划，束之高阁者垂二十五年。直至近数年来，始见此问题于万国公会中提出讨论焉。"[②]容闳撰写禁鸦片方案上呈总理各国事务衙门，但是未获批准，遂将文稿刊登于当时中国最有影响力的中文报刊《申报》，希望引发社会各界的重视，足见其思想之先进。容闳的请禁鸦片条陈连载后，《申报》又刊登了一篇《书容观察禁条款后》[③]一篇。由此可见，容闳对于鸦片问题的关注引发了舆论的关注和讨论，并未石沉大海。

---

① 郑观应：《禁烟下》，载夏东元编《郑观应集》（上），上海人民出版社，第402页。

② 容闳：《西学东渐记》，徐凤石、恽铁樵译，钟叔河导读，湖南人民出版社，1981，第112页。1909年2月1日，中、美、法、德、日、荷、葡、巴、俄等13个国家的41名代表，在上海举行了万国禁烟会议，这是世界近代史上第一次禁毒大会。

③ 《申报》光绪十年正月十九日（1884年2月15日）第3891号第1页，《申报》影印本，第24册，上海书店，1983，第373页。

创办国家银行计划

（一）导言

翁同龢（1830—1904）

容闳在美国生活和留学八年，对美国银行业的优点有着清晰的认识。早在咸丰十年（1860），容闳跟随传教士到太平天国天京访问，他给洪仁玕的七条建议中[①]，第五条是“创立银行制度，及厘定度量衡标准”。之后太平天国失败，容闳的建议并未得到实现，但也可以看出容闳对近代西方银行的重视。

光绪十二年（1886），容闳第二次提出创办银行。第三任出使美日秘三国钦差大臣张荫桓在其日记中记载：“莼浦约一西人墨兜款来谈银行事，多未中肯，余告以国家银行之设要在裕国便民，又能顾全商本，斯为近之。中西情形不同，非可胶柱鼓瑟。”[②]容闳此时已经将美国银行章

① 容闳献给洪仁玕的七条策略分别为：一、依正当之军事制度，组织一良好军队；二、设立武备学校，以养成多数有学识军官；三、建设海军学校；四、建设良善政府，聘用富有经验之人才，为各部行政顾问；五、创立银行制度，及厘定度量衡标准；六、颁定各级学校教育制度，以耶稣教《圣经》列为主课；七、设立各种实业学校。

② 张荫桓：《三洲日记》，任青、马忠文整理，上海书店出版社，2004，第58—59页。莼浦，应为纯甫。

程翻译成汉文，向张荫桓兜售自己的国家银行计划。可惜张荫桓认为中西有别，没有支持容闳的国家银行计划。

容闳再次提出创办银行则在甲午战争之后。光绪二十一年（1895），容闳接受张之洞的召唤，再次回国。容闳向张氏提及早年的银行之策，张氏通过幕僚暨留美幼童梁敦彦向容闳索要其所译的银行章程。六月二十日（8月10日）梁敦彦奉命发电，容闳已经遗失了之前的译稿，只能重新再译。容闳找到留美幼童黄开甲，再次将美国的银行法律及其相关法律翻译成中文。然而，容闳译稿完成后，其国家银行计划似乎未再得到张之洞的关注。光绪二十二年（1896）春，容闳带着文书前往北京，计划游说清政府在北京设立一家国家银行。容闳抵达北京后，找到已经升任总理衙门大臣兼户部侍郎的张荫桓。张荫桓详细阅读了容闳的银行计划，建议删去一些不适合中国国情且难以实行的条款，留下紧要而切实可行的部分。容闳采纳了张氏的建议，将银行计划修订完善。经张荫桓引荐，容闳在光绪二十二年二月十四日（1896年3月27日）向户部尚书翁同龢呈递了一份《请仿泰西设立银行条陈》，获得了翁氏的认可和支持。张荫桓还向户部官员推介了容闳的银行计划。几天后，户部将容闳的国家银行计划拟成奏折，由张荫桓署名上奏。容闳的国家银行计划得到了舆论的关注，《时务报》《字林沪报》《实学报》《中西日报》等报刊纷纷刊登容闳的银行条陈和章程。

容闳的高调宣传，引起了盛宣怀的关注。盛宣怀早已计划创办一家商业银行，故而发动力量，阻止了容闳的国家银行计划。九月二十六日（11月1日），盛宣怀向光绪皇帝递交了一份《自强大计折》条陈，以及《设立达成馆》《开设银行》两个附片，详细阐述了其开设银行计划，强调了银行的重要性，力主银行商办，不主张官商合办。十月初八日（11月12日）清政府谕准了盛宣怀的奏请，责成盛宣怀选择殷实商董，招集股本，合力兴办，同时寄谕各省将军督抚司道予以支持。盛宣怀的商业银行计划获准，容闳的国家银行计划宣告流产。

本部分收录了容闳致翁同龢函一封、呈递翁同龢的银行条陈两件。

（二）原文

致户部尚书翁同龢函[①]

光绪二十二年二月十四日（1896年3月27日）

敬禀者：

职道伏念创设银行，为今日急务，泰西各国，已有成效。职道拟先招商股，照章试办，延聘外洋银行生意人经理，职道从中调度，自能实收利益。不数年间，所有还洋债，练军实，办理善后各事，胥资于此，裕国利民，不无两便。谨将仿遵西例，变通办理国家银行大致章程开陈，仰求训诲。

另有仿办细章，因过繁琐，未便遽呈，合并声明。敬请钧安。

职道容闳谨禀。

谨开办理国家银行大致章程十条：

一、照西例比拟中国人民财产，核计可创立国债券一千兆元，细五厘，虽与洋息相仿，究之利在境中，与利流境外，大相悬殊，况复

① 据翁同龢光绪二十二年四月初三日（1896年5月15日）记载：“江苏候补道容闳，纯甫，久住美国，居然洋人矣，然谈银行颇得要。”《翁同龢日记》第6卷，中西书局，2012，第2946页。

有应纳税项可抵。

二、准富商照章招股，开设国家总分各银行；总行应设京都，归户部统摄；分行应设各省，归藩司统摄。

三、各银行应领债数，合股本三分之一，如股本三十万元，即应缴国债十万元；领券据为凭，照章按季收息。

四、京都总银行应精制空白各钞票，编列号次，呈缴户部盖印，照章颁发；外省由藩司颁发各银行，如国债九折之数，除洋税外，无论钱粮、税厘、盐课，一律通用存解；因有国债抵保，可无倒闭之虞；此项钞票每年抵纳税厘，无有利息。

五、总银行应精制金银铜各等钱，照债缴交户部领银，由户部发外省，照价领用，一律通行；外省银行不得制造，以归划一；所有制钞票、金银、铜钱各费用，照章造报，于税厘项下开支。

六、国家每年正月、七月收税两次；每次用出钞票收税半厘，通年一厘；外来存款，收存股本，收税二毫五丝，通年半厘；通扯约可抵国债息五厘之二。

七、此章定后，所有各省汇票号及银钱号，家资本在五万元上者，均饬遵报注册，照章纳税，不愿改国家银行、领国债、用钞票者，听除即期汇票外，不得另用凭票，使民间受倒闭之累；如以多报少，希图免税，查出加倍受罚。

八、各银行缴存国债银两，可以抵保钞票，如股东将来照章收歇，一无倒欠，前领钞票如数收缴，无庸户藩代收；所存前项国债银两，连息照章具领，不得短折分文。

九、此章定后，不但于税厘有益，银行有利，市上所执各钞票，均可一律放心，裕国便民，无逾于此。

十、开设国家银行，另有细章，均仿西例比拟，因过繁琐，不便查阅，故将大致节录，恭呈电鉴。

请仿泰西设立银行条陈

光绪二十二年（1896）

二品顶戴江苏特用道容闳谨呈：

谨将创办银行参仿西例酌拟章程四十条缮录清折，恭呈钧览。

计开：

银行总纲四条

一，开办事权。查银行昉自泰西英法诸国，屡经改章，愈变愈精，要以美国为最善，日本银行亦多采仿其例。今创办之始，事权贵一，拟请特简大臣督办，并专派大员总办。先设总银行于京都，由户部筹定资本壹仟万元为额，先拨二百万元，以便建造屋宇，购买印票机器。所有应办事宜，随时咨明户部，即由督办、总办招请美国熟手分司其事，详核收支，以昭大信。并与各国著名银行联络，而后汇划可通，缓急可恃，款归实济，人无虚设。一切员司概不徇情滥用。

一，印发券票。查泰西国债券，各国皆有。无论数千百万，皆由银行筹缴。今中国创办之始，请酌拟定数名为借券，凡银行通行市面，随时可支现银者，名为钞票。此两种均由总银行用机器制造券票，年息五厘，印成后，以备各省分行，缴银领券。总银行钞票须照资本定额，如以一千万元为本，应提六成，六百万元存库。此六百万中，又约以八成制为钞票，计四百八十万元，大小分配，以便行用。票内载明有库款存抵，本多票少，随时兑现，与日本空出纸币者不同，自无折阅之虑，通行各省可抵钱粮，缴归藩库。藩库即可作京饷起解。开办之后，通行日盛，资本愈厚，即照章加发银票。该票之钢模由外洋定錾，纸张定造由外洋定造。另有花纹迥异，寻常正面华文，背面西文，备极精细，断难仿冒。公同监印，印毕藏库，仍由户部编号加戳，然后通行。日久稍损，缴换新票。其旧票当众销毁。

一，扩充分行。查京都市面繁盛，除总银行专拨官款引发券票外，应准商人集股，开设分行，各省会暨通商大埠，如上海等处，亦一律招商开设。查西例因领用国家钞票，称为国家银行。今请设立牌号，称为某某官银行。如集股十万元，应先缴银三万元，给与借券。如缴银之数，股本多，则借券递加，总合股本三分之一为度。此项借券，于各处官银行开市时，仍缴存总银行，制给凭单，每年收取年息五厘，核照所缴借券之多寡减成。另领钞票，所减成数，又以股本多寡酌定等差。股本五十万以下者，照所缴借券领钞票九成；五十万以上者八成；百万以上者七五成；三百万以上者六成；如此则股本愈多，而所领钞票之成数愈减。万一分行亏折，已有存总行之借券抵保，且为数多于钞票，除抵偿外，尚有余款，以备派员查账等用。再有盈余，仍给还各股东。并照西例，凡钞票存项股本，每年正月、七月收税两次，每次通扯钞票。已用出者，收税五毫，存项二毫半，股本二毫半，合并一厘，两次共计二厘。收税极微，与生意无碍。此种税项约略计算，总可抵借券息五厘之二，是国家所出借券年息五厘者，实不过三厘。此又西法之尽善者也。其余未领借券钞票之钱庄、票号，应酌量议抽资本存项税，较官银行稍重，以示区别，如有愿改官银行者，即饬缴银领券办理。

一，兼管铸造。近今制钱日少而金银两品更为阙如。拟请京都总银行铸造金银铜各等钱。三品之中，尤以金钱为最要，分两成色，务与西式一律，无毫厘之异，铸成后，缴交户部转发，各省领用。现在广东湖北官局，已铸银钱，自难停办，惟成色高低，以及每年共铸若干，须由京都总银行核定。其余各省无庸铸造，以一事权而重根本，从此需金日多，则金矿宜尽力开采中国官商用旧法淘洗，所得无多，可否招请洋商设法广开，以期迅速。驾驭得法，自无流弊。惟无论何矿所出之金，统运京都铸钱，不得私运出洋，以杜漏卮。至银铜两品，再行次第添铸，以便民用而收利权。

计开：

总行章程十二条

一，总银行代户部筹款，与分行专做生意者不同。自督办以下，薪水以及公用应准作正开销，暂在所拨资本内支付，俟钞票通行铸钱获利，自可专拨几成，以备行用。一切款目，每年综核一次，刻成报销册，遍发各省分行，并详报户部代奏。

一，所拨资本一千万元，除六百万元存库外，尚余四百万元，预备购地、建屋、造库、机器、钢模、纸张，并收买金块等用。

一，铸造金银，需费较巨，如资本不敷周转，应请设法筹拨，转输甚捷，不致久阁成本。以后户部应放款饷，如以金银钱及银票为便，即可酌量搭放。若创办之始，市价未平，或有涨落等情，再行斟酌办理，以期尽善。

一，收买金块需费较巨，如资本不敷，应另行筹款，或在应解京饷内提拨，铸成金钱，仍缴户部，转轮甚捷，不致久搁成本。

一，新开金矿，如果招商办理，所出之金，除应缴官几成外，商股应得几成，只可与以铸出之金钱。盖金钱中外时价一律，无利可图，不致贩运。惟欲杜金砂金块之偷漏，须饬该管地方官随时严密稽查。

一，总行既造钞票，又铸金钱，以后户部应发京都俸饷，即可以钞票金钱支发，俾得市面流通。

一，总行有稽察分行之责，买空卖空自当严禁。如各行有违例情事，可派妥员至该行查账。如有应改应添或应撤之事，请核办费用，开销公款。如派出之员有滋扰勒索等事，准分行详报，立时撤去。

一，总银行所收藏铁柜之借券，以及各样钢模，每年须由户部会同查看一次，有无损坏、走漏，登明簿册。其已停办之银行，所用钞票、钢模，随时验明销毁。

一，所发借券，除官银行照领外，其余绅商士庶均可购买，应付年息五厘。无论何处官银行，一律验票照付。所付之银，由官银行报明总银行，提款划还。

一，所收借券现银，实与息借商款无异，因有银行付息较易取信，俟集成巨款后，可用以整顿海陆两军，开设两军学堂及一切保护

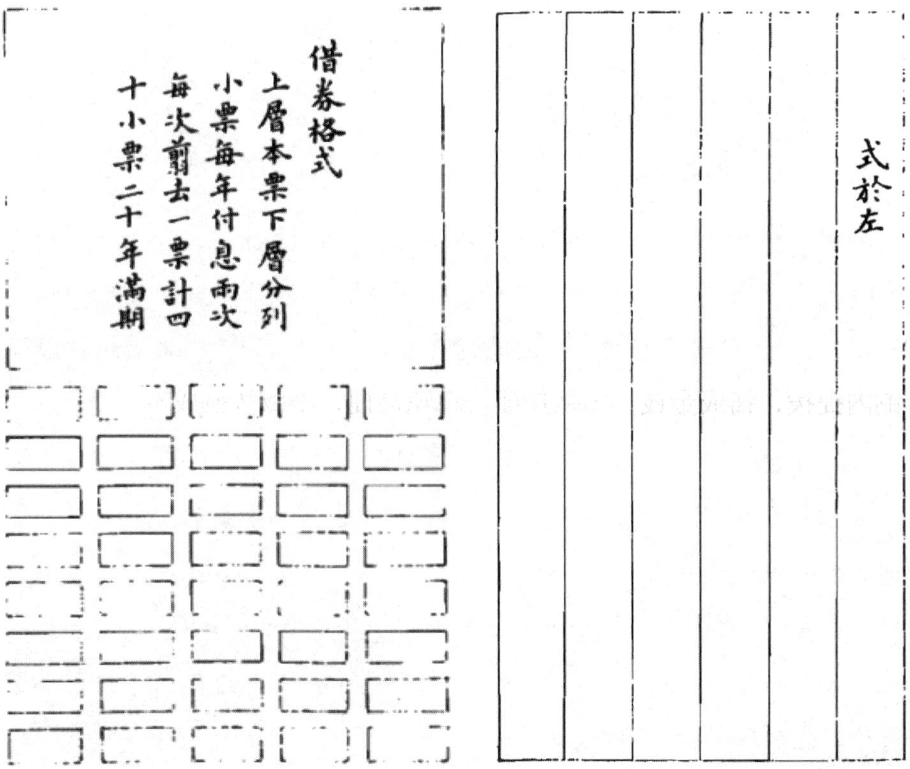

借券图式

疆土、振兴商务之事。

一，泰西借券，名目不一，用作何项工程者，即名为何项借券，或二十年，或三十年，券内载明年限，但使年息照付，民信皆孚。限满之后，仍可展期若干年，换给新券。

一，铁路招商，创议已久，只准华商承办，不许暗招洋股，且路长款少，势难遍筑。惟总银行及分行开设之后，借券畅行，可另发铁路借券。每张百元至五百元，或一千元，商民因银行之可恃，而深信国家，必有群相购买者，通国铁路，不难同时并筑矣。

借券之式，大约长方尺余，上列本票，下列方寸小票四十张，即息票也，到期持向银行，剪去一票，即可收息。再到期再剪，每年付息两次，剪尽小票，则年限已满，可持本票收本。其法甚善，其制甚精，兹谨绘图式于左。

计开：

分行章程二十四条

一，分设官银行之牌号、住址，及董事几人，集股若干，每人有股若干，每股先收若干，应设立合同簿册，刻用图记，开报总银行转详户部，给与准开执照，并禀请本省藩司，暨地方官立案，以凭查考。

一，官银行，如集股十万元，应备余本二万元，按股匀派。万一股本亏折，除将余本分偿外，不更追查私财。此与有限公司大略相同，庶股东不致受累。

一，开设之日，照西例，应先定二十年。如无违例之事，准其再开。如未满年限，查有不合定章，即令停办。或三分有二之股东不愿再开，亦可随时会议停办。

一，股东所买股份，即系自己产业，如欲转售与人，可至本行报明，于簿册内，改换新股东姓名、住址，如未报明改换，倘有应问股商之事，即惟旧股商是问。

一，股商公举董事，至少五人，董事中再推某为总董、某为副董、某为本行总理，均须有股分稍多之人。雇用司账等人，须取的保，定赏罚。凡收买汇票、期票，以及代存银两，抵押款项，应由总理主政。

一，股本收进一半，即可禀请开办；未收股本，分期续收。如有股东或代股东办事之人，于续收股本，到期不付，即出传单声明转售。倘无人愿买，则该股已付之本，准于六个月内，由董事会议定夺，倘因此而资本不足，即行查账停办。

一，如欲推广生意，加添资本，或三分有二之股商欲减少资本，均须详报总银行批准，以便核定借券之多少，照例增减。

一，每年正月、七月，由公举董事，聚议行务。董事任事之期，一年为限，如众议佥同，亦可接任。每股商按股之多少，派议事单若干纸，备书是否字样。如不能亲到，可托他股东代议，而行中执事不与焉。至股东有欠行中款项者，不准会议。

一，钱庄票号，资本充足，可以改官银行者，不必另换牌号。如有数家合并一行者，牌号听其自定，均须将资本若干，报明总银行，照定章核办。

一，每六个月，董事查核。除开销外，净利若干，每股派息若干，所获净利，当先提百分之十，划入下届帐内为公积银，一俟公积与股本核算至二十成之数乃止，不提。

一，银行借与一公司、一商家，或一人之款项，期限以六个月为定，如欲展期，须董事议准。其银数，不得过收进股本百分之十。至收买期汇各票、抵押生意，不在此例。

一，银行股分票，不准在本行抵押。本行不得为各项工业字号股主。如股东欠款不还，可将其股分收入，当于六个月内售出，或当众拍卖归款，否则总银行可查账勒停。

一，银行所领钞票，只可随时用出，不准抵押现银作为增添股本；亦不准以钞票充作股本。

一，各银行应于每年正月、七月间，十日之内，开明上届用出钞票，收进存项。除存部借券外，所有股本，通扯计算，每项若干，由首董、账房等签字，呈缴总银行备查。如有不开报者，议罚若干元，在应付借券息内扣除。

一，官银行所领钞票，如有水火不测，准由该银行呈出实据呈结，请总银行换给新票，补足所失之数。

一，官银行所领钞票，虽有缴存之借券抵保，而本银行内仍须存现银二十五成（谓用出钞票所收存项两款合算百分中之二十五成），以备兑现，俾无缺乏之虞。

一，外省各官银行，应于所备现银二十五成之内，剖分十二成半，存放京都总银行，不算利息。此项存银，预备各省官银行钞票到京可以兑现。总银行既收十二成半现银，应给与各省官银行收条。官银行将此收条，可作为本行存银额数。各府州县银行与省会银行，亦当酌量照办，总期钞票流通一无停滞。

一，各处官银行所领用钞票，除进出口关税须用现银外，准用以输纳地丁、钱粮、厘金、盐课等款，一如现银，不折不扣。

一，京外各处官款饷项，如有可以交银行存放者，即就近发交生息，应解京饷、协饷，亦可饬该行汇解，以节解饷委员之烦费。

一，银行于借款、拆息、期汇各票，应收息银。须照各处市面常例议定，不得逾额。如有违例，取息过重，应将存总银行之借券息罚去，并准人控告，饬令偿还。

一，银行不得收买地基。除建造本行房屋，及分行房屋地基外，如有因欠项抵押，或被欠无着作为归款之地，暂时执掌，即须售去，不得过两年半期限。凡抵押地基、房产，亦须产价多于抵款一倍，以昭慎重。

一，银行钞票，如有持向该行兑现而不照付者，准持钞票之人控告。由总银行查明确实，议罚或收管该银行资本簿据，并代理各账。

一，银行停办后，应将所存现银缴归总银行，以备代付。用出钞票之数，总行收票付现之后，即将该行牌号、银票销毁，不再用出。其前缴抵保银票之借券，可仍发还，听其作何开支。

一，银行如欲停办，先将期汇各票，抵押产据，转换他人名下，以图巧避，查出议罚。

二品顶戴江苏特用道容闳谨呈。

续拟银行条陈

光绪二十二年（1896）

一，总行自总办以次，薪水从优，俾得自给。除应领薪水之外，不得丝毫沾染。行内账目，由熟悉银行规例之西人经管。其账簿任人观看，逐日给算，极易稽查。在西人本多公正，万一查出，稍有蒙混，即行更换，不得以订立合同数年，曲为徇庇。总办知情容隐，应请即行撤参。

一，总办布置银行告成，或另有要差，或陈情告退，或朝廷另简贤员，即可随时接办，簿册具在，交代甚易，并无久据要缺，难于更换之弊，但期接手之员，于行中规例，循照旧章，不可任意纷更，致归咎于创办之不善。

一，资本一千万元，先领若干元，合银若干两，应请如数领足。一切部费饭食等银，概行禁绝。盖总行犹户部之外库，应视为本部应办之事，不可以寻常领款论。万一书役人等，稍有需索，应请剀切晓谕，严行禁约。倘领款轇轕，惟有据实禀陈，断未便委曲含忍，致启营私之弊。

一，建造总行房屋，务须宽敞、坚固，择地在户部左近，距市面不远之处，购买民地、绘图定造、应需料件、工价，无论购自外洋，或在中国采买，将来报销，须将原购发票呈验。一面由户部密行访察，有无折扣浮开。如有弊端，惟总办是问。

一，铸造金钱，最易启人疑虑。查金钱成色有定，化学师在行查验，无织毫之误。自镕金房以至验收房，经十余处之手，始克告成，剪余之金边，地面之金屑，皆有极妙之法，拾取无遗，工匠人等不能窃取丝毫。成色几何，盈余几何，费用几何，皆可按籍而稽，无庸过虑。银铜两项，亦照此办理。

一，事权贵一，前已首先陈明。惟荐引员司，人情不免，倘不能录用，或已经录用而辞出，最易触同人之怒，驯至诽谤丛生，事事棘手。今创办银行，务期裨益国家，如果有才虽重聘不惜，如其无能虽力荐不受，万勿以私情而转忘公义。

以上谨举防弊大概，此外言之难尽，总在遇事认真，破除积习，无论派委何人总办，皆当如此奉行。

据实再陈，伏祈俯察，不胜幸甚。

（三）评析

容闳的银行计划，从1860年向太平天国洪仁玕建议，到1886年向出使美日秘国钦差大臣张荫桓再次建言，直至1896年获得户部尚书翁同龢和户部侍郎张荫桓的支持，虽然上奏朝廷，却未获允准，然而先机被盛宣怀夺取，使得容闳的国家银行计划宣告流产。容闳的国家银行计划虽然失败了，但是条陈和章程刊登在《字林沪报》《实学报》和《时务报》上，形成了一定的社会影响，也是一次对国家银行的讨论和宣传。

盛宣怀（1844—1916）

实际上，容闳的国家银行计划与盛宣怀的商业银行计划并不冲突，然而由于当时清政府中大多数人对于国家银行认知不清，以及晚清财政空虚，无力创办国家银行，只能退而求其次选择商业银行，这些是客观存在的现实。此外，盛宣怀与容闳在银行和铁路等问题上有冲突，故而容闳在《西学东渐记》中对盛宣怀的评价不高，这是读者必须加以注意的。

兴建津镇铁路计划

（一）导言

光绪二十一年（1895），容闳在国家银行计划受阻后，改而推出兴办铁路的计划。容闳将最初的计划上文给总理衙门，希望借款在全国兴修铁路，然而因为计划庞大，未得回应，于是他转而从小处着手，推出了比较具有可行性的天津到镇江的津镇铁路计划。津镇铁路计划得到了总理衙门的认可，于光绪二十四年（1898）上《奏办津镇铁路折》，请旨获准允许容闳筹资设立铁路公司，修筑津镇铁路，但是不同意容闳在美国股票市场融资的设想。

容闳的津镇铁路计划获准后，马上受到两方面的攻击：国内的两江总督刘坤一、湖广总督张之洞等纷纷电总理衙门，反对容闳的铁路计划；德国认为容闳的铁路计划影响了其独霸山东路权的企图，德国驻华公使凭借中德《胶澳租借条约》，要求总理衙门组织容闳在山东境内筑路，并提出德国修筑自清江经山东济南至天津的铁路。面对德国的压力，总理衙门责令容闳将津镇铁路绕过山东，改由浦口经河南开封至天津。总理衙门此时不再允许容闳吸收外国资本入股，只能招募中国资本，并以半年为限，逾期不能招足股本，则不再准许容闳集资修路。总理衙

张之洞（1837—1909）

门此举，明显是迫于德国的压力，想要容闳主动放弃津镇铁路计划。容闳势单力薄，知道事不可为，遂放弃了铁路计划。

晚清总理衙门

本部分收录的容闳著述分为条陈、禀帖和信函三种，既有上呈总理衙门的文件，也有给张之洞等地方大员的电报，还有写给好友李盛铎的信函，主题都是兴修铁路。

（二）原文

致张之洞电稿

光绪二十一年十二月二十九日（1896年2月12日）发，

光绪二十二年正月初一日（1896年2月13日）到。

感电谨悉。铁路招股遵谕宣布，沪商尚无入股。电询粤商，亦无应者。察访商情，意谓官商颇难合办，虽蒙宪台鼓劝保护，群情信服，然无一定之章，无共事之权，诚虑他人接办，弃信失利，如招商、电报局皆官权重而商利轻，即其前车，以故各怀观望。职道等窃拟此事如专归商办，定能集股。若因官款现存，似可暂由官办，或先就官款先筑淞沪一段，商人见其章程善、利息厚，自必踊跃争附。

将来再议官商合办，事权如一，将官存二百万招商二百万，扩充苏沪及杭镇宁各路，谅可成事。是否有当，伏候钧裁。遵宪、闳、大庄同禀。艳。

上总署王大臣条陈

光绪二十二年（1896）

窃维千古御戎之策，动曰远之，至远之不能，而始与通往来、共交易，皆属不得已之事。时至今日既不得远，则必思患预防，乃可久安长治。然徒患防之要，终非计；不若善用之，而善防之。我可以渐臻强盛，而不致终居人下。

旷览欧洲有爱我、助我，而实易图我，是宜远之、防之，不可因一端受其惠，而遂忽之者，俄法是也。俄法强大之国，高据西北，有建瓴势，辄肯以百兆借于我，祇请造西伯利亚铁路，绕我满洲，具有深心；一旦窃发，将何抵御？此诚我心腹之忧，而旁观亦代为忧之。

又有实在欲爱我、助我、知我，不遽信，而不能袖手旁观，为秦人视越人肥瘠，漠不关心。我似宜借顾其力，不必深疑，只须善于驾驭，以收实利者，美国是也。美与我疆域腹背，鞭长莫及，不但不欲图我，且恐我为人图，彼亦渐受其祸，以故咨嗟太息，恒有爱莫能助之思。况前美上相定章，不准取他国尺寸土地，至今无违此言。在他国则不足信，在美与我则足信。以地形辽隔，势不相及耳。

夫以我国目下言之，有急务者四、要务者一。

急者，何赔日军费二百余兆？现仅向俄法借得百兆，余者仍须告贷，贷将焉偿？此其一。

日人一役，船械罄尽，是宜急购，以免临事措之不及。此其二。

铁道利便，如轮船、电线，际此窘迫，既望全境告成，未识何时外侮内讧，将何以御？此其三。

借俄法，限三十六年，在转瞬间，届庶无设，使恃强要挟，势必割我膏腴，管我海关，尔时即欲拒绝，能乎不能？此其四。

所要维何？日人战事，非不能御，我自溃之。若不急加整顿，设有如日者蚕动，又何以抵敌？此尤切时要务而不可须臾缓也。

职道频年居美，与其国之名公巨商，游相处久，故相知益深，见其上下，与我国毫无异志，复颂相关切。若任职道前与商借四百兆两，利定轻于俄法，将俄法日一并清，余以办理练兵善后事宜，以抒目前，但须准美商筹资造中国全境铁路，俾利源日开，借有五十年，不必另费一文、另创一议，四百兆本息可以清还，并铁路胥为我有矣。

是否有当，伏乞训诲，不胜战栗，陨越之至尽。

拟办理节十六条列左：

一，准美国一公司四百兆两借中国，利息轻于俄法。

一，准美国筹同中国始终造成全境铁道，别国不得分夺利益，而美公司亦必竭尽心血，无得有欺蒙之弊。

一，铁道造成，每年除开销外，所得净利，每百分提三十分以偿还四百兆本息，及造道本息；余七十分，由中国与美公司各得其半。

一，上清还后，铁道悉为我有，美公司不得再分其利益。

一，铁道筑造部署，悉听美公司酌办，以专责成；一切用人主政，我不过问，但须派会办一员，祇稽查而无掣肘。

一，按图、审定、履勘、绘图、进呈，应从何道做起，由中国自定。

一，勘定后，限定地为总汇之所，一切由该处布置，不得任其乱窜深入，致滋事端。

一，开工造道，分定数，每限定人数，俟美商来华，再行酌定；所有司事粗工，概用中国子民。

一，造道分定数处，处听美商布置；中国另派办各事，当须与闻，以杜浮冒而知动静。

一，上节需甚巨，美或招英商附股，我只认定美商以归划。

一，设有他国与中国龃龉，美英自可出为调停，或并力抗拒，以保资本于我有利益。

一，勘定、绘图、订定，亦须限以年期告竣，免过宕延而滋浮费。

一，案经奏准，必须专放，钦盖与美商极有见识、正直者四五人商订、请示，再行来华，与总理衙门签盖。

一，美商来华，若因意见不合，致作罢论，须送来往川资，待以宾礼。

一，开工后，或有意外阻止，亦只能照账结算，限期偿还，不得另存赊望。

一，上节邀准，中美各有利益，定招他国忌克，或至要挟阻止，诚为可虑。中国虽机密军机，各国公使颇能探悉此事，未经定订，尤当格外秘密办理，愈速愈妥。

一，以上所陈，不过拟定大纲，至周密细节，仍可揆度尽善，再与美商订定。

兴筑铁路呈文

光绪二十二年（1896）

谨将兴筑铁路统筹善策以维全局酌拟办法，开呈钧览，计开：

一，变通招股。查津芦早已兴工，芦汉亦经集议，分招华股，严屏洋商，杜渐防微，诚非无见。职道亦何敢冒昧建言，显违成议。惟当今时势，万难守常，各处所招华股，有无洋款，故不必论。窃恐缓不济急，芦汉尚未办竣，而畿东要道，滇南边境，均有越俎代谋之患。职道所以踌躇四顾，而窃欲变通办理，借力于美也。盖美与我，素无嫌隙，今借其商人之财力，而权自我操，无庸照会政府，他国断不过问。从前美国筑路，亦听欧商集股，并无域外之分，嫌疑之见，通力合作，实为权变办法。如蒙俯准，职道当与美商，纠集公司，订定章程，所有畿东、滇南、川广、芦汉、苏杭、淞沪等处，同时并筑，且建双轨，阔以四尺八寸半为度。如有华商愿出资本，并归公司合办，边境之瘠，内地之肥，获利多寡，通盘合计，不出五年（万一勘路需时，多延一二年，应由公司尽力筹办，再行定准），一律筑成。似此光明简易，较之他项办法，利弊迟速，相去远矣。

一，定印借券。银行章程，职道已请印借券，惟俟银行屋宇落成，购买机器，在京自印，又非年余不可。今欲迅速开筑，不费丝毫官帑，自宜先印铁路借券，写定华文，载明本利，绘就图式；派员至美国，定印若干纸，呈交户部，编号盖印，随时请发，酌定筑路用款若干，请先发借券若干。以后陆续再发，各处工竣，方行截止。以纸币代现银，无论数千万，皆可陆续集成。该券定限三十年（与公司定约，年限愈少愈妙，而利息须通盘筹划，倘不敷匀摊，或再宽限十年，俟订约时再行酌定）。周息五厘，每年付息，及到期还本，均在铁路获利项内开销。当初办时，尚未获利，由公司垫付息银，统俟铁路获利后提还，不必另筹官款，亦无庸以别项作抵。借券限满，收回之后，铁路全行归官，此为筑路第一善策。

一，议分利息。铁路之利，全在办理得人，经营尽善，获利最厚，难以数计。如定议设立公司承办，自必算无遗策，一切收支账目，请派大员，随时稽查，毫无隐蔽。所获之利，拟先提毛利几成，足以付息，并积存若干，备赎借券，再除公司开销，并修路之费，其余净利，则官与公司平分，各得五成。似此议定章程，由彼出资，为我筑路，我安坐而收其利，彼尽力以效其劳，以借款筑路，即以铁路之利还款。该公司之所以肯承办者，不过券息可保，余利可分，限满归官，于愿已足，此外无他希冀也。

一，给与事权。铁路既立公司，凡开筑以及路成行车，统归公司经理，并准分派巡捕照料。一切搭客装货，妥议定章，务在便民。遇有兵事，先尽官军，装运兵饷，只收半价。如有多车，再装客货，所有轨路，并设立军站。起造货栈之地，无论官地、民地房产，由地方官妥议价值，向公司支付，务期平允。凡附近铁路之煤铁各矿，并木石等类，应准择要开采，归公司应用，以便就近制造铜轨物料，无须购自外洋。由轨路至矿产各处，应分筑小铁路，以期利便所有铁路料件。经过口岸、内地，一律免税、免厘。惟事属创始，务须由督抚严饬地方官，妥为保护，以免滋事。

一，严定章程。铁路既设公司，除芦津已经开办外，其余芦汉以及各处，应请统归公司开筑，以免分歧。所用管事洋人，均须择选熟手，恪遵规例。如有酗酒滋事，不受约束，或苛待华工等事，查明确实，立时撤换，不稍徇庇。

一，造就人才。查铁路初兴，需才甚众，不得不聘用洋人。惟将来路须归官，生手如何接办，必须预先造就，应由公司于通商大埠，另设铁路学堂，专选聪颖子弟，教以筑路行车，并镕炼钢铁等法，日后人才辈出，即可自行管理。此项费用，均在铁路开销内支付，不必另筹官款。

再，铁路既立公司，责任重大，呼应较灵。职道体察情形，如果筑路至一万余里之多，尚可另领借券，代筹一万万两，定期三十年，年息四厘九四折（借券之折数略减，则辗转分售，更易流通，倘公司不允九四，或减为九一二，当再细商），较之年息五厘九四五折者，以三十年通盘合计，可省二千九百五十万两。此项借券，不必以关税作抵，即将铁路所得净利归官五成之款，以备付息还本。

职道久寄美洲，相孚以信，凡可为国家效力之处，窃愿勉图报称，断不敢空言徒托，迹涉夸张。伏祈俯鉴愚忱，不胜幸甚，谨此附陈。[①]

致总理衙门兴筑津镇铁路条陈

光绪二十三年十二月二十六日（1898年1月18日）

江苏特用道容闳禀称：

窃惟铁路之设，无事用以通商运货，有事时用以载兵运饷，最为富强之要，伏读光绪二十一年十月二十日钦奉上谕："各省富商如有能集股至千万两以上者，准其设立公司事归商办，一切盈绌，官不与闻等因，钦此。"

查天津经由山东德州至江苏之镇江府，为南北往来孔道，必宜专筑一路，以为便民兴利之图。况现值德人借口教案占据胶湾，又欲

① 《时务报》附文："按：容纯甫观察前年由张香帅奏调来华，今年译署檄入都令，商办银行、铁路，均拟定章程，进呈本馆，托人在都录得，特登报端，以公同好。观察久于美洲，于西人办事之法，最得要领，香帅原奏有才识，博通忠悃，诚笃之语，所定银行章程妥密精当，最无流弊。至办铁路，但借西人之资，即以铁路余利为息，并按年除本，逮廿年后，即可本利清还，尤为权自我操。又欧洲各国相忌，若托彼国，则此国必求以事以相抵，托此国亦然。彼此相争，实为中国之患。惟美国为自保之国，可无此弊，想阅者必以为然也。"

修筑轨道，直达济南，将来势必修至德州，北通直津，则近畿腹地竟被外人盘踞把持，后患何堪设想。倘我先定造南北干路一条，则德人修路至济南后，令其就近与我干路联接，使彼不能再加展拓。最为要着是自修津镇铁路，实为抵制之方，利权固在所必争大局，尤刻不容缓。

职道目睹时艰，稍有血性，拟即纠合同志富商巨贾，集成巨款，兴筑由天津达镇江一枝干路，并将一切应办事宜，详细胪陈，恭呈钧鉴，伏乞奏明，准照前旨，由职道自行设立公司，假以事权，俾专责成，得以从速集资开办，以伐敌谋，兼广利源，伏候批示祇遵，实为公便。

照录清折。谨将兴筑津镇铁路酌拟办法恭呈钧览。

附录一：拟办津镇铁路章程

一，铁路以勘绘地图为首务。自天津至瓜镇，二千二百余里，估工计费，未易猝成。其一切沿途起止，测量丈尺，以及岔道、码头、车站、棚厂，暨山渠、河梁等事，均俟奉准后，始能详确查绘。

一，铁路自天津至瓜镇，二千二百余里，河堤延亘绵长，铁路必有由堤行驶之处。无论里数远近，准公司就近禀商该督抚，及该管道府，协同委勘地势，查明丈量尺寸。上则高筑堤身，下则深筑堤地，务期坚实，使堤身加高且固，兼可免朝廷岁修之费，于河工亦有裨补。

一，现经集股，已有一千万两之谱，开办之后，其有不敷，再行召集。内有美商愿入股者，由本公司与之议立合同，毋庸[1]禀请国家作保，只须将全路作抵。且经营伊始，情殷报效，得借输诚，拟请先

① 毋庸：《申报》《时务报》《湘报》版为“无庸”。

提股银二百万两，以充朝廷要需，定期出票。于铁路开工，安设轨道时，先缴一百万两，俟全工告竣，再缴一百万两。

一，铁路款项，系集股所成，将来全工告竣，拟请除各项应支经费修补，股息按年周息以外，所获余利，按照四分之一报效国家，解交户部饬收，按年汇报，年清年款，不得拖欠，以重公用。

一，报效银两，本系集股，商等不敢仰邀奖励，惟乞奏明准自设公司，假以事权，用专责成，兼请札饬各地方官力为保护。至一切应办事宜，当随时禀请总署饬遵。

一，所勘用民地，原产主每年应完若干税课，本公司照数完纳，倘全路告成，限期未满以前，朝廷建议欲将铁路归官，请比照当年股票市价涨落核明，发还原银，由公司自行收回股票，以清款目；否则应由公司按定章，以四十五年为限，自全路工竣为始，满限后，所筑干路，即为国家所有，无庸官给价值。

一，铁路工程，以五年为期，俟将全路勘估后，各料运齐起算，届时仍当禀明立案。

一，铁路沿途地段，凡民间山场、地亩、园林、井社，以及城乡、市镇，必视其冲僻，及地土肥瘠、生熟，分别定价，拟由公司会商地方绅董，酌量给价，以期主客相安。倘遇实在刁抗居奇，即禀由地方官公断，应比照芦汉铁路公司章程办理。

一，铁路本取直线，如遇民间庐舍、坟墓必须绕越者，从权办理。若间有一二茔宅，自愿偿费迁移，由公司会同地保[①]、绅董，公同酌议，优给价值。

一，铁路所经水陆、市镇、城厢，以及沿途车道两旁，所有应行修造站铺、码头、屋宇、货仓、车厂等项，民地由公司或租或买；官

① 地保：《申报》《时务报》《湘报》版为“地方”。

地由公司禀请地方官核准，仍每年按亩纳课。

一，公司购运铁轨、汽机、车辆、垫木等项，概免入口、行坐、厘税。

一，开车后，搭载客位货物，接收脚费，以道路远近，酌议一定章程。遇有应调兵差、粮饷、器械，必凭部院、督抚、统兵大员印票，方准照章给费一半。若寻常官差来往，虽有印票印文，仍照章全收。

一，漕运为国家大政，遇有阻水守风、沙滩搁浅，以及催儹赶运，若须雇用公司输车，由铁路起拨、转运者，无论数百里，或数千里，所有装运使费，应由地方大吏，及解运官，与公司商议给价。本解官自行押运，不得借公挟制，强令装载。至粮石上车后，如有偷漏、短少、掺杂等弊，应惟公司是问。

一，遇有军务紧急，奉有地方大吏札谕，饬令暂将铁路应专归官用，不得别载客货。所有公司本息、日用、人工、煤炭、口量等项，俟事竣后，由地方官补给，或按月日，准其呈请汇案报部。

一，铁路创办之初，一切测量绘图、购制机器、监造、管车人等，必须选用洋人数名，概归公司管理约束。日后华人技业精熟，自能接理，不烦重资延雇，庶可稍节靡费。

一，宜择地设立铁路学堂。凡测量、绘图、使车、制料等事，均宜选聪颖子弟习学，以为造就人才之地步[①]。

一，铁路宜俱用双轨。惟初办之始，造成单轨，俟客货兴旺，再行添筑双轨。其轨道狭阔，均遵照现修官道[②]一律通行。至于钢条，尤宜加厚加重，因路长货多且重也。

---

① 造就人才之地步：《申报》《时务报》《湘报》版为“造就人材地步”。

② 官道：《申报》《时务报》《湘报》版为“官路”。

一，公司铁路一切工程商款商修，应免造册报销。

一，铁路公司所有聘请管事，及雇募匠役各色人等，均应访察详慎、稳重、妥靠之人，方许留用。仍随时稽查，庶少疏虞。若有官长荐举、友人请托，概不收用。

一，铁路之旁，准公司设立电线，以便知照开车时刻，且免一往一来，两车相碍。此电线应由公司承办、管理，专为便于行车起见。

一，凡有铁矿、煤矿与干路相近之处，准公司分筑支路，禀明开采，以便就近取煤、取铁，制造铁路各料之用。

一，铁路必须四通八达，始便行驶，现拟自瓜镇起工，至天津告竣，其沿途水陆、镇市、码头处所，均宜次第开通，庶干路可保无滞。

以上谨拟津镇铁路条陈二十二则，伏乞察核准行，不胜幸甚。

二品顶戴江苏特用道容闳谨呈。

附录二：照录期票

今有津镇铁路公司备料股分期票之款，合共银一千万两正，奉准后六十天，该款任由铁路公司督办容闳同商人王裕丰调度。

光绪二十三年（1897）十一月立，申昌恒记、同和益、宝兴号、福兴茂记公具。

奉准后六十日内，本院长代理美国公司能筹办津镇铁路之款，不论多寡，只要督办容闳与本院长代理公司酌定合同彼此相宜，方能成事。

光绪二十三年十一月二十四日，汇文书院[1]院长刘。

---

① 汇文书院：同治十年（1871）修建，为美以美会在北京东城建立教堂后附设的蒙养学校；光绪十一年（1885）扩建中学及高等学校，改称怀理书院；十四年（1888）改称京师汇文书院（Peking University）。清末和民国校名数次变迁，1989年恢复北京汇文中学的校名。

附录三：总理衙门发容闳津镇铁路事宜札

光绪二十四年正月二十二日（1898年2月12日）

给道员容闳札称：本衙门具奏道员容闳请办津镇铁路一折，光绪二十四年正月二十一日奉朱批："依议，钦此。"相应钞录原奏札行该道钦遵办理可也。

致总理衙门津镇铁路事宜禀帖

光绪二十四年二月初五日（1898年2月25日）

江苏道员容闳禀称：

窃职道于光绪二十四年正月二十八日奉到钧札，内开：本衙门具奏道员容闳请办津镇铁路一折，光绪二十四年正月二十一日奉朱批："依议，钦此。"相应钞录原札行该道，钦遵办理等因，奉此遵当即日设立津镇铁路公司筹募股银勘验道路，从速兴办，并随时禀报，以副钧怀，惟给发股单办理文牍，照轮船电报各局之例，需用关防、图记，方能取信官商，可否仰恳恩施，颁给办理津镇铁路公司关防钤记一颗，俾资信守，实为公便，敬请勋安。

附录一：总理衙门奏办津镇铁路关防折

光绪二十四年三月初三日（1898年3月24日）

本衙门奏折称：

臣衙门于本年正月二十一日具奏江苏候补道容闳请办津镇铁路

一折，本日奉朱批："依议，钦此。"当经臣等札饬该道钦遵在案。兹据该道呈请颁给木质关防等因，查前年盛宣怀办理卢汉铁路，经臣衙门咨由礼部铸给关防。兹该道办理津镇铁路，自应由臣衙门刊刻木质关防一颗，以昭信守，其文曰："奏办津镇铁路关防"，发交该道祗领钤用。理合附片陈明，伏乞圣鉴。谨奏。光绪二十四年三月初三日，奉朱批："知道了，钦此。"

附录二：总理衙门札容闳文

光绪二十四年三月十三日（1898年4月3日）

行道员容闳札称：

本衙门于光绪二十四年三月初三日附奏请发江苏候补道容闳开班津镇铁路木质关防一片，本日奉朱批："知道了，钦此。"相应恭录谕旨，并将刊刻木质关防一颗，发交该道祗领，仍将收到开用日期随时呈报本衙门备案可也。

致总理衙门津镇铁路未尽事宜禀帖

光绪二十四年二月二十日（1898年3月12日）

江苏道员容闳禀称：

敬禀者：

职道前请修筑津镇铁路，并酌拟办法各条具禀在案，查此路按照驿站，应由山东省一带经过其通江苏镇江府之路有二：一由平原禹城自齐河县，经泰安府沂州府入江苏界；一由恩县茌平自东阿县渡河，经兖州府入江苏界。访闻泰安一路峰峦陡峻起伏不常，较卢汉所经之信阳州山路，尤为难办。茌平一路，即所谓湖路者，地势低洼，夏秋积潦，兴修铁路，必须垫筑长堤，低则不能御水，高则工程浩大，取土不易，亦非所宜。再四踌躇，殊深焦灼，惟此项铁路既于利权防务关系非轻，若因取道不便，遂尔中辍，似非力图自强之道。

职道既经建议于前，何敢畏难于后，因之博采舆论，详考图经。兹查得自天津经景州至大名府，经开州，在开封府左近相宜之处渡黄河，入河南界，至归德府永城县，入安徽界，经宿州、滁州，入江苏界之浦口，再由仪征县至镇江府。此路既无高山之险，亦无积潦之区，虽道里稍有纡回，而地势平坦，实便兴筑。并绕过山东全省地界，不致受德人挟制。如蒙准行，即从以上经由河南、安徽等州县取道开办，并请咨行直隶、河南、安徽、江苏各督抚，庶无窒碍。

所有详细办法，业经禀明，无庸再渎，唯此路改道稍远，工费较巨，拟恳于定章四十五年之外，展限十五年，再由国家收回，以资弥补。

职道愚昧之见，是否有当，伏候批示祗遵。

附录：总理衙门批容闳禀

光绪二十四年三月十五日（1898年4月5日）

发道员容闳批禀称：

据禀已悉。该道所称前请修筑津镇铁路，按站经过山东之路，或峰峦陡峻、起伏不常，或地势低洼、夏秋积潦。兹查得自天津经景州至大名府，经开州在开封府左近相宜之处渡黄河，入河南界，至归德府永城县，入安徽界，经宿州、滁州，入江苏界之浦口，再由仪征县至镇江府。此路既无高山，亦无积潦，虽道里纡回，而地势平坦，实便兴筑。惟改道稍远，工费较巨，拟恳于定章四十五年之外，展限十五年，再由国家收回，以资弥补等语。

本衙门查所禀各节，自系为舍难取易、体恤商情起见，惟前请修筑此路，拟招洋股一节，经本衙门奏准，改为筹借洋款，仍声明商借商还，以符历届奏案，札行该道遵照此次所请改道，姑准照行。

其展期一节，应俟款项筹备有着，再行禀请本衙门奏明办理。

为此批示该道遵照可也。

致总理衙门津镇铁路关防事宜禀

光绪二十四年三月十八日（1898年4月8日）

江苏候补道容闳禀称：

窃职道于光绪二十四年三月十三日奉到钧札，内开：本衙门于光绪二十四年三月初三日附奏请发江苏候补道容闳“开办津镇铁路木质关防”一片，本日奉朱批：“知道了，钦此。”相应恭录谕旨，并将刊刻木质关防一颗，发交该道祇领，仍将收到暨开用日期时呈报本衙门备案等因。

职道于光绪二十四年三月十三日祇领到“奏办津镇铁路关防”一颗，筮吉于光绪二十四年三月十七日开用。

所以津镇铁路应办事宜，仍随时禀呈钧署。谨将领导关防并开用日期遵札禀报。

致总理衙门德使干涉津镇铁路事宜禀

光绪二十四年六月初九日（1898年7月27日）

候补道容闳禀称：

窃职道于本月二十三日接奉宪台札开以德使照称“执定条约不准在山东境内盖造铁路，并饬将现筹办法，迅速禀复以凭转复德使”等因，奉此，查职道创议兴筑津镇铁路旋经改道河南、安徽等处，实与德国毫无干涉，该国公使应亦有所闻知。今据称“欲准德华银行承办，又以条约为辞，若不先问德国，则职道文凭自为废纸”等语，殊属强词蔑理，有意攘夺。窃以为德国据我胶州，其所定条约，悉以兵力挟制，按之公法，实为各国所不直，倘以理论，则此约实同废纸，姑无论。

职道认筑之路并不经过山东，即使经过亦系中国官商自造，本有自主之权，何得喧宾夺主，伏愿我中堂、王爷、大人据理直言斥其不应过问。想德国虽强富，亦无辞可措矣。

职道自三月十五禀蒙批准改道以来，瞬已三月，急欲集成巨款，仰报朝廷所难者，胶州订约各国环伺，均有欲得一隅之意，而中外商情遂为之震动，银根之紧，利息之重，实为往岁所无，加以美日战事未平，需帑浩繁，不遑他顾。然职道既已承认于前，何敢因循于后。除已分赴南洋各埠广招华股外，现正与英比等商议借款，互相比较，择善而从，粗定章程，尚须详细。一俟外洋电复，即可定议，容再详细禀呈。

职道为力保利权起见，是以慎之又慎，与其贪利急功，致贻后悔，不如从容筹划，计出完全，决不敢任意久悬，借辞延宕，致负玉成之厚意，缕缕愚忱，伏乞鉴察。

所有现筹办法情形，合先据实禀复，恭叩崇安。

禀呈总理衙门津镇铁路借款事宜

光绪二十四年七月二十一日（1898年9月6日）

江苏候补道容闳禀称：

职道叠奉电谕，惶悚万分，拟病体稍痊，即行就道。适因英华商务公司自六月初订约后，其在沪经理人未可深恃。是以职道有赴美面商之情，嗣奉谕，未便远离，自当另行筹议。幸有英东公司暨阿纶美公司合派在沪代理士铎司专办借款事宜。职道力疾与议，知其在事人财力富有，确实不浮，往返电商大旨初定，因近时中外银根均形吃紧，且事繁款巨，商借商还，无须国家担保，虽兼筹华股，而创办之时，实无的款可指，是以议定五厘半息九扣。职道愚以为津镇一路为南北要冲，办理得人获利，自有把握，以利还利，当可有盈无绌。且订立合同，颇为周密，一切利权均归自主，虽有洋工程师暨监工等去留悉听指挥，逐渐可用。华人购料一切，亦称平允，粤汉沪宁等处，职道虽未见其详细章程，恐利权未必如此稳固。至德议东路直视为已有之物，为该国自辟门面计，非为我中国计，虽再廉亦愿承办。其情形迥不相同，想我中堂、王爷、大人明鉴万里，不难洞烛其隐。职道夙备使才，受恩深重，有可以力顾大局，收回权利之处，自当尽力筹商，期无负谆谆规诫之厚意。

昨接英电，知该公司已派人来华，数日可到，自当偕同进京面聆训诲。兹将七月初七日印押合同录呈钧览，仰祈俯赐批示祗遵，不胜感幸之至。肃恭叩崇安，伏乞垂鉴。

照录清折

谨将七月初七日与英美两公司所订合同译呈钧鉴。

中国津镇铁路局容闳与英国英东公司美国阿纶美公司订立合同，

谨查容闳于光绪二十四年（1898）正月二十一日奉旨准其在直隶、河南、安徽、江苏等省建造天津至镇江铁路，又蒙于二十四年三月十三日颁发关防一颗，此关防即于本合同上盖用。现容闳与该两公司订立草合同，按照下开条款，借英金五百五十万镑，或多或少，俟将来初次勘路毕后，订立正合同时，再行订定确数。此草合同所定条款开列于左。

一，此合同签押后三个月内，两公司即派人前往勘测拟办之路，一俟路途勘定，容闳或其所派委员即往议购铁路应用一切地基，两公司亦派人同往，随时给付地价，收还地契，作保所购地基作为津镇铁路局产业。所负价值，由下开之第一批借款一百万镑内扣除。一俟此路应需各地段购齐后，即订立正合同。

二，两公司借予容闳英金五百五十万镑，每借__镑还十镑。除第一批交英金一百万镑外，其余应如何分批交给，将来订立正合同时再为详定。

三，将来各批借款或交存某某等银行，容彼此商定所存银行之款，即名为建造津镇铁路之款，所有提因银票，均须由容大人或其派定委员会同两公司所派之人签押。

四，银行所存款项，须与妥议利息，所有银行利息即归入备还借款利息之款内。

五，所有借款或五百五十万足，或随时借到本银若干，或已还若干，尚欠若干，随时照本银数目，利随本减，按西历每年每百镑应还周息五镑半。

六，所有借款匀分一百二十次还清，每半年还一次，其第一次还款之期，即一千九百零八年某月某日。

七，所有以上两款所言应还本利数目，以及日期，将来订立正合同时，再附表单，详细开列。

八，各批还款到期之时，容闳即将本利照金镑交与两公司所指之银行收存，即由该银行按期归还本利，而两公司与银行订定所有存该银行未还之本利，必须算还最重利息，此利息即作为容闳存款归入铁路公司公账，惟该银行所有应得还股票本利、行用利，须由容闳处付给。倘有股票，过十二年后不来收取本利，即归容闳处备还借款。

九，容闳给予两公司全权代其发售金镑股票，每票英金一百镑，名曰津镇铁路金票，所发股东总数不得逾五百五十万之数。该股票章程除不得与本合同条款违背外，其式样一切悉由两公司作主。其如何在市上发售销流之处，亦听两公司任便设法。所有股票分刊两分，均须盖用容闳关防，其一分归两公司收执，届还款之时，两公司照数缴还若干票，以为收还本银若干之据。

十，倘遇有股票遗失被窃等情，两公司查明实情，收回补费，即可补发新票，请容闳盖用关防。

十一，两公司每次收到一批还款，当即赶速将股票照数收回涂销，缴呈容闳查收。

十二，所有将来铁路行车获利，先尽两公司所有铁路地基、房屋、车辆能移不能移之各种机器，以及铁路局容闳所有一切物业，首先押与两公司，以保如期归还借款，本利不误。所有以上应立一切契据，将来应请容闳照备。

十三，所有建造铁路，以及行车应用一切无聊机器，一半归两公司承办，惟两公司所办无聊，必须上等坚实，其价值亦须照他家所开之最廉者。其余一半归市上各国商厂投标承办，两公司亦准一律投标。

十四，所有两公司及他厂承办材料，由容闳指派机器师一人验收。

十五，所有各厂货价折扣，悉归容闳归入公账，如系现银则照本合同第十八条收存备用。

十六，容闳现已奉旨承办此路，一切营造自应归其指挥，两公司拣选熟谙工师人等，荐与容闳处核定，代其营造全路。如工师人等有才不胜任或酗酒误事者，容闳可随时指令辞退。所有造路费用以及薪水等项，均由两公司借款内付给。

十七，路工告竣，可以行车之时，容闳即与两公司商定行车妥善办法，由两公司代雇端正有才之总监查、总工师人等。总监查可任便到全路各局、各分局稽查，以杜舞弊，并妥立全路行车章程。全路行车生意专归总监查与副查管理，惟开办之初，专用洋工程师、工头等，日后渐有华人能充当其职任者，即须设法改用华人。

十八，铁路所收进款，均交上海外国银行代存。至于何家银行，将来彼此商明再定。所有存款照下开四款先后支用：一、各行车养路薪水等费；二、借款随时到期利息；三、留备随时应还借款本利；四、除支以上三款外，如尚有余利，先将四分之一报效中国国家，其余归容闳与两公司均分。倘遇有不能按期将借款本利清还，则两公司可重新整顿会商，股友自行办理。

十九，除容闳与两公司所用购地地价、创办经费，以及路利未敷还息之前，应还之利息外，所有造津镇铁路局款项，须由随时派充造路工师具结方能提用。

二十，倘日后容闳辞退不愿办理本合同所载事理，中国津镇铁路局当即另举一员接办，办理一切悉与容闳无异，并有会同两公司所派之人签押银票之权。

二十一，将来于交还借款本利，以及商议要事，惟视合同随时在何人之手，即认为两公司之人。

二十二，将来订立合同，须请总理衙门暨铁路衙门盖印，以示仰蒙各大宪允许，于办理合同内所载事宜，可随时遇事禀请垂照。

二十三，铁路经费内，须拨款设一铁路学堂，专教中国学生铁路诸事。其学生额数、功课、时刻，一切章程，由容闳将来详定所有，两公司承办铁路材料，于进口以及转运内地，须奏明，概免税厘。

二十四，此合同彼此各执一份，惟两公司现止已允由电寄去合同内之大节目，此合同须俟两公司签押后，方能作准照办。

中国津镇铁路局容

代理英美两公司士铎司

大清光绪二十四年七月初七日

西历一千八百九十八年八月二十三号

致李盛铎[①]函二件

光绪二十四年（1898）函

木斋仁兄大人阁下：

昨领大教，不胜欣悦。方君[②]奉胡中丞[③]批办晋省车路，自太原至正定，系借俄款，俄有法项在内，大局已吃此两国亏匪浅。此又擅至将晋送俄，岂非令人长叹。陈君哲甫已奉旨承办贵州全省水银矿，闻已借成法款，全归法人办理，此举将来又变成与四川煤油矿无异，且法人借端，由广西龙州铁道推广至贵州，大局更不得了。现今谋事人，只顾己，不顾众，有血性见此情形，岂不愤结乎？公有何方，堵此等弊端，请祈示知。手此，敬请大安。

愚弟容闳顿首

① 李盛铎：字椒微，号木斋，别号师子庵旧主人、师庵居士等，江西德化县（今九江）人。

② 方君：方孝杰。

③ 胡中丞：胡聘之，时为山西巡抚。

木斋仁兄大人阁下：

阔别瞬已逾月，唯纂履筹祺，与时俱进，至以为念。弟抗尘走俗，无善可告。银行章程脱稿后，南海①甚以为然，十二日禀呈译署、户部、军务处三份，嗣又拟铁路六条，亦蒙南海称赏，属即径禀军务处，不过尽所欲言，成否听之于天，当轴诸公，唯仲老②最为明晰，谈次意兴勃发，毫无疑义。如果邸堂联为一气，无稍推诿，天下事何不可为？无如每议一事，动辄累月，积习使然，至今不变，殊令人闷损耳。闻南皮③招杏荪④将任以芦汉，都中亦颇有此语，未审确乎？以通国铁路，枝节为之，恐旷日持久，终归无补。时事日亟，良用杞忧。

愚弟容闳顿首

（三）评析

津镇铁路计划是容闳晚年的一个转折点。自1895年回国，容闳先后提出兴办国家银行和修筑铁路的计划，但是接连失败，原因既有内部和外部的各种利益之争，也有清政府的软弱无能，只能错失良机。容闳在《西学东渐记》中感慨：“予既明知此事势有所不能，遂不得已，复将此铁路计划舍去。予之种种政策，既皆无效。于是予救助中国之心，遂亦至此而止矣。”此后，容闳不再寄望于清政府中的旧官僚，转向支持康有为和梁启超的变法。

---

① 南海：指康有为，因其为广东南海人。

② 仲老：指廖寿恒，字仲山。

③ 南皮：指张之洞，因其为直隶南皮人。

④ 杏荪：指盛宣怀，字杏荪。

祝贺中华民国诞生

（一）导言

容闳与孙中山最初在1900年相识。1900年7月26日，容闳当选为唐才常推动的中国国会会长。一个月后，唐才常的“自立会”举事失败。9月，张之洞发布对容闳的通缉令，容闳在容星桥①的陪同下乘坐日本“神户号”轮船，离开上海前往日本横滨。容星桥是第三批留美幼童的成员，回国后任职于海军，后弃职经商，曾任香港太古洋行、俄国顺昌茶行买办，早在1895年就已经加入革命党，也是留美幼童中唯一的革命党人。孙中山正好也在这艘船上。于是在容星桥的介绍下，孙中山与容闳首度相识。轮船抵达横滨后，容闳和孙中山入住同一个旅社，闭门畅谈。孙中山十分钦佩容闳的救国主张，大赞其为

① 容星桥：族名开，学名耀垣，字达景，号星桥，广东香山县南屏村人，容闳族弟。同治十三年（1874）作为第三批官学生赴美留学。光绪七年（1881）考入耶鲁大学，旋被撤回国。八年（1882）入北洋水师学堂习医，毕业后加入北洋水师。十二年（1886）弃军从商，在香港太古洋行做买办。十七年（1891）娶关元昌之八女月英。关元昌之七子景良与孙中山是西医书院1887级同学。二十一年（1895）加入兴中会，前往汉口展开活动。二十五年（1899）参与筹备自立军起义。次年8月因起义被张之洞查获，与容闳出逃日本，与孙中山同船，居中介绍两人相识；9月任职香港华民政务司署，兼职多家报纸翻译。其后与陈少白等创办《中国日报》，负责印务。三十一年（1905）加入中国同盟会。宣统三年（1911）11月9日广东宣布独立，随《中国日报》迁至广州，任广东省交通司副司长兼都督府筹款委员。次年任临时政府总统府高等顾问。1913年赴泰国办理华暹轮船公司航务。1921年任联美委员会委员。次年任革命军筹饷委员，又任创设中山训政委员。1925年唐绍仪兼任中山县长，委为澳门问题研究会筹备主任，兼农业实验场筹备委员，随唐氏辞职而卸任。1933年5月7日在上海去世。

"中国政治改革派中众望所归的领袖"。就这样，72岁的容闳与34岁的孙中山成了忘年之交。

容闳于1908年从支持康梁转向支持革命党。1908年11月，康有为在财务问题上公款私用令容闳十分不满。1908年8月17日，容闳在写给谢缵泰的书信中，强烈谴责了康有为及其保皇党。此后，容闳与保皇党渐渐疏远。这时，倡导"中国革命计划"以推翻清政府的美国人荷马李和布斯找到了容闳。他们希望物色一位合适的中国政治反对领袖，三人商量后认为孙中山最为合适。容闳在美国旧金山制订了一个庞大的"中国红龙计划"，初拟向华侨筹款，后改为向美国银行借款，以加速革命的进程。1910年2月，孙中山致函容闳：一、向美国银行借贷一百五十万至二百万美元，作活动基金；二、成立一临时政府，任用有能力人士，以管理光复省区城市；三、任用一个有能力之人统率军队；四、组织训练海军。1910年2月至3月中旬，经容闳联系后，孙中山与荷马李、布斯在美国洛杉矶举行了多次会谈。双方同意成立一个结合所有反清力量的"革命联合组织"，孙中山为联合组织的总理。

容闳见证了中华民国的诞生。宣统三年八月十九日（1911年10月10日），武昌起义爆发。得知武昌起义成功的消息后，已卧病在床的容闳异常激动，让儿子代笔给孙中山等革命派写了一封贺信。十一月初十（12月29日），容闳在写给谢缵泰的信中还吩咐道："在南京参加就职典礼的时候，假如你见到他，千万替我向他致以衷心的祝贺。"孙中山也没有忘记容闳，1912年2月其在当选临时大总统不久，就写信邀请容闳归国。然而，孙中山的"鹄盼"没有实现，1912年4月21日，容闳在美国康涅狄格州哈特福德病逝。

本部分收录了容闳写给当时中国政治团体负责人的信函一封、给谢缵泰的信函三封、给孙中山的信函一封，主要是号召革命党人彻底推翻清朝统治，不要相信清朝的旧官员，不要内斗内战、自相残杀，祝贺中华民国的诞生、对中华民国的期望，以及举荐儿子回国参加祖国建设。

（二）原文

致中国政治团体负责人函[①]

（1911年12月19日）

诸位先生：

上天呼唤你们来领导这次了不起的大革命，它已经在短短的期间内，使满清政府不得不跪地求饶。

一方面，你们一直为遭受压迫和抑制将近三百年的四亿五千万中国人着想，呼求一个共和国，给他们自由和独立，以作慰藉。现在，你们已经把这些满洲人推翻，不管那些政治骑墙派的言辞可能多么漂亮，好象多么有理，也不能让他们把你们诱离自己本来追求一个共和国的坚定目标。他们会对你们说：君主立宪和你们国家的过去情况更为一致，和你们的民族传统和习惯观念比较协调；有了君主立宪，同时设立一个枢密院，由袁世凯这样的人当内阁总理来领导它，这样，保证你们在政治上会得到一切可靠的希望。

一点儿也不要相信他们这套。一点儿也不要相信袁世凯通过他的喉舌唐绍仪对你们说的话。你们可以断定，他们全是野心勃勃的。袁世凯是个什么人？难道他在1898年不是背叛了他的主人光绪皇帝吗？难道要

① 林嘉葵：《辛亥革命爆发后容闳给谢缵泰的信》，载珠海市政协文史资料研究委员会编《珠海文史》，第7辑，1988，第25—26页。

敬候回音。

祝你：圣诞快乐，新年幸福!

您忠实的：容闳

于康涅狄格州哈特福德，沙坚街284号

1911年12月22日

（2）1911年12月26日函[①]

目前在中华帝国发声的政治现象在历史上确是非凡而空前的。

在仅仅数月的剧变中，我们古老的中国，从中部震及四方，直至几乎所有省份都举义参与我们反对满清王朝及政府的斗争。

我真诚地希望不会发生任何事来敌对目前遍及全国的平和的情绪。如果领导者的个人野心产生并占据了他们的心，将加重混乱、无政府和留学，不可避免地一定导致外国的干涉。这将导致整个中国被瓜分。

愿所有中国的爱国者警惕这种危险，防止这种情况出现。如果健康状况允许，你将发现我很快会回国，纵然不能去同敌人战斗，也可以提点对公众利益有益的建议。

在即将承认新共和国的关键时刻，革命领导人不知道建立一个像美利坚联邦那样的政治体系是一个多么浩大的工程。联邦制给你们一个大致轮廓。

---

① 邓丽兰：《临时大总统和他的支持者——孙中山英文藏档透视》，中国文史出版社，1996，第5页。

（3）1911年12月29日函[①]

亲爱的谢缵泰：

收到你十一月二十一日的来信和第一期或许也是最后一期的宫门抄。它结束了，满洲王朝将和它一齐结束，你再也找不到这种刊物给我寄来了。你得一直等到新生的中华民国的新总统孙逸仙博士就职。到那时，你就能够向我报导他的就职典礼，并给我一份完整的内阁名单。在南京参加就职典礼的时候，假如你见到他，千万替我向他致以衷心的祝贺。

请你告诉他，我的健康情况逐渐好转，或许会到中国来，参观参观这个新共和国。

我希望能活到看见我的朋友当选下届大总统，他已经为中国和中国人奋斗了二十二年之久。

我真希望在没死之前，能够和所有其他革命领导人亲自认识认识。

他们的名字铭记于人们的心中，应当受到人们的纪念。

我的儿子摩利逊（Morrison）和阿达（Ada）还没有从欧洲到达这里。我预料要到三月才能见到他们，他们最近从埃及给我写信，他们在埃及南部观赏木乃伊，过得很愉快。现在他们一定在罗马。

你真挚的：容闳

1911年12月29日

于康涅狄格州哈特福德沙坚街284号

祝你和摩利逊（Morrison）夫人的母亲及其在香港的姐妹，圣诞快乐！恭贺新禧！愿他们，万事如意！

容闳再字

① 林嘉葵：《辛亥革命爆发后容闳给谢缵泰的信》，载珠海市政协文史资料研究委员会编《珠海文史》，第7辑，1988，第28页。

致孙中山函[①]

（1912年1月2日）

阁下：

今你已是共和国总统，具有制定自己的政策尔后提交内阁作最终决定之神圣权力。你面临之关键是：一支共和国军队的问题。

首则英吉利，次则日俄法德，此类除美国之外的掠夺性国家，皆若兀鹰眈眈相视，预备破坏共和，我们知道，这些国家无一是完全对共和国友善者。

为安全计，有关共和国军队应具之规模，军事开支应有之金额，荷马·里[②]先生无疑是最佳建议者。

再者，我建议你挑选有经验的能干的美国人以纯咨询之资格担任我各内阁成员及部门首脑的租手或顾问。

至于资金——美国是最宜寻求外国贷款之地。有关建立一个贷款方式之事，我以为大多数纽约银行家及保险公司的意向是发行或部分发行中华民国公债，宁可违反关税，也要尽可能以一个相对低的利率。

吾子容觐槐，你在纽约见过他，他在纽约国际金融机构有朋友和熟人，比如J.P.摩根公司，Kuhn loeb公司[③]以及国家城市银行等。现在事态已向有益于共和国方向发展，他们应毫不犹豫签订一个有利于共和国的贷款，他们完全能这样做。

吾子是一热烈的共和主义者，窃以为如给其寄回，定能为共和国

---

① 邓丽兰：《临时大总统和他的支持者——孙中山英文藏档透视》，中国文史出版社，1996，第14—16页。

② 荷马·里：现常作“荷马李”。

③ Kuhn loeb公司：洛布公司。

效力。

若你见信后明了此事之可能性，恳望明确电告你希望在纽约贷款之数目，你能支付的利益及能提供之担保，我自会令这年轻人去做。

自你到纽约后，我身体大有好转，当时未能去见你，极是遗憾，我很高兴有荷马·里先生陪伴你。

诚挚地祝贺你！我为能活到看到你当选中华民国第一任总统之日而欣喜！

祝你健康！

容闳谨志

附录一：容觐槐致孙中山函

阁下：

谨让我随众声祝贺你，并愿以任何资格在此或回国为共和国效力。我的履历如下：

容闳之子，耶鲁大学1902年班毕业生，机械工程师。拥有制造业管理之十年实践经验。32岁，未婚。在纽约银行家中有一些关系。曾在纽约国民志愿军机动地面部队1班A中队服役三年——愿意在军队里服务。希望为你效劳。

容觐槐

1912年1月2日

容闳次子容觐槐（Bartlett Golden Yung，1879—1942）

附录二：孙中山邀容闳归国函[1]

（1912年2月）

容闳老先生伟鉴：

丁此革命垂成，战争将终，及仆生平所抱之目的将达之际，逖闻太平洋对岸有老同志大发欢悦之声，斯诚令人闻之起舞。然揆先生其所以羁留至此之源，想亦因谋覆满清之专制而建伟大之事业，以还吾人自由平等之幸福，致有此逃亡异域。同病相怜，非仅为先生已也，即仆等亦尝饱受此苦。乃今差幸天心眷汉，胡运将终，汉族之锦绣河山，得重见于光天化日之下，仆何幸如之。虽然，吾人蜷伏于专制政体之下，迄兹已二百六十余年，而教育之颓败，人民之蒙蔽，恐一旦闻此自由平等之说，得毋惊愕咋舌耶！以是之故，况当此破坏后，民国建设，在在需才。素仰盛名，播震寰宇，加以才智学识，达练过人，用敢备极欢迎，恳请先生归国，而在此中华民国创立一完全之政府，以巩固我幼稚之共和。倘俯允所请，则他日吾人得安享自由平等之幸福，悉自先生所赐矣。先生久离乡井，祖国萦怀，量亦不致掉头而我弃也。临风濡颖，不胜鹄盼之至。谨此，并请道安。

弟孙逸仙上言

① 孙中山：《致容闳函（1912年2月）》，载中国社会科学院近代史研究所中华民国史研究室、中山大学历史系孙中山研究室、广东省社会科学院历史研究室合编《孙中山全集》第二卷，中华书局，1982，第143—144页。

（三）评析

容闳作为第一个毕业于美国高等学校的中国人，本来有机会留在美国，但是他选择了回国，计划让更多中国人能跟他一样，到西方学习先进的文化和技术，改变中国落后挨打的命运。容闳回国之初，曾寄望于太平天国，实现他的“留学计划”。然而等他跟随传教生到达南京后，看到了太平天国的不足，转而借助曾国藩和李鸿章的力量，成为洋务派的得力干将，实现了“留学计划”，并且出任驻美外交官。但是“留学计划”未能“善终”而中辍。容闳在晚年转向康有为、梁启超的“维新”改革派，至少实现了君主立宪制度。最后他还是选择支持孙中山的革命派，彻底推翻封建专制政府，建设一个民主共和国。

纵览容闳一生，他从当时新兴崛起的美国学成回国，知识思想和理想抱负完全不同于传统知识分子，怀着“以西方之学术灌输于中国，使中国日趋于文明富强之境”的崇高目标，从经商到从政，从寄望于太平天国，再到先后投身于洋务派、维新派、革命派等不同政治势力。从容闳的这些转变可以看出他是超脱于政治派别的一个爱国者，但作为先行者，他势单力薄，又不得不借助于各派政治力量，这不仅仅是容闳的个人遭遇，更是近代中国先知先觉者探索救亡图存道路的一个典型例子。

附录

容闳编年事略

道光八年（1828） 一岁

十月十一日（11月17日），出生于广东省香山县南屏村（旧名沙尾村，今珠海市南屏镇）。

容闳（1828年11月17日—1912年4月21日），原名光照，字达萌，号纯甫，英文名Yung Wing，娶美国祁洛氏（Mary Louisa Kellogg，1851—1886），生二子：容觐彤（1876—1933），英文名Morrison Brown Yung，字咏兰；次子容觐槐（1879—1942），英文名Bartlett Golden Yung，字嘉兰。据《容氏谱牒》载，容闳名下另有一妾郑氏（1848—？），江苏苏州人，民国初年在上海去世①。

祖父容活生，有五子：名建、名著、名彰、名嘉、名培。

父亲容丙炎（1795—1840），字名建，号立亭，生于乾隆乙卯年十二月廿三日，卒于道光庚子年八月廿二日。母亲林莲娣（1796—1860），南屏村林德熙之女，生于嘉庆丙辰年八月十五日，卒于咸丰庚申年十月廿七日。生三子：达苗、达芽（出嗣）、达萌，一女。

长兄容光杰，字达苗，号穗邨，娶张氏、陈氏，生四子：鹤兰（尚勤，号廉臣。张生）、征兰（尚谦，又名良南，号辉珊。陈生）、爵（追字攸兰。张生）、攀（追字汉兰。陈生），一女（张生）。

次兄容乾，字达芽，出嗣名培公，娶黄氏，无子，育子容申。容申，族名若兰，号尚书，娶北山杨氏，生三子：泽华、家鼒、能华，一女适本村张标。姐容氏，嫁南屏对岸的造贝村林家。

---

① 容闳是否有娶郑氏，待考，然此事载于《容氏谱牒》，却不为容闳及容星桥子孙所认可。

道光十五年（1835）　八岁

9月间，入读郭士立夫人所办学校。

道光十九年（1839）　十二岁

5月间，辍学回家，因鸦片战争爆发，郭士立夫人暂停办学。

九月二十九日（11月4日），马礼逊学校在澳门开学，校址在澳门大三巴下的马礼逊教育协会内（半岛沙梨头附近的荷兰传道会），鲍留云任校长。首批学生六名：亚灵（Aling）、亚爵（Ats'euk）、亚合（Ahop）、亚元(Ayun)、亚威（Awai）、亚植（Achik）。其中亚植（Achik）即唐植，后改名唐廷桂，乃唐廷枢之兄。

道光二十年（1840）　十三岁

春夏间，前往澳门天主教印刷厂工作约四个月，主要是折叠书页，月工资4.5元，除1.5元支付膳宿外，每月寄给母亲3元。

八月二十二日（9月17日），容父丙炎去世。

11月间，郭士立夫人委托英国医学传教士合信（Benjamin Hobson）寻找容闳入马礼逊学校继续学业。

十月初八日（11月1日），马礼逊学校开学，招录第二批学生6名：亚根（Akan）、亚允（Awan）、亚宏（Awing）、亚宽（Afun）、天祐（Tinyau）、亚伦（Alun），其中亚宏（Awing）即容闳，亚根（Akan）即李根，亚宽（Afun）即黄宽。

道光二十一年（1841）　十四岁

马礼逊学校招录第三批学生17名，其中来自唐家的亚驱（Aku）为唐廷枢、来自澳门的亚胜（Ashing）乃黄胜。

道光二十二年（1842）　十五岁

正月十八日（2月27日），首任香港总督璞鼎查（Henry

Pottinger，1789—1856）将黄泥涌谷（今跑马地Happy Valley）西面的小山命名为摩理臣山（Morrison Hill），并拨给中华医务传道会（Medical Missionary Society in China）和马礼逊教育协会使用。英美传教士纷纷迁往香港岛，马礼逊学校计划迁往香港。

九月二十九日（11月1日），马礼逊学校在香港继续办学，仅11名学生随校至香港继续学业，容闳、唐植、黄胜在其内。

道光二十三年（1843）　十六岁

马礼逊学校招录第四批学生13名，其中有亚扶（Afu）为唐植和唐廷枢之弟唐廷庚。

道光二十四年（1844）　十七岁

9月24日，马礼逊教育协会举办第六次年会，马礼逊学校举办考试，先后考核第四期班十名学生、第三期班十名学生、第二期班四名学生、第一期班六名学生。容闳作为第一期班学生接受了阅读、力学原理、地理等所有学习过的课程的考核，其英语作文呈给出席会议的先生们传阅，并随机挑选某个题目提问，用英语作答。

道光二十五年（1845）　十八岁

11月，《中国丛报》（*Chinese Repository*）第14卷第11号刊登了马礼逊学校的考试作品，其中包括容闳的习作奇幻之旅（An Imaginary Voyage）。据容闳的回忆录《西学东渐记》（*My life in China and America*）记载，其少年就读于马礼逊学校时，于1845年曾撰写了一篇文章，大意为想象旅行至纽约和溯源哈德逊河。

是年，伦敦《青年传教士资料库和主日学校传教杂志》（*The Missionary Repository for Youth, and Sunday School Missionary Magazine*）刊载了马礼逊学校三位学生的作文：《中国学校》（Chinese schools）、《改革》（The Reformation）和《感谢教会教

育》（Gratitude for religious instruction）其中容闳撰写了《改革》（The Reformation）一文，主要讲亨利八世统治英国时期的宗教改革和德国马丁·路德的宗教改革。

道光二十六年（1846） 十九岁

9月间，鲍留云因妻子长期身体不佳，需要回国治疗。鲍留云计划携带几位学生赴美接受全面的西式教育，容闳、黄胜和黄宽入选。

十一月十八日（1847年1月4日），在苏格兰商人Campell、香港《中国邮报》（*China Mail*）创办人萧德锐（Andrew Shortrede）和美国商人A. A. Ritchie等人资助下，与黄胜、黄宽随鲍留云夫妇搭乘同孚洋行的“亨特利思”（Huntress）商船赴美，并于4月12日抵达纽约。马礼逊学校事务由耶鲁毕业的助手咩士（William Macy）接手，直至1849年学校停办。

道光二十七年（1847） 二十岁

八月十五日（9月23日），檀香山火奴鲁鲁的《友谊报》（*The Friend*）报道了鲍留云夫妇携带黄胜、容闳、黄宽赴美留学的消息。

道光二十八年（1848） 二十一岁

五月初一日（6月1日），在孟松米尔斯（Monson）致函康涅狄格州哈特福德的盖劳德特牧师（Rev. Thomas Gallaudet）。

道光二十九年（1849） 二十二岁

是年，和黄宽在孟松学校完成学业，准备考大学。由于经费问题，鲍留云致函香港的几位资助人。其中康白尔（Campell）复函提出乐意资助两人前往其母校爱丁堡大学求学。黄宽接受该提议，容闳则希望到鲍留云的母校耶鲁学院深造。

三月二十三日（4月15日），在康涅狄格州孟松致函卫三畏，交由黄胜回广州转交。黄胜因水土不服，返回香港，任职于萧德锐所办《中国邮报》。

道光三十年（1850）　二十三岁

七月十六日（8月12日），长兄达苗长子容尚勤出生。容尚勤，族名鹤兰，号廉臣，1867年赴美留学，1873年入选第二批留美幼童。

八月十七日（9月22日），次兄容乾（达芽）去世。

秋间，考入耶鲁学院，成为耶鲁学院创校以来的首位中国学生。

十一月二十二日（12月25日），在纽黑文耶鲁学院致函卫三畏，信中提及马礼逊学校教师咩士住在纽黑文。咩士是耶鲁学院1844届毕业生，在马礼逊学校关闭后，返回美国，在耶鲁学院进修神学。

咸丰元年（1851）　二十四岁

五月初二日（6月1日），向耶鲁学院基督教堂递交了入会函件。

五月二十七日（6月26日），致函布斯（Albert Booth）。

闰八月二十八日（10月22日），卫三畏致函容闳。

是年，于学习之余，兼任宿舍管理员，同时又获聘为兄弟会图书室管理员，每年可得30美元薪金。

咸丰二年（1852）　二十五岁

九月十八日（10月30日），在康涅狄格州纽黑文获准加入美国籍。

十一月二十日（12月30日），在耶鲁学院致函卫三畏，提及夏间曾在纽黑文遇见裨治文夫妇和华人女孩。裨治文因病与妻子携带一位华人女孩于2月3日乘坐“野鸽号”（Wild Pigeon）回美，于6月16日抵达纽约。

是年，加入美国公理会，两次获得英语竞赛一等奖。

咸丰三年（1853）　二十六岁

六月二十二日（7月27日），致函卫三畏。

咸丰四年（1854） 二十七岁

六月初三日（6月27日），在纽黑文耶鲁学院致函纽约的安德鲁斯（Stephen Pearl Andrews）。

八月初五日（9月26日），首都华盛顿的《每晚星报》（*Daily Evening Star*）报道了容闳获得美国国务院颁发的护照。

九月二十三日（11月13日），与咩士从纽约乘“欧里加号”（Eureka）回华。

是年，从耶鲁学院毕业，获得文学学士学位，成为第一个获得美国高等学校学位的中国人。

咸丰五年（1855） 二十八岁

正月二十七日（3月15日），和咩士抵达广州黄埔港，月中前往香港，看望了资助其留学的《中国邮报》创办人萧德锐等人。

4月间，回到南屏看望家人，其后前往广州咸虾栏跟美国传教士富文（Daniel Vrooman）补习汉语。

是年，经美国朋友希柯克（M. N. Hitcheock）介绍，担任美国驻华公使伯驾的秘书，月薪15元。三个月后，辞职；经《中国邮报》老板萧德锐举荐，出任香港高等法院传译员，月薪75元。

咸丰六年（1856） 二十九岁

是年，在任传译员之余，跟随英国律师派森（Ambrose Parsons，1815—1891）学习法律，但是遭到香港律政司晏士地（Thomas Chisholm Anstey，1816—1873）的反对，旋被迫辞职。

6月间，为获得香港律师资格，申请英国国籍，但被拒绝。

五月十七日（6月19日），《中国邮报》报道了容闳被拒事。

8月间，经唐廷枢介绍，搭乘“佛罗棱司”（Florence）前往上海，在江海关担任四个月的翻译，月薪75两白银。

抵达上海后，结识了曾寄圃、徐润等香山籍旅沪买办；通过曾寄圃介绍，认识了思想开明的江浙人士张斯桂等。

十月初三日（10月31日），美国圣公会传教士琼斯女士（Emma Jones）在曾兰生家采访了容闳。

咸丰七年（1857）　三十岁

春间，在某英商洋行工作了六个月，直至公司倒闭。

年底，经上海宝顺洋行（Dent Co.）香山籍买办曾寄圃介绍，任该行书记员。

咸丰八年（1858）　三十一岁

十一月初十日（12月14日），参加上海“华人医院之友”的年会活动（The Annual Meeting of the Friends of the Chinese Hospital）。

是年，黄河洪灾，向上海绅商募集了两万银元，并以资金募集委员会名义在上海的两份英文报刊《上海邮报》（*The Shanghai Mail*）和《中国之友》（*The Friend of China*）上刊登了感谢信。

咸丰九年（1859）　三十二岁

二月初七日（3月11日），受宝顺洋行委派，乘坐“无锡快”小艇，自上海前往苏州、杭州、南昌和湘潭等地，调查长江沿岸丝茶产销情况。

二月初十日（3月14日），抵达杭州。

二月十一日（3月15日），抵达七里泷。

二月十二日（3月16日），抵达兰溪，晚上12点抵达衢州。

二月十三日（3月17日），经浙江常山赴江西玉山。

二月十四日（3月18日），抵达广信（今江西上饶市）。

三月十三日（4月15日），抵达湖南湘潭。

三月二十四日（4月26日），离开湘潭。

三月二十六日（4月28日），过洞庭湖。

四月初四日（5月6日），抵达华容。

四月二十四日（5月26日），离开华容。

五月初五日（6月5日），抵达汉口，容闳其后在《西学东渐记》中预言汉口将发展成为中国的芝加哥。

六月初一日（6月30日），离开汉口。

六月初五日（7月4日），先后抵达咸宁聂家市、羊楼洞。

8月下旬，乘船准备返回上海。

八月初二日（8月29日），抵达汉口。

八月二十五日（9月21日），抵达杭州，转乘“无锡快”小艇前往上海。

九月初五日（9月30日），回到上海，递交产茶区调查报告。

咸丰十年（1860）　三十三岁

九月二十四日（11月6日），与曾兰生随杨笃信和古路吉乘坐“无锡快”小艇离开上海。

九月二十七日（11月9日），容闳一行抵达苏州。

九月二十九日（11月11日），容闳一行离开苏州。

十月初三日（11月15日），容闳一行抵达丹阳。

十月初四日（11月16日），容闳一行离开丹阳。

十月初五日（11月17日），容闳一行抵达句容。

十月初六日（11月18日），容闳一行抵南京，住在美国教士罗孝全牧师（Issachar Jacox Robert，1802—1871）官邸。

十月初七日（11月19日），拜会洪仁玕。

十月二十七日（12月9日），容母林氏在南屏去世。

十一月十三日（12月24日），容闳一行离开南京。

咸丰十一年（1861） 三十四岁

年初，赴太平县山口镇采购被太平军控制的茶叶。

七月三十日（9月4日），介绍容闳加入宝顺洋行的买办曾寄圃意外去世，容闳被宝顺洋行辞退，旋接受美商琼记洋行（Augustine Heard & Co.）聘请，任九江分行茶叶经理。容闳任职六个月后辞职，开设茶行。

是年，左枢（字孟星，湖南湘乡人）致函赵烈文，请其向曾国藩举荐容闳。

同治元年（1862） 三十五岁

五月初三日（5月30日），经赵烈文引荐，到安庆拜会曾国藩，同行有宝顺洋行买办金子香。

五月初四日（5月31日），赵烈文拜访容闳，但是没遇见；容闳致函赵烈文。

五月初五日（6月1日），赵烈文拜访容闳。

五月初七日（6月3日），赵烈文拜访容闳，前来送行。

五月初九日（6月5日），容闳拜访李善兰家，遇见莫友芝来访，告知将往祁门帮洋行采购茶叶。

五月初十日（6月6日），赵烈文拜会容闳。

六月初五日（7月1日），赵烈文收到容闳初四日信函。

六月初七日（7月3日），赵烈文将致史贤希函请容闳转交。

六月二十四日（7月20日），赵烈文致函容闳，次日交寄。

十一月二十四日（1863年1月13日），赵烈文在上海前往宝顺洋行拜访容闳和龚橙（字孝拱，龚自珍之子）。

同治二年（1863） 三十六岁

正月十六日（3月5日），前往冯焌光（字竹儒，广东南海人）家中拜会郭嵩焘，并一同前往沙利洋行，会见孙竹堂和赵蔚堂等人。

三月初一日（4月18日），长兄容达苗次子容尚谦出生。容尚谦，族名征兰，号辉珊，1872年入选第一批留美幼童。

9月间，关闭九江茶行，前往安庆曾国藩军营，曾氏委派其赴美采买机器。

10月间，回到上海后，跟前来为旗昌洋行（Russell & Co.）运送机器的美国工程师哈斯金斯（John Ferguson Haskins）相识，并达成购买机器的协议。

十月二十三日（12月3日），拜会曾国藩，容闳将于二十六日启行。

十二月初五日（1864年1月13日），李鸿章复函曾国藩，告知容闳携十月二十五日（11月23日）信函来访，已经饬令下属拨款交容闳速往。

十二月十五日（1864年1月23日），美国驻上海总领事西华德给容闳签发护照。

十二月二十八日（1864年2月5日），与胡研生在广州拜会广东巡抚郭嵩焘。

同治三年（1864）　三十七岁

正月初五日（2月12日），与潘德畬、伍子裳再次拜会广东巡抚郭嵩焘。

春间，乘船穿越红海，坐火车道开罗转亚历山大港，换船至法国马赛，再乘火车到巴黎。哈斯金斯在马赛换船经英国回美。一个月后，乘“库拿尔德号”（Cunord）汽船至美国纽约。

六月二十二日（7月25日），美国费城《晚间电讯》（*The Evening Telegraph*）报道容闳来美采买机器，目前在马萨诸塞州春田城拜访麦克林博士（Dr. A.S. McClean），其夫人勃朗（Rebekah Brown）曾在孟松学校给容闳、黄胜、黄宽讲授过心理哲学和生理学等课程。

抵达美国后，经过哈斯金斯协助，在马萨诸塞州菲奇堡（Fitchburg， Mass.）朴得南机械公司（Putnane & Co.）购买机器。时值美国内战，交付机器需要大半年时间，容闳在此期间参加了耶鲁学院毕业十周年聚会。

十二月十五日（1865年1月12日），致函美部会在华传教士邦呢（Samuel William Bonney）。

是年，黄胜经丁日昌引荐，前往上海同文馆任英文教习，并协同唐廷枢到香港为福州船政学堂招生。

同治四年（1865） 三十八岁

2月间，写信给曾国藩，汇报采购情况。

8月间，容闳所购100台机器抵沪。

八月初十日（9月29日），上海机器局成立。该局机器主要是容闳采购的机器，以及唐廷枢买下来捐给朝廷为其兄唐廷桂（唐国华）赎罪的上海虹口美国旗记洋行（Thos Hunt & Co.）的各种机器。

11月间，抵达上海。其路线为从纽约乘船经巴拿马运河抵达旧金山，转乘“罗杰斯年代号”（Idade Rogers）到日本横滨，再换乘英国汽船回国。

十一月十六日（1886年1月2日），拜访赵烈文，谈及采买机器所经历之事。

十二月初三日（1886年1月19日），在徐州军营拜会曾国藩。

十二月初六日（1886年1月22日），曾国藩请容闳和张石朋等人吃午饭。

十二月初七日（1886年1月23日），离开徐州。

同治五年（1866） 三十九岁

6月，离开扬州。

同治六年（1867） 四十岁

2月间，曾国藩保奏容闳“以同知留于江苏，遇缺即补”获准。

四月二十一日（5月24日），从上海到南京拜访张文虎，住在金陵书局。

四月二十三日（5月26日），与张文虎、李善兰等在南京飞霞阁聚餐。

四月二十五日（5月28日），与李善兰拜访赵烈文，但是未遇。

四月二十六日（5月29日），赵烈文与刘翰清一起拜访容闳、李善兰、张小山。

四月二十九日（6月1日），李善兰邀请张文虎等为容闳饯行。

五月初一日（6月2日），乘船前往汉口。

五月二十六日（6月27日），与许道身提议在上海组建华商轮船公司，由容闳拟定《联设轮船公司章程》呈给苏松太道应宝时。

八月二十六日（9月23日），请美国驻华使馆照会总理衙门，现居九江城外的广东人唐瑶圃拖欠银三千六百五十六两四钱，逾期未偿，请饬令德化县追查。德华县令禀称容闳和唐瑶圃都是华人，与美国无关，让容闳自行赴德化县申诉催还。

是年，长兄容达苗之三子容爵出生。容爵，字攸兰，容闳曾携带至美国留学。

同治七年（1868） 四十一岁

闰四月十二日（6月2日），曾国藩偕赵烈文等人至安庆军械所，与冯焌光、华蘅芳、徐寿、沈仲薇、应宝时、陈福勋等迎接。

五月二十一日（7月10日），从上海抵达南京，入住金陵书局，与张文虎谈及集资购船与洋船争利之事。

五月二十三日（7月12日），赠送张文虎一箱蜡烛。

五月二十五日（7月14日），与张文虎、周学濬、李善兰等人在南京飞霞阁为唐仁寿（端甫）四十岁生日祝寿。

八月十五日（9月30日），自上海抵达南京送别，因曾国藩赴保定接任直隶总督。

十一月八日（12月21日），在上海参加皇家亚洲学会北华分会（North China Branch of the Royal Asiatic Society）活动，成为会员。

十一月十五日（12月28日），与许道身建议建造轮船分运漕米兼揽客货。

是年，与苏州郑氏在上海结婚（与苏州郑氏在上海结婚，此说载于《容氏谱牒》，但为容闳子孙所否定，真实性待考）。

同治八年（1869）　四十二岁

是年，与徐润、徐荣村、潘爵臣、李贯之等人各出资五千两白银开办通源杂粮土号，经营茶叶出口。容闳与徐荣村同住在店号内，但是不到两年投资失败。

同治九年（1870）　四十三岁

正月初四日（2月3日），张文虎致函容闳。

十一月十五日（1871年1月5日），拜会李兴锐。

十一月十七日（1871年1月7日），与陈兰彬、李兴锐、王延长（字少岩）、易畇黄逛南京夫子庙，又前往金陵书局拜访张文虎。是日，李鸿章致函曾国藩，提及幼童留美一事。

十一月二十二日（1871年1月12日），张文虎托容闳带一些送给上海友人的信函、对联和书籍。

十一月二十三日（1871年1月13日），乘船回上海。

十二月初，与陈兰彬、吴大廷一起到上海虹口看美国军舰。

同治十年（1871）　四十四岁

正月十七日（3月7日），李鸿章复函丁日昌，提及请容闳在上海觅人翻译书籍。

二月十一日（3月31日），李鸿章复函吴大廷，谈及留美幼童计划，并谈及容闳和曾兰生两人的翻译书籍事。

四月初四日（5月22日），李兴锐在南京拜会容闳，一同晚餐。

11月3日，美国华盛顿《晚间星报》报道了清政府拨款一万五千美元批准容闳携带30名幼童赴美留学的消息。

十一月初十日（12月21日），薛福成拜访容闳、陈兰彬、刘瑞芬、张斯桂、冯焌光、郑藻如等人，并称“数君皆究心夷务者也”。

十一月二十九日（1872年1月9日），李鸿章复函天津机器局沈保靖，提及容闳代购机器事。

是年，到香港招生，并自出五百两白银在南屏创办甄贤学校，邀请王韬撰写《征设香山南屏乡义学序》。

同治十一年（1872）　四十五岁

正月初九日（2月17日），致函耶鲁学院校长朴德（Porter），谈及幼童留美计划。

4月，和邝其照在香港招生。

三月十五日（4月22日），詹兴洪与容闳签约，送其子詹天佑参加培训，准备留美。同日，容闳携詹天佑、邝荣光等幼童离开香港，前往上海。

三月二十八日（5月5日），携带在港挑选之幼童抵达上海。

7月间，先期赴美准备首批幼童食宿和就学事宜。

七月二十九日（9月1日），抵达旧金山乘车前往纽约。

八月二十日（9月22日），在马萨诸塞州春田城迎接陈兰彬一行。

十一月初八日（12月8日），与陈兰彬、曾兰生、叶树东等肄业局同僚致函美国康涅狄格州教育部部长，感谢其大力支持，特别是安排幼童在当地人家中食宿。

同治十二年（1873） 四十六岁

春季，回国向李鸿章汇报第一批留美幼童事，并推荐美国新式武器格林炮。

五月十八日（6月12日），黄胜和容增祥携带第二批留美幼童在上海乘坐“科罗拉多号”（Colorado）出发，同行的还有上海和香港的七名自费生。

闰六月二十日（8月12日），与美国著名兵器公司格林公司的代表携带一批枪支样品赴华。

十二月初三日（1874年1月20日），离开南京赴上海。

十二月十八日（1874年2月4日），在上海致函美国人杜渣牧师（Rev. Joseph Hopkins Twichell）。

是年，其兄达苗四子容攀（字汉兰）出生。

同治十三年（1874） 四十七岁

四月二十八日（6月12日），参与创办的《汇报》在上海发行创刊号。

五月初一日（6月14日）李鸿章复函沈葆桢，告知容闳在日本打探到的信息。

五月初三日（6月16日），与叶廷眷、唐廷枢、郑观应等香山籍旅沪同乡集资创办的《汇报》正式发行。

六月初八日（7月21日），香港《循环日报》载容闳已经由上海坐船到日本横滨，再乘坐忌列厘巴卜力火船前往美国。

8月间，致函薛福成，谈及秘鲁查访情形。

七月二十一日（9月1日），与杜渣牧师、祁洛医生（Edward）等赴秘鲁调查华工受虐事，历时三个月。

11月间，返回美国，致函薛福成提及秘鲁查访华工事。

九月二十七日（11月5日），与容增祥、叶绪东等肄业局同僚在春田市迎接祁兆熙与邝其照护送来的第三批幼童。

九月二十八日（11月6日），晚间，邀请曾兰生、容增祥、叶绪东和祁兆熙等一起看美国舞台剧，是日，李鸿章致函总理衙门，提及容闳赴秘鲁秘密查访华工和采买格特林炮（Gatling）等事。

九月三十日（11月8日），将第三批抵达的幼童分派到当地接待家庭。

十月初二日（11月10日），祁兆熙与邝其照到容闳处结账。

十月初八日（11月16日），与两名第一批和第二批被遣返的幼童谈话，决定将他们留在美国继续学业。

11月间，致函薛福成，告知秘鲁情形。

是年，李鸿章批准了容闳在哈特福德修建肄业局大楼的计划。该楼位于哈特福德克林街352号，由春田市著名建筑设计师戈登（Eugene Gardner）设计，楼高三层，教室、餐厅、厨房、卧室、浴室等教学设施和后勤配套齐全，花费43000美元。

是年，《教会新报》第6卷第275期刊登的《选容纯甫司马译格林炮说略》，收录了容闳翻译的《译格林炮说略二十六条》和《译试炮较炮说略》。

光绪元年（1875）　四十八岁

正月十四日（2月19日），与11位美国人在哈特福德联署致函马克·吐温。同日，《申报》刊载《书格林炮说略后》。《格林炮说略》为容闳所译，载于《教会新报》。

正月十九日（2月24日），与玛丽·祁洛（Mary Louisa Kellogg）在哈特福德避难山公理会教堂（Asylum Hill Congregational Church）举行婚礼，杜渣牧师主持，肄业局中文教习容增祥和叶绪东亦参与。

正月二十日（2月25日），收到陈兰彬函，提及秘鲁费用问题。

正月二十五日（3月2日），美国各大报刊都报道了容闳结婚事。

三月二十三日（4月28日），致函纽约《斯克里布纳月刊》（*Scribner's Magazine*）编辑，指出该期刊所刊载的Yung Wing and His Work里面存在的报道错误，如曾兰生不是肄业局总办，而是翻译，以及春田城的中国学生陈龙不是留美幼童，而是檀香山华商陈芳的儿子。

三月二十九日（5月4日），陈兰彬致函容闳，让造册报销赴秘鲁费用。

四月初二日（5月6日），直隶总督李鸿章奏请派遣工部主事区谔良出任总办，前往美国与帮办容闳一起主持出洋肄业局事。

四月初四日（5月8日），《申报》刊登《容太守合卺》，报道容闳结婚事。

四月初八日（5月12日），区谔良接任出洋肄业局总办，容闳继续担任帮办。

六月初五日（7月7日），收到陈兰彬三月二十九日函。

十一月初二日（11月29日），致函李鸿章，禀报赴秘鲁查访情形。同日，陈兰彬、容闳派充出使美日秘国钦差大臣。

十一月十五日（12月12日），谕旨陈兰彬容闳出使，按照出使英国成案办理。

十一月十八日（12月15日），总理衙门照会驻美公使何天爵，告知陈兰彬和容闳新的任职情况。

是年，美国康涅狄格州哈特福德的出洋肄业局大楼建成。

是年，王韬的《瀛壖杂志》出版，其中载有留美幼童事。

光绪二年（1876）　四十九岁

正月十二日（2月6日），容闳参加华盛顿耶鲁学院同学会活动。

二月二十二日（3月17日），在康涅狄格州纽黑文致函华盛顿美国教育部部长伊顿（J. Eaton）先生。

五月十九日（6月10日），容闳长子容觐彤（Morrison Brown Yung，1876—1933）在美国康涅狄格州哈特福德出生。

闰五月初八日（6月29日），参加耶鲁学院毕业典礼，与英国教育家查尔斯·里德爵士（Sir Charles Reed，1819—1881）和美国陆军总司令威廉·特库姆塞·谢尔曼将军（Gen. William Tecumseh Sherman，1820—1891）共同被授予荣誉法学博士学位（Honorary Degree of LL.D.）。

七月初三日（8月21日），肄业局邝其照、刘观成与肄业局洋员祁洛、柏立、康涅狄格州教育局局长拿德鲁布（B. G. Northrop）等，带领80多名幼童一同前往费城参观美国建国百年世博会。

七月初六日（8月24日），肄业局师生宴请李圭午餐，然后返回哈特福德。

七月二十五日（9月12日），李圭拜访容闳并参观出洋肄业局大楼。

9月初，在哈特福德接待了到访的李圭一行，并带其参观肄业局大楼、枪炮制造厂、织造厂和聋哑院等处。其后李圭经欧洲返华。

八月十七日（10月4日），在哈特福德致函耶鲁学院德克斯特（Franklin B. Dexter）。

十二月十二日（1877年1月25日），丁日昌致函福州船政学堂监督吴春帆，提及唐廷枢收到容闳寄到上海的一尊炮和炮弹，准备运到福州使用。

光绪三年（1877）　五十岁

正月初七日（2月19日），在哈特福德致函在广州的卫三畏。

正月初九日（2月21日），又致函卫三畏。同日，张德彝收到容闳电报，告知伍廷芳未赴美。

正月十一日（2月23日），李鸿章复函容闳，请其送学生入矿务学堂学习。

正月十四日（2月26日），在哈特福德致函耶鲁学院图书馆馆长范内姆（Addison Van Name）教授。

正月十七日（3月1日），在哈特福德致函耶鲁学院图书馆馆长范内姆教授，捐赠中国典籍40种1237卷。

正月十九日（3月3日），丁日昌致函福州船政学堂监督吴春帆，提及容闳所送双管新式炮缺少了炮弹，令容闳再速购十尊炮及炮弹。

正月二十二日（3月6日），李鸿章复函区谔良和容闳，询问幼童事，并安排幼童学矿，以及容闳采买黎约翰水雷事宜。

正月二十四日（3月8日），出洋肄业局总办区谔良和帮办容闳禀呈北洋大臣李鸿章，呈请增加经费银四十九万二千两。

二月初一日（3月15日），出洋肄业局大楼正式办公。

四月二十六日（6月7日），在哈特福德致函在广州的卫三畏。

9月，和容增祥、叶绪东捐资采买的美国军械抵达上海。

9月—10月间，向李鸿章禀报枪炮事。

九月初二日（10月8日），在哈特福德致函耶鲁学院德克斯特。

十月二十七日（12月1日），李鸿章复函容闳，谈及购买枪炮事；又复函区谔良询问留美幼童事。

十一月初三日（12月7日），郭嵩焘复函容闳。

十一月十三日（12月17日），李鸿章复函容闳，询问黎约翰水雷、沙布来复新枪和留美幼童事。

光绪四年（1878）　五十一岁

正月二十九日（3月2日），李鸿章致函区谔良、容闳、刘瑞芬、陈兰彬，谈及留美幼童撤回一事。

四月初一日（5月2日），美国田纳西州《米兰商报》（*The Milan*

Exchange）报道了容闳将派森教授的著作《合同法》（*The Law of Contracts*）译为中文。

四月初三日（5月4日），在哈特福德致函卫三畏，谈及调查华工事和捐书耶鲁学院事，又致函耶鲁学院图书馆馆长范内姆教授。同日，李鸿章上奏《叶源濬容增祥请照原保片》，为采买军械的容闳、容增祥和叶源濬请奖。

四月二十八日（5月29日），在哈特福德致函耶鲁学院图书馆馆长范内姆教授，托运捐给耶鲁的书籍。

六月十一日（7月10日），回到哈特福德。

六月十三日（7月12日），李鸿章致函总理衙门，提及容闳来函，告知美国欲还美国前存盈余公款。

七月（8月间），交卸出洋肄业局事务。

七月十二日（8月10日），陈兰彬使团34人抵达哈特福德，区谔良、容闳、容增祥等肄业局官员前往迎接至肄业局大楼。

七月二十五日（8月23日），在哈特福德致函卫三畏。

七月二十七日（8月25日），与叶绪东前往华盛顿为使团递交国书做准备。

八月二十三日（9月19日），陈兰彬容闳使团从哈特福德前往华盛顿。

八月二十五日（9月21日），陈兰彬容闳照会美国国务卿埃瓦茨（William Maxwell Evarts），约定递交国书日期。

九月初一日（9月26日），陈兰彬容闳收到美国国务卿埃瓦茨的照会，告知美国总统已经回华盛顿，定于初三日上午十一点接见中国使团。

九月初三日（9月28日），中国首任驻美使团陈兰彬、容闳、容增祥、陈善言、蔡锡勇前往美国白宫，向美国总统海斯（Rutherford B.

Hayes）递交国书。

九月初四日至初六日（9月29日至10月1日），陈兰彬使团拜访美国国务卿埃瓦茨和英、俄、德、法等国驻美公使。

九月初五日（9月30日），前往哈特福德接家属来华盛顿。

十月初十日（11月4日），陪同陈兰彬等前往巴尔的摩参观马里兰学院博览会（Maryland Institute Fair）。

十月十四日（11月8日），与陈兰彬照会美国联邦政府，委派陈树棠为驻旧金山总领事，美国人傅列秘（Frederick Alonzo Bee）为领事。

十月二十二日（11月16日），陪同陈兰彬前往傅列秘家拜访，谈及任命为旧金山领事之事。

十月二十七日（11月21日），陪同陈兰彬前往白宫拜会美国国务卿埃瓦茨和助理国务卿西华（William Henry Seward）。

十一月二十三日（12月16日），李鸿章咨复陈兰彬和容闳留学经费事。

十二月初七日（12月30日），照会美国国务卿埃瓦茨，确定元旦谒见美国总统和拜会国务卿事宜。

十二月间，生病，但不严重。

十二月二十一日（1879年1月13日），与陈兰彬照会美国国务卿埃瓦茨，抗议美国同孚洋行帮秘鲁运输华工。

十二月二十五日（1879年1月17日），和柏立参加了华盛顿协会（Washington Society）的一些活动。

是年，收到郑观应来函，请代为上海机器织布局觅聘工程师。

光绪五年（1879）　五十二岁

正月初二日（1月23日），次子容觐槐（Bartlett Golden Yung，1879—1942）在华盛顿出生。

正月十一日（2月1日），与陈兰彬为“福州禀控串同私征渔税案”照会美国国务卿埃瓦茨。

三月初九日（3月31日），陈兰彬等前往西班牙递交国书，就留容闳接理驻美使署事照会美国国务卿埃瓦茨。

三月十六日（4月7日），发咨文给陈兰彬。

三月十七日（4月8日），陈兰彬携参赞叶绪东赴西班牙履任。容增祥丁忧回华。陈兰彬请容闳由纽约赴哈特福德暂行管理肄业局事务，容闳举荐黄胜接办，但是被陈兰彬否决。陈兰彬改调黄胜赴旧金山使馆任翻译。

三月十八日（4月9日），陈兰彬一行抵达纽约。

6月间，携妻儿前往哈特福德附近避暑。

下半年，举荐驻西班牙参赞吴嘉善接任肄业局总办，由陈兰彬奏呈获准。

八月十九日（10月4日），黄胜乘车前往驻旧金山领事馆任翻译。

八月二十五日（10月10日），照会美国国务卿埃瓦茨，抗议美国排华。

11月间，搬出公使馆另觅房住。

十二月初二日（1880年1月13日），致函库克牧师（Rev. Joseph Cook）。

光绪六年（1880） 五十三岁

2月间，与陈兰彬咨呈总理衙门，奏请派陈国芬任驻檀香山商董事。

正月初八日（2月17日），美国国务卿埃瓦茨致函容闳，问询之1810年伦敦出版的英国汉学家小斯当东（George Thomas Staunton，1781—1859）所译《大清律例重订辑注通纂》中“谋反与放弃效忠”章节，与《蒲安臣条约》第五条规定准许华人赴美是否有冲突。

正月初十日（2月19日），照会美国国务卿，抗议美国排华。

2月底，与柏立等驻美使团成员前往纽约迎接吴嘉善，吴即将从马德里前来任肄业局总办。

3月间，与陈兰彬奏请在檀香山设立商董，选定当地华侨领袖陈芳任职，暂行领事职权。

正月二十二日（3月2日），致函美国国务卿埃瓦茨，告知《大清律例重订辑注通纂》规定的与《蒲安臣条约》第五条规定准许华人赴美没有冲突。

正月二十九日（3月9日），为旧金山排华有违蒲安臣条约照会美国国务卿埃瓦茨。

四月十七日（5月25日），美国国务卿照复容闳。

5月底，华盛顿天气过热，次子生病，便与妻儿前往纽约避暑。

四月二十九日（6月6日），陈兰彬一行乘坐“柏林号”（Berlin）轮船自英国利物浦抵达纽约。

五月十三日（6月20日），鲍留云去世，容闳参加了葬礼。

六月二十五日（7月31日），陈兰彬容闳将总理衙门通咨出使各国大臣公文照会美国国务卿埃瓦茨。

七月初四日（8月9日），陈兰彬和容闳就招商局“武昌号”抵旧金山被超额征收船钞货税问题照会美国国务卿埃瓦茨。

七月初八日（8月13日），美国代理国务卿海斯复函陈兰彬和容闳。

七月三十日（9月4日），陈兰彬和容闳就招商局“和众号”抵旧金山征税课船钞照会美国国务卿埃瓦茨。

九月十九日（10月22日），美国国务卿为“和众号”税钞事照复陈兰彬和容闳。

10月间，与妻儿仍在康涅狄格州岳父家，计划感恩节返回华盛顿。

十月十六日（11月18日），陈兰彬和容闳将中国驻华盛顿使团成员名单和住址照会美国政府。

11月底，在哈特福德买了一座房，费资一万美金。

十一月初十日（12月11日），致函杜渣牧师。

十一月二十一日（12月22日），在华盛顿致函马克·吐温，请其出面请美国前总统格兰特将军致函李鸿章，阻止撤回留美幼童。

十一月二十六日（12月27日），与陈兰彬为参加“万国防疫会”事照会美国国务卿埃瓦茨。

十一月二十九日（12月30日），致函杜渣牧师。

是年，薛福成代李鸿章致函容闳，谈及美国旧金山排华和檀香山设商董等事。

十二月初三日（1881年1月2日），与妻子参加兰金牧师的新年宣教活动（Rev. Dr. Rankin's New Year's Sermon）。

光绪七年（1881）　五十四岁

正月初十日（2月8日），与陈兰彬为招商局“和众号”轮船征收额外税钞照复美国国务卿埃瓦茨。

正月二十五日（2月23日），与陈兰彬为李鸿章聘请满力士充当天津武备书院教习事照会美国国务卿埃瓦茨。

3月初，收到李鸿章信函。

二月十一日（3月10日），致函杜渣牧师。

三月十一日（4月9日），在华盛顿致函马克·吐温。

三月十六日（4月14日），在华盛顿艾奥瓦大街4号家中致函杜渣牧师。

四月十九日（5月16日），李鸿章致电陈兰彬，请其转告容闳和吴嘉善，选幼童学电报，两月后回华。

四月二十四日（5月21日），和陈兰彬联名致函檀香山驻美公使，告知改驻扎檀香山商董陈国芬为领事。

五月十二日（6月8日），总理衙门上奏“出洋肄业局务渐弛，请旨调回等因一折”，奏请撤回留美幼童。本日奉旨：“依议，钦此。”同日，容闳和陈兰彬收到檀香山驻美公使来函，谈及陈国芬任驻檀香山领事之事。

6月初，容闳前往哈特福德，挑选40名幼童至西联公司（Western Union Company）学习电报。

五月二十八日（6月24日），郑藻如接任驻美公使，陈兰彬和容闳卸任。

六月十三日（7月8日），在康涅狄格州埃文市（Avon）致函美国国务卿布莱恩（James G. Blaine）。

六月十四日（7月9日），致函杜渣牧师，告知肄业局撤销。

六月二十九日（7月24日），为上海机器织布局总办郑观应代为招聘的美国工程师丹福思抵达上海。

九月初四日（10月26日），在华盛顿参加惠勒和布利（Wheeler-Bleecker）联姻。

11月—12月间，吴嘉善照会容闳，移交肄业局器物、文件、账簿和银两等。

十一月初四日（12月24日），陈兰彬和容闳照会美国国务卿弗里林海森（Fredk. T. Frelinghuysen），因即将任满回国，请安排时间觐见美国总统。

十一月十七日（1882年1月6日），陈兰彬和容闳为觐见美国总统事宜照会美国国务卿弗里林海森。

十一月二十日（1882年1月9日），代表清政府在《哈特福德日报》刊登广告出售肄业局大楼。

十一月二十八日（1882年1月17日），美国助理国务卿大卫

（Davis）复函容闳，发给一本新护照，以及一本《美国外交与政府法规》。

光绪八年（1882）　五十五岁

2月初，乘火车自哈特福德前往旧金山搭船回国。

二月初五日（3月23日），乘坐三菱公司轮船回华，抵达上海。

春夏，在京居住三个月，呈递鸦片条陈。

三月十六日（5月3日），容闳抵达天津，拜会直隶总督李鸿章，然后偕西人荷路金卑晋京复命。

四月十四日（5月30日），《循环日报》报道容闳已经从北京回到天津。

七月十二日（8月25日），上呈谢恩折。

夏间，回到上海居住四个月，收到妻子病危函。

八月二十二日（10月3日），与机器织布局总办龚寿图在上海坐小火船赴南京。

八月二十四日（10月5日），抵达南京，住龚寿图家。

11月间，乘船返美。

光绪九年（1883）　五十六岁

1月间，从上海乘船返回美国。

3月间，抵达美国。

夏间，陪妻子到诺福克（Norfolk）休养。

冬间，陪妻子到乔治亚州亚特兰德（Atlanta）休养。

是年，举荐耶鲁毕业的第一批留美幼童谭耀勋（1862年3月1日—1883年11月13日）到清廷驻纽约领事馆任职，谭氏入职未几，于11月13日病逝。

光绪十年（1884） 五十七岁

夏间，陪妻子到纽约州亚特朗德（Adirondaks）继续休养。

光绪十一年（1885） 五十八岁

六月初三日（7月14日），拜访新任驻美公使张荫桓。

冬间，陪妻子到新泽西州色末维尔（Summerville）休养，两个月后，又迁回亚特朗德。

十月二十五日（12月1日），致函盖劳德特先生（Mr. Gallaudet）。

光绪十二年（1886） 五十九岁

四月二十六日（5月29日），妻子去世，年仅35岁，葬于哈特福德城西带山家族墓地。

六月十三日（7月14日），从哈特福德乘车前往华盛顿拜会驻美公使张荫桓。

六月十四日（7月15日）与柏立、张荫桓等一同拜访美国总统克利夫兰（Grover Cleveland，第22、24任美国总统）。

六月十五日（7月16日），张荫桓约容闳与柏立共进晚餐。

八月初七日（9月4日），前往拜访来到哈特福德的张荫桓，并共进晚餐。

八月初八日（9月5日），张荫桓入住容闳家，谈及留学事务。

八月初十日（9月7日），约张荫桓拜访其岳父家，容觐彤与容觐槐出来见面。

八月十一日（9月8日），与美国人墨兜颖拜会张荫桓，讨论创设国家银行事宜。

八月十二日（9月9日），陪同张荫桓到纽黑文参观菲特尼武器公司（Whitney Repeating Arms Company）和乌希喷豁泥枪械厂（Winchester Arms Factory）。

九月二十三日（10月20日），在美国康涅狄格州纽黑文举办的美国传教协会第四十届年会上发表演说，谈到美国排华。

光绪十三年（1887）　六十岁

2月间，抄写唐代著名诗人刘禹锡的《岁夜咏怀》。

二月二十二日（3月16日），当选康涅狄格州哈特福德公理教俱乐部主席（President of the Connecticut Congregational Church Club in Hartford）。

十月十八日（12月2日），在康涅狄格州哈特福德致函耶鲁学院校长蒂莫西·德怀特（Timothy Dwight），请将耶鲁公理会会员转至康涅狄格州哈特福德市避难山公理会。

光绪十四年（1888）　六十一岁

正月初七日（2月18日），张荫桓约容闳到纽约，询问哈特福德肄业局大楼事。

正月十三日（2月24日），拜访张荫桓。

正月十六日（2月27日），张荫桓请容闳邀请何天爵次日宴会。

正月二十四日（3月6日），致电张荫桓，提及陈善昌案。

正月二十六日（3月8日），抄送张荫桓肄业局大楼事宜备案。

二月二十六日（4月7日），寄给张荫桓一些书籍。

三月十六日（4月26日），张荫桓致电容闳。

三月三十日（5月10日），张荫桓致电容闳约其来华盛顿使署。

六月十八日（7月26日），江海关送到陈善昌起诉容闳案件。

七月初十日（8月17日），张荫桓收到总理衙门公函，谈及天津设立博文书院，请容闳任教。

八月十九日（9月24日），张荫桓谈及容闳早年在秘鲁登山事。

十一月三十日（1889年1月1日），致函盖劳德特夫人（Mrs.

Gallaudet）。

光绪十五年（1889） 六十二岁

二月初九日（3月10日），与张荫桓谈及汽油发电与拟办电力公司事宜。

四月二十一日（5月20日），拜访张荫桓，谈及美国新式炸药。

十月二十日（11月12日），前往克利夫兰（Cleveland）参加第三批留美幼童郑廷襄的婚礼。

是年，曾与美国军工厂谈判，为北洋水师购买大炮。

光绪十六年（1890） 六十三岁

二月十三日（3月3日），崔国因照会容闳。

二月十七日（3月7日），崔国因收到容闳的英文咨文，告知出售肄业局大楼款美银一万余元，扣除各项费用，余八千五百四十一元三角六分。

二月十九日（3月9日），崔国因照会容闳，查询出售肄业局大楼的一万余元。

四月初九日（5月27日），前往马里兰州佩里维尔（Perryville, Maryland）观看博士贾斯汀博士（Dr. J. Gilhert Justine）的枪炮试验。试射时发生爆炸，有两人受伤，容闳幸而无事。

光绪十七年（1891） 六十四岁

三月初二日（4月10日），前往华盛顿威灵顿酒店（Arlington Hotel）参加活动。

光绪十八年（1892） 六十五岁

六月初一日（6月24日），长兄容光杰去世。

六月十二日（7月5日），长嫂张氏去世。

十一月初一日（12月19日），致函匹茨堡（Pittsburgh）唐却斯牧师（Rev. E. R. Donchos）抗议排华法案，提及将倡议旅美华人组织抗议活动，并谈及如果美国排华，中国将废除与美国的条约，并可能排斥在华美国商人和传教士作为报复。

十一月初五日（12月23日），致函旅美侨商约翰（John Joh），号召集资组织一场抗议美国排华法案的活动。

光绪二十年（1894）　六十七岁

四月十九日（5月23日），前往马萨诸塞州斯普林菲尔德城（Springfield）参加第二批留美幼童容揆的婚礼。容闳长子容觐彤担任接待员。

十一月初九日（12月5日），蔡锡勇致函容闳。

十一月初十日（12月6日），蔡锡勇致电华盛顿驻美公使杨儒，请其转交容闳。

十二月二十日（1895年1月15日），致电两江总督张之洞，由驻美公使杨儒代转。

光绪二十一年（1895）　六十八岁

正月十八日（2月12日），张之洞致电驻美公使杨儒转达容闳。

正月二十二日（2月16日），杨儒代容闳复电张之洞。

正月二十七日（2月21日），自华盛顿致电张之洞。

二月初一日（2月25日），张之洞复电容闳。

二月初九日（3月5日），张之洞致电驻美公使杨儒转容闳电。

二月二十日（3月16日），张之洞致电驻美公使杨儒转容闳电。

二月二十六日（3月22日），在华盛顿致电张之洞，告知将赴欧洲借款。

三月初六日（3月31日），在华盛顿致电张之洞，告知即日赴英。

三月十六日（4月10日），从伦敦致电张之洞，汇报借款进程。

三月二十四日（4月18日），致电张之洞。

三月二十六日（4月20日），张之洞致电驻英公使龚照瑗转容闳电。

四月初三日（4月27日），第一批留美幼童暨张之洞幕僚梁敦彦致电容闳。

四月十一日（5月5日），致电张之洞。

闰五月初一日（6月23日），抵达上海，时在上海电报局任职的黄开甲、牛尚周、唐元湛等举行欢迎会，并合影留念。

闰五月初二日（6月24日），第四批留美幼童暨上海怡和洋行买办唐荣俊致电梁敦彦，告知容闳昨日抵达上海，拟十日内赴南京。

7月初，与休斯顿牧师（Rev. T. W. Houston）相见。

闰五月十六日（7月8日），在上海结识宋恕。

7月中旬，赴南京，两江总督张之洞委任其为江南交涉委员。

闰五月二十四日（7月16日），在南京致函休斯顿牧师。

六月二十日（8月10日），梁敦彦致电容闳，请寄去十余年前所译银行章程。

六月二十二日（8月12日），回复梁敦彦，书稿不见，需要另译。

七月初五日（8月24日），回复梁敦彦，告知译稿需要时间。

七月初六日（8月25日），梁敦彦回复容闳，告知尽快翻译。

七月初七日（8月26日），回复梁敦彦，告知请两人一起翻译。

十月十八日（12月4日），张之洞发电容闳，请其赴南京。

十一月初六日（12月21日），梁敦彦致电容闳，询问苏沪铁路筹款、章程等事。

十一月初九日（12月24日），致电梁敦彦，回复铁路事。

十一月十三日（12月28日），致电梁敦彦，告知苏沪铁路商股已有眉目，因病不能赴南京。

十二月二十三日（1896年2月6日），张之洞致函黄遵宪、容闳、叶大庄，谈论铁路事。

十二月二十四日（1896年2月7日），黄遵宪、容闳致电张之洞，讨论铁路事。同日，张之洞收到江苏巡抚赵舒翘电报，提及铁路招商恐有外资。

十二月二十七日（1896年2月10日），张之洞致函黄遵宪、容闳、叶大庄，询问铁路招商事。

光绪二十二年（1896）　六十九岁

正月初一日（2月13日），黄遵宪、容闳、叶大庄回电张之洞，汇报铁路招商事。

春间，向户部尚书翁同龢递交银行条陈和铁路条陈，又向张通典举荐在开平矿务局任职的邝荣光到湖南主持矿务。

二月初四日（3月17日），致函李盛铎，谈及山西、贵州、四川、广西等省开矿和铁路事。

二月十二日（3月25日），将所译银行章程，分别禀呈总理衙门、户部和军机处。

二月十四日（3月27日），向户部尚书翁同龢禀请创设银行，禀文附《请仿泰西设立银行条陈》，条陈包括《银行总纲四条》《总行章程十二条》《分行章程二十四条》。

3月至4月间，致函李盛铎，谈及银行章程、卢汉铁路等事。

三月十七日（4月29日），抵达天津，拜会直隶总督王文韶。

三月二十七日（5月9日）致函李盛铎，提及赠书事。

5月初，到达北京，暂住张荫桓家。

四月初三日（5月15日），拜会翁同龢，商谈银行事宜。

七月初五日（8月13日），那桐在北京约容闳、伍廷芳等人商议创办银行事宜。

七月十六日（8月24日），在北京聚丰堂约那桐等午餐。

九月十九日（10月25日），郑孝胥在南京拜会容闳。

九月二十日（10月26日），容闳文案伊立勋拜会郑孝胥。是日，《时务报》第9册刊发《容观察银行条陈》。

十月十三日（11月17日），郑孝胥拜访容闳。

是年，刘坤一任两江总督，未续用容闳。

是年，暂居上海虹口同文书局，在黄开甲协助下，翻译美国《银行法》。

是年，《中西日报》载《议设银行》，提及现在创办银行，容闳曾出力。

光绪二十三年（1897）　七十岁

是年，容闳和张荫桓、梁诚代表清政府赴英国伦敦出席维多利亚女王登基六十周年庆典。

十二月二十五日（1898年1月17日），晚间，翁同龢拜访容闳，谈及津镇铁路计划。

十二月二十六日（1898年1月18日），向总理衙门递交《兴筑津镇铁路条陈》，其中包含《拟办津镇铁路章程》22条。

光绪二十四年（1898）　七十一岁

正月十一日（2月1日），晚间，在京的容闳与林丽堂、汪伯棠等拜访张荫桓。同日，刘坤一致电总理衙门，张之洞收到刘坤一来电，张之洞复电刘坤一，往来商议阻止容闳津镇铁路事。

正月二十九日（2月19日），美国驻华公使邓比（Charles Denby）告诉容闳，美国政府不承认容闳是美国公民，因此大使馆不能出面帮容闳交涉。是日，盛宣怀致电王文韶，商议津镇铁路事。

三月二十二日（4月12日），参加在广东会馆召开的保国会第一次会议。

七月初二日（8月18日），总理衙门致电上海道蔡钧，请转告容闳速赴京。

七月初三日（8月19日），总理衙门收到上海道蔡钧电报，告知容闳住在虹口川河滨一百七十一号谭宅，需要等病愈才赴京。

七月初四日（8月20日），总理衙门收到容闳电报，告知病愈赴京。

七月初九日（8月25日），总理衙门收到容闳电报，告知向英华公司借款事。同日，英国驻华公使窦纳乐（C.M.Mac Donald）致电巴尔福（A. J. Balfour），提及8月23日容闳与一家英美辛迪加签订借款五百五十万美元和筑路合同。

七月三十日（9月15日），晚间，在天津拜会荣禄。

9月中旬，抵达北京，住在东安门大街城根边锡蜡胡同（今锡拉胡同）后面之烧酒胡同（今韶九胡同）的金顶庙。

八月初三日（9月18日），晚，梁启超前往拜会容闳。

八月初四日（9月19日），晨，与梁启超获知变法失败，上午9时拜访李提摩太（Timothy Richard），请英国驻华公使干涉；又拜访美国驻华公使不遇。

八月初六日（9月21日），凌晨，慈禧太后重新“训政”，变法失败。容闳因与康梁关系密切，便拜访美国公使寻求帮助。

9月底，在戊戌变法失败后回到上海租界。

九月十五日（10月29日），总理衙门收到蔡钧电报，告知已经将“庚电”转交容闳，容氏将在月内带津镇铁路关防赴北京缴还。

九月二十三日（11月6日），总理衙门收到容闳电报，告知等病愈即赴京复命和缴还关防。

光绪二十五年（1899）　七十二岁

二月二十三日（4月3日），陪同康有为由横滨乘坐“和泉号”轮船赴加拿大考察。

三月初一日（4月10日），容闳与康有为等一行抵达温哥华。

十二月二十五日（1900年1月25日），上海电报局总办经元善联合旅沪各省绅商1230人联名致电总理衙门，反对慈禧太后废除光绪皇帝。清政府授意澳门葡萄牙当局拘押经元善。容闳闻讯后，致函香港总督，设法营救。

光绪二十六年（1900）　七十三岁

2月，致函香港总督。

3月中下旬间，应康有为邀请，赴新加坡考察。

3月底，回到香港。

三月初一日（3月31日），在香港花旗酒店（Thomas's Hotel）接见谢缵泰。

三月初三日（4月2日），接见谢缵泰。

三月初四日（4月3日），接见谢缵泰、杨衢云。

三月初五日（4月4日），是日乘“中国皇后号”邮轮赴夏威夷檀香山。同日，谢缵泰致函孙中山，建议他在日本会见容闳。

七月初一日（7月26日），中国国会在上海愚园宣告成立，容闳从香港前来参会，以42票当选议长，并拟定英文版宣言。严复为副议长，唐才常为总干事。议员有章太炎、文廷士、马相伯、毕永年等52人。

七月初四日（7月29日），中国国会召开第二次会议，到会60余人，决定由容闳拟定英文对外宣言，严复将其译为中文。容闳任命唐才常为会计，叶瀚等负责书记，郑观应、唐才常、汪康年等为干事。

七月初七日（8月1日），下午，会见来访的唐才常与日本东亚会上海支部干事井上雅二。

七月十二日（8月6日），拟定中国国会对外宣言，中国国会给英美两国打了电报。是日上午，井上雅二拜访容闳、唐才常、狄平。

七月十四日（8月8日），会见唐才常，商议自立军在武汉起义之事；又拜访井上雅二，但不遇。井上雅二回访唐才常、白岩龙平、容闳、汪康年等人。

七月十五日（8月9日），井上雅二先后拜访唐才常、汪康年、容闳等人。唐才常离沪赴汉口筹备起义，委托张通典和井上雅二拜访容闳，继续商议自立军起义事。同日，章太炎致函陈少白："友人乃立中国议会于上海，推容纯甫君为会长，容君天资伉爽，耄益精明，诚支那有数人物。"（《中国旬报》第十九期）

七月二十六日（8月20日），和严复致函英国驻上海署理总领事霍必澜（Pelham L. Warren）。是日，井上雅二从南京返回上海，先后拜访容闳、狄平、白岩龙平等人。

七月二十八日（8月22日），唐才常等30人被捕的消息传至上海，与来访的井上雅二磋商应对措施。是日，神奈川县知事周布公平向外务大臣青木周藏汇报孙中山离开日本前往上海，提及孙氏离开前与某人谈话提及容闳是康有为派系的重要人物。

七月二十九日（8月23日），唐才常等20余人被张之洞处死。中国国会315名成员被通缉。容星桥化装成苦力逃回上海，与容闳相见。

七月三十日（8月24日），上午，井上雅二拜访容闳，谈及唐才常被害事。

八月初二日（8月26日），井上雅二分析唐才常自立军失败原因，提及容闳不知道唐才常起义事，此事完全由康有为导演，容闳因此与康有为关系变坏；容闳和容星桥在起义失败后幸运逃生。

八月初八日（9月1日），化名秦西和容星桥等在上海乘坐“神户号”轮船赴日，与化名中山樵的孙中山在船上相遇。

八月初十日（9月3日），抵达长崎，投宿库利夫旅店。下午5时左右，容星桥和孙中山拜访容闳。

八月十一日（9月4日），接见孙中山，其后赴东京会见犬养义、中村弥六等人，又在犬养义家会见宫崎寅藏（宫崎滔天）、清藤幸七郎、原祯等人，并接受九州日之出新闻社采访。同日，长崎县知事服部一三向外务大臣青木周藏报告容闳和容星桥抵日的情况。

八月十二、十三日（9月5日、6日），为购买物品和船票，各出行一次。

八月十四日（9月7日），在长崎乘坐“日本皇后号”邮船赴香港。同日，长崎县知事服部一三向外务大臣青木周藏报告容闳在日情况。

八月十八日（9月11日），抵达香港。同日，长崎县知事服部一三向外务大臣青木周藏报告容闳在日情况。

九月初九日（10月31日），张之洞发出《宣布康党逆迹并查拿自立会首片》，通缉容闳等人。

11月间，容闳等人被清廷通缉。

十一月底（1901年1月中旬），到台湾游历，住同村族侄、义和洋行买办容祺年（1868—1931）处。

光绪二十七年（1901）　七十四岁

七月初二日（8月15日），致函经元善，又致函香港总督，营救经元善。

十一月十六日（12月26日），抵达香港。

十二月初二日（1902年1月11日），回到南屏（沙尾），住在容尚勤之子家中。

十二月二十三日（1902年2月1日），容星桥到香港探望容闳。

十二月二十六日（1902年2月4日），借给容星桥100元。

是年，容闳以美国公民的资格向美国驻总领事申请赴美定居。容闳长子容觐彤从哥伦比亚大学毕业，获机械工程学硕士学位。

光绪二十八年（1902）　七十五岁

正月初九日（2月16日），容星桥到香港探访容闳。

二月十三日（3月22日），容星桥到香港探访容闳。

4月，刘成禺前往香港皇后饭店拜会容闳。容闳谈及正在撰写回忆录《在华十年》（*Ten Years in China*）。

四月初九日（5月16日），与谭良夫妇乘坐“盖尔号”（Gaelic）邮轮从香港赴美。

五月初一日（6月6日），抵达檀香山火奴鲁鲁，并登岸看望了耶鲁学院同届毕业的同学。途经新加坡和檀香山等地。

五月初七日（6月12日），抵达旧金山，并拜访了阿巴基上校，谈及中国近况和前途。

五月十三日（6月18日），抵达康涅狄格州哈特福德，居住在迈里特尔街12号。同日，《哈特福德时报》（*Hartford Times*）报道了容闳抵美消息。

6月底，作为耶鲁学院荣誉嘉宾出席了容觐槐的毕业典礼。

六月二十七日（7月31日），致函谭良（字孝张），提及数日前收到谭赠送的白夏布一匹、灰官纱一匹，以及康有为的信函。

8月初，两次致函梁启超，邀请赴美考察。

七月初十日（8月13日），谢缵泰致函容闳，建议在美国组织秘密社团，争取美国朋友和同情者的合作和支持。

七月十一日（8月14日），梁启超复函容闳，告知因事务繁忙，暂未能行。

八月十八日（9月19日），收到谢缵泰8月13日函。

八月二十日（9月21日），复函谢缵泰。

十月初七日（11月6日），谢缵泰收到容闳9月21日函。

十一月二十日（12月19日），收到谢缵泰函和密码。

十一月二十三日（12月22日），复函谢缵泰。

光绪二十九年（1903）　七十六岁

4月间，接待来哈特福德访问的梁启超，出席梁启超的演讲会，并引荐在美的留美幼童。

四月十二日（5月8日），陪同梁启超参观哈佛大学。

闰五月十二日（7月6日），致函杜渣牧师。

光绪三十年（1904）　七十七岁

四月二十日（6月3日），参加在纽约莫霍克湖举办的国际仲裁会议第十届年会闭幕式，并发表演说，谈到中国历史和开放。

7月间，因病住院。

六月十九日（7月31日），致函谭良，感谢其赠送夏布和官纱等物品。

十月初六日（11月12日），侄子容尚勤去世。

是年，康有为之女康同璧赴美留学，住在容闳家中长达半年。

光绪三十一年（1905）　七十八岁

正月十一日（2月14日），致函康同璧。

三月二十七日（5月1日），致函康同璧。

四月十七日（5月20日），致函康同璧。

五月十三日（6月15日），陪同康有为、荷马李等前往白宫拜会美国总统西奥多·罗斯福（Theodore Roosevelt）。

7月至8月间，康有为自纽约乘车赴哈特福德拜访容闳。

8月间，康有为致函容闳。

七月二十九日（8月29日），致函康同璧。

九月十八日（10月16日），致函康同璧。

光绪三十三年（1907）　八十岁

四月二十七日（6月7日），致函谢缵泰。

五月二十八日（7月8日）、六月初九日（18日），谢缵泰收到容闳寄自美国康涅狄格州南温莎（South Windsor）函。

八月初十日（9月17日），致函谢缵泰。

九月十四日（10月20日）、九月十六日（22日），谢缵泰收到容闳寄自美国康涅狄格州哈特福德阿西木大街（Asyeum Avenue）771号函。

光绪三十四年（1908）　八十一岁

7月间，参加由杜渣牧师主持的留美幼童郑廷襄的葬礼。

六月十六日（7月14日），在美国康涅狄格州哈特福德沙坚街（Sargent Street）310号致函谢缵泰，建议维新党联合起来，并谴责康有为及其保皇会。

九月十五日（10月9日），致函布斯，邀明日午后相见。

九月十六日（10月10日），和容觐彤与美国人布斯、艾伦（W. W. Allen）在哈特福德容闳家中商议“中国红龙计划”。

九月二十七日（10月21日），致函布斯，对荷马李准备有所行动表示欣喜。

十月二十五日（11月18日），布斯致函容闳，请其致函康有为信任荷马李，并称“顾问委员会”成立后一年即可获得捐款。

11月间，致函孙中山，邀请其赴美商讨“中国红龙计划”。

十一月十一日（12月4日），致函荷马李，催促其加紧行动，并允诺取得一省后即任其为总督。

十一月十二日（12月5日），致函布斯和荷马李，附有中国秘密会党名单，建议邀请各领袖来美会商组建最高会议、顾问委员会、临时政府，并称将同意任命荷马李为联合军总司令，布斯为临时政府财政部部长兼顾问委员会主席。

十一月十三日（12月6日），致函布斯，讨论最高议会及临时政府事宜，并称将遣其子回国访问，以代替之前建议邀请各秘密会党来美的计划。

十一月十五日（12月8日），致函荷马李。

十一月二十一日（12月14日），致函布斯和荷马李。

十二月初六日（12月28日），布斯致函容闳。

十二月十三日（1909年1月4日），致函布斯，表示拟针对袁世凯被罢免，与荷马李会商此新局势，并指出袁世凯不可靠，不是一起做大事的人。

十二月二十五日（1909年1月16日），致函布斯和荷马李，称康有为声誉低落，不再是一个安全可信的革命运动者。同日，布斯复函容闳。

十二月二十七日（1909年1月18日），和容觐彤与艾伦晤谈。

宣统元年（1909）　八十二岁

正月初四日（1月25日），致函布斯，告知与艾伦会谈情形，提出以广东或中国若干筑路权及工商业投资专利权给美国，以获取美国信任，借款支援其军事计划，并告知孙中山现旅居新加坡。

正月十二日（2月2日），布斯致函容闳。

正月二十三日（2月13日），布斯致函容闳。

正月二十九日（2月19日），致函布斯。

二月初三日（2月22日），致函布斯。

二月十五日（3月6日），布斯致函容闳。

二月二十五日（3月16日），布斯致函容闳，称已经知道康有为失去了美国保皇会成员的信任，信徒大多转到受革命党影响的致公堂，希望容闳提供更多情报。

四月初九日（5月27日），康有为和徐勤派人刺杀刘士骥，容闳和康有为及其保皇会决裂。

四月十八日（6月5日），致函布斯。

四月二十四日（6月11日），布斯致函容闳，告知荷马李的朋友正在努力促成荷马李出任驻华公使。

8月，参加在哈特福德召开的中国留学生同盟年会。

七月二十九日（9月13日），致函布斯，称荷马李著书胜于前往中国任职。

八月十九日（10月2日），布斯致函容闳。

九月初七日（10月20日），致函布斯。

11月间，回忆录*My Life in China and America*由美国纽约亨利·霍尔特公司（Henry Holt & Company）出版。

12月间，致电布斯，告知孙中山抵达纽约，邀请其与荷马李前去会商。

十一月初一日（12月13日），自康涅狄格州哈特福德致函纽黑文耶鲁学院图书馆馆员约翰·克里斯托弗·施瓦布（John Christopher Schwab，1865—1916）。

十一月初十日（12月22日），致电布斯、荷马李，邀请前往纽约或哈特福德相见。布斯复电荷马李病，请容闳与孙中山前往洛杉矶相见。

十二月初三日（1910年1月13日），自康涅狄格州哈特福德致函纽黑文阿特沃德街16号威顿女士（Whedon）。

宣统二年（1910） 八十三岁

正月初五日（2月14日），孙中山致函容闳，谈到拟向美国银行贷款，作为活动经费；成立临时政府，任用有能力人士管理光复省区城市；任用有能力人士统率军队；组织训练海军。

正月初七日（2月16日），致函孙中山，商讨“中国红龙计划”，提出四条建议：向美国银行贷款150万至200万美元作为起义经费；成立临时政府，推举贤能，接管起义后夺取的城市；任用精明能干、熟悉军事的人才统帅军队；组织训练海军。

正月二十五日（3月6日），致函荷马李和布斯，并附致2月16日孙中山函。同日，艾伦致函布斯，称与孙中山的会谈颇为成功，孙氏可能是一领袖，但不敢相信其为中国公认之领袖，未被公认前，不能资助。

二月初六日（3月16日），致函布斯。

二月初七日（3月17日），孙中山致函容闳。

二月十六日（3月26日），致函布斯。

二月十八日（3月28日），致函布斯，并附贷款协商计划。

二月十九日（3月29日），致函布斯。

三月初四日（4月13日），在哈特福德阿特伍德街（Aturood Street）16号致函谢缵泰。

5月间，中风。

四月初九日（5月17日），谢缵泰收到容闳4月13日函。

四月十八日（5月26日），致函布斯，咨询进展，并商议再次电邀孙中山来洛杉矶会谈。

十月初九日（11月10日），致函布斯夫妇。

宣统三年（1911） 八十四岁

二月初四日（3月4日），致函荷马李和布斯。

5月初，孙中山从芝加哥致电容闳，告知去年在纽约致函容氏，但未收到复函，现在亟须容闳在紧要关头为中国做的一些事。

八月二十一日（10月12日），孙中山在丹佛市报纸上获悉革命党人占领武昌的新闻，致函容闳告知离开美国，赴英法开展外交活动。

八月二十九日（10月20日），孙中山在离开华盛顿赴纽约前，致电容闳，留下一个新的收信地址。

十月初一日（11月21日），谢缵泰致函容闳。

十月二十九日（12月19日），致函谢缵泰。

十一月初三日（12月22日），致函谢缵泰。

十一月初七日（12月26日），致函谢缵泰。

十一月初十日（12月29日），致函谢缵泰。同日，孙中山当选临时大总统。

十一月十四日（1912年1月2日），致函孙中山，并附容觐槐函。同日，孙中山致函容闳，邀请其回国。

十一月二十七日（1912年1月15日），谢缵泰致函容闳。

十二月初五日（1912年1月23日），谢缵泰收到容闳1911年12月23日寄自美国哈特福德沙坚街284号函。

十二月十二日（1912年1月30日），致电孙中山，请勿出售北京和奉天皇宫的文物。

1912年1月间，致函谢缵泰，并赴致孙中山函，请其转达。

十二月十五日（1912年2月2日），致函谢缵泰，告知收到11月21日来信和1912年第一期宫门抄。

民国元年（1912）　八十五岁

2月间，孙中山致函容闳。

二月初五日（3月23日），致函某友人，提及编纂一部中华民国宪法。

二月二十八日（4月15日），脑出血，经常昏迷不醒。

三月初四日（4月20日），收到孙中山寄来的照片，但是已经处于昏迷状态。

三月初五日（4月21日），上午11时30分，在哈特福德沙坚街284号家中去世。

三月初六日（4月22日），《哈特福德日报》和《纽约时报》等美国各大报刊都报道了容闳去世的消息。

三月初七日（4月23日），杜渣牧师在哈特福德避难山教堂举办追思仪式，并主持葬礼。容闳被安葬在哈特福德西带山墓地，与妻子合葬一处。

延伸阅读推荐书目

1. 《容闳——中国留学生之父》，李喜所著，河北教育出版社，1990年版。

2. 《唐绍仪与清末民国政府》，张焕宗著，河北人民出版社，1998年版。

3. 《观念与悲剧——晚清留美幼童命运剖析》，石霓著，上海人民出版社，2000年版。

4. 《容闳传》，刘中国、黄晓东著，珠海出版社，2005年版。

5. 《艰难的外交——晚清中国驻美公使研究》，梁碧莹著，天津古籍出版社，2004年版。

6. 《容闳与留美幼童研究·我的中国童年》，［美］李恩富著，唐绍明译，珠海出版社，2006年版。

7. 《容闳与留美幼童研究·创办出洋局及官学生历史》，容尚谦著，王敏若译，珠海出版社，2006年版。

8. 《中国留美幼童书信集》，高宗鲁译注，珠海出版社，2006年版。

9. 《中国幼童留美史》，［美］勒法吉原著，高宗鲁译注，珠海出版社，2006年版。

10. 《中华民国第一任内阁总理——唐绍仪》，苏苑、张晓辉著，珠海出版社，2006年版。

11. 《珠海历史人物图志——容闳》，珠海市文化广电新闻出版局、珠海市博物馆编，珠海出版社，2007年版。

12. 《影像里的容闳与留美幼童》，珠海容闳与留美幼童研究会、珠海博物馆主编，珠海出版社，2008年版。

13. 《中国铁路之父——詹天佑》，谢放著，广东人民出版社，2008年版。

14. 《詹天佑日记书信选集》，詹同济译著，珠海出版社，2008年版。

15. 《詹天佑评传》，詹同济著，珠海出版社，2008年版。

16. 《珠海留学史（1840—1949）》，黄晓东主编，珠海出版社，2010年版。

17. 《大清留美幼童记》，钱钢、胡劲草著，当代中国出版社，2010年版。

18. 《中国留美学生史》，［美］史黛西·比勒著，张艳译，张猛校订，生活·读书·新知三联书店，2010年版。

19. 《陈兰彬与晚清外交》，梁碧莹著，广东人民出版社，2011年版。

20. 《梁诚与近代中国》，梁碧莹著，中山大学出版社，2011年版。

21. 《珠海简史》，黄晓东主编，社会科学文献出版社，2011年版。

22. 《中国铁路之父——詹天佑的故事》，桑秋洁编著，吉林科学技术出版社，2012年版。

23. 《我在中国的童年》，［美］李恩富著，刘畅译，福建教育出版社，2013年版。

24. 《幸运儿》，［美］利尔·莱博维茨、［美］马修·米勒著，李志毓译，商务印书馆，2014年版。

25. 《戊戌变法的另面：“张之洞档案”阅读笔记》，茅海建著，上海古籍出版社，2014年版。

26. 《美国所藏容闳文献初编》，吴义雄、恽文捷编译，社会科学文献出版社，2015年版。

27. 《留美幼童唐元湛家三代人的故事》，邓洁著，中国文史出版社，2015年版。

28. 《留美幼童与天津》，井振武编著，天津人民出版社，2016年版。

29. 《折冲内外——唐绍仪与近代中国的政治外交（1882—1938）》，杨凡逸著，东方出版社，2016年版。

30. 《清华校长唐国安——一位早期留美学生的报国之路》，唐绍明著，清华大学出版社，2016年版。

31. 《先醒来的人：近代中国第一批留学生》，叶克飞著，浙江大学出版社，2017年版。

32. 《中国铁路之父——詹天佑传》，张相宽著，长春出版社，2017年版。

33. 《先行者容闳》，郑安兴、徐惠萍编著，广西师范大学出版社，2018年版。

34. 《陈兰彬集》，王杰、宾睦新编，广东人民出版社，2018年版。

35. 《耶鲁中国人——容闳自传》，容闳著，王志通、左滕慧子译注，江苏凤凰文艺出版社，2018年版。

36. 《珠海的容闳》，谢小灵著，暨南大学出版社，2019年版。

37. 《詹天佑与京张铁路》，中国铁道博物馆著，中国铁道出版社有限公司，2019年版。

38. 《容闳和他的留美幼童》，邓洁著，中国文史出版社，2020年版。

39. 《民国总理唐绍仪》，王志刚著，团结出版社，2020年版。

后记

本书能够出版，首先必须感谢老师的多年关爱和培育！2006年，我的硕士导师——广东省社会科学院研究员王杰引导我进入历史研究领域，指导我进行陈兰彬、容闳和留美幼童的史料搜集和整理，先后合编《陈兰彬集》，合著《中国近代民族工业先驱唐廷枢》，合作撰写了不少学术论文，为我的学术成长助力，是我学术研究的引路人。

关注容闳研究十余年，我觉得学界对于容闳的了解还不够全面，获取资料的渠道也太少。容闳的英文自传，仅中文译本就有四种，其中1915年恽铁樵译本重印了20多次。无论是学界研究专家，抑或是普通读者，想要获得《西学东渐记》很容易；但是要更进一步深入了解容闳，试图获取更多的容闳著述，就比较难了。有鉴于此，对容闳著作的搜集、整理和出版，迫在眉睫。《容闳作品选读》由此而生。

《容闳作品选读》是我十余年搜集整理容闳史料的一个阶段性成果。我从2008年开始做容闳研究，十多年下来，积累了一些容闳史料，现将一些精华部分摘录出来，辑成一册《容闳作品选读》，以便让读者获得更多资料，丰富对容闳事迹和思想的认识。作为容闳研究者，能够编辑《容闳作品选读》来宣传容闳事迹与思想，这是一件非常荣幸的事。

《容闳作品选读》的诞生，是群策群力的结果。《容闳作品选读》能入选《广州大典》普及书系，得益于张金超师兄的引荐，感谢《广州大典》研究中心常务副主任刘平清博士、赵晓涛博士的信任，对我委以重任。此外，广东省社会科学院历史与孙中山研究所硕士生钟青师妹协助将书籍编辑妥善，在此同表谢忱。

宾睦新